Economica Laterza
402

Della stessa autrice
nella «Economica Laterza»:

Le bugie di Isotta.
Immagini della mente medievale

Cristiani in armi.
Da sant'Agostino a papa Wojtyla

(con F. Bertini, F. Cardini, C. Leonardi)
Medioevo al femminile

(con M. Parodi)
Storia della filosofia medievale.
Da Boezio a Wyclif

Della stessa autrice
in altre nostre collane:

Genoveffa e il drago.
L'avventura di una donna medievale
«Il pentolino magico»

(con E. Garin)
L'intellettuale tra Medioevo e Rinascimento
«Universale Laterza»

Introduzione a Abelardo
«i Filosofi»

Il pensiero politico medievale
«Manuali Laterza»

Profilo del pensiero medievale
«Manuali di base»

Mariateresa Fumagalli Beonio Brocchieri

Federico II

Ragione e fortuna

Editori Laterza

Nella «Economica Laterza»
Prima edizione 2006
Terza edizione 2009

Edizioni precedenti:
«Storia e Società» 2004

Finito di stampare nel luglio 2009
SEDIT - Bari (Italy)
per conto della
Gius. Laterza & Figli Spa
ISBN 978-88-420-8091-6

per Husdent

PREMESSA

Una vera valanga di documenti sta di fronte a chi scrive la vita di Federico: i testi delle due cancellerie, la imperiale e la pontificia, le vite dei papi contemporanei, le storie delle città con le quali Federico entrò in guerra o strinse alleanze, e poi lettere di principi e notabili, resoconti di differente qualità e provenienza che mescolano talvolta alla cronaca dei fatti elementi di evidente invenzione e raccolgono dicerie, maldicenze o al contrario adulazioni smaccatamente cortigiane... A tutto ciò si aggiungono le fonti letterarie, come i racconti del *Novellino* e le alte parole di Dante che prolungano e fissano la fama del sovrano della «Magna Curia»...

La figura di Federico ha attirato in modo straordinario l'attenzione, affascinata o inorridita, dei suoi contemporanei e di coloro che vissero subito dopo il grande Svevo. Di fronte al cumulo delle fonti, il rischio è dunque quello dei borgesiani cartografi dell'impero cinese che ossessionati dall'assoluta precisione finirono per disegnare una mappa 1:1 del territorio.

Resta ancora invece da fare in parte la ricostruzione delle relazioni e del confronto tra Federico e il suo mondo, quel cinquantennio a cavallo fra i due secoli, il XII e il XIII, in cui l'Europa apre gradualmente le sue città e le sue scuole a un «sapere nuovo», a maestri che insegnano «con nuovi modi e nuove ragioni nuove discipline», a una visione del mondo naturale ed etico che cambia lo stile della vita collettiva e individuale.

La vicenda di Federico imperatore e re di Sicilia va vista nel quadro di questa cultura, che è innanzitutto filosofia naturale, etica e politica. Fortunatamente oggi una biografia può giovarsi degli studi specialistici che dal 1994, in occasione degli ottocento anni dalla nascita dell'imperatore, si sono moltiplicati soprattutto a proposito delle idee scientifiche, giuridiche, letterarie e artistiche che circolavano nel mondo di Federico, con risultati che in quantità e qualità sembrano aver superato le ricerche precedenti. Non solo, ma come storica del pensiero ho la fortuna di vivere da decenni il nuovo corso degli studi medievistici che in Europa e negli Stati Uniti hanno conosciuto una vera esplosione di edizioni e ricerche che tentano nuove strade interpretative, individuano accanto ai classici temi nuove questioni filosofiche, in logica, epistemologia e politica, e indagano sulle relazioni fra i temi culturali e le istituzioni dove si discuteva e si insegnava, le corti e le università.

Grazie di cuore all'editore che in questi quattro anni con cortese e intelligente fermezza non ha smesso di sostenere il mio lavoro: sono lieta (soddisfatta sarebbe dir troppo) di averlo portato a termine vivendo, mentre lo scrivevo, ore serene.

MtFBB

CRONOLOGIA

1194 Il 26 dicembre nasce a Jesi Federico, figlio di Costanza d'Altavilla ed Enrico VI.

1197 Muore il padre di Federico, l'imperatore Enrico VI.

1198 Giovanni Lotario dei Conti di Segni diventa papa con il nome di Innocenzo III. In maggio Federico è incoronato re di Sicilia a Palermo. In novembre muore Costanza d'Altavilla.

1208 Filippo di Svevia, re dei Romani e zio di Federico, muore assassinato. Federico diventa maggiorenne.

1209 Federico sposa Costanza d'Aragona. Ottone IV di Brunswick è incoronato imperatore a Roma.

1212 Federico è eletto re di Germania.

1214 Nella battaglia di Bouvines il re di Francia Filippo Augusto, alleato di Federico, vince la coalizione di Ottone di Brunswick e del re inglese Giovanni Senza Terra.

1215 Federico è incoronato imperatore ad Aquisgrana.

1216 Papa Innocenzo III muore a Perugia e diventa papa Cencio Savelli con il nome di Onorio III.

1220 Federico è incoronato imperatore a Roma dal papa Onorio III.

1224 Viene fondata l'università di Napoli.

1225 Federico, vedovo di Costanza d'Aragona, sposa Isabella, figlia di Giovanni di Brienne di Gerusalemme.

1226 Dieta di Cremona. Rifondazione della Lega Lombarda. È l'anno della morte di Francesco d'Assisi.

1227 Muore Onorio III e diventa papa Gregorio IX (Ugolino dei Conti di Segni).

1228-1229 Federico parte per la Terrasanta, viene incoronato a Gerusalemme e ritorna in Sicilia.

1230 Pace fra il pontefice Gregorio IX e Federico II.

1231 Federico promulga le *Costituzioni melfitane* (*Liber augustalis*).

1232 Dieta di Aquileia.

1235 Enrico, figlio di Federico e re dei Romani, si ribella e si allea con la Lega Lombarda, è imprigionato e morirà suicida sei anni dopo. Federico, vedovo per la seconda volta, sposa Isabella, sorella del re d'Inghilterra.

1236 Federico combatte i lombardi e conquista Vicenza. Corrado, figlio di Federico e Isabella di Gerusalemme, è eletto re di Germania.

1237 Federico sconfigge i lombardi a Cortenuova.

1239 L'imperatore è scomunicato nella domenica delle Palme.

1241 Il pontefice Gregorio IX muore.

1243 Dopo due anni di vacanza apostolica, diventa papa Innocenzo IV (Sinibaldo dei Fieschi).

1244 Il pontefice Innocenzo IV fugge a Lione.

1245 Concilio di Lione: Federico II è deposto dal trono imperiale.

1247 Federico marcia alla volta di Lione. Assedio di Parma.

1248 Federico è sconfitto e il campo imperiale di Vittoria è distrutto e saccheggiato dai cittadini di Parma.

1249 Pier delle Vigne, cancelliere e logoteta di Federico, arrestato e giudicato colpevole di corruzione e tradimento, si uccide. Re Enzo, figlio naturale di Federico, re di Sardegna e vicario dell'imperatore, è fatto prigioniero nella battaglia di Fossalta. Morirà ventitré anni dopo in carcere a Bologna.

1250 Federico muore in Puglia a Castel Fiorentino.

FEDERICO II
RAGIONE E FORTUNA

I.

FORTUNA

BOUVINES E LA GUERRA

Ottone IV di Brunswick, l'imperatore «dannato e due volte scomunicato», al soldo – quarantamila marchi d'argento – di re Giovanni d'Inghilterra, nell'estate dell'anno 1214, raduna il suo esercito nella contea di Hainaut, al nord della Francia. Al suo fianco sono i principi inviati dal sovrano inglese: Riccardo di Boulogne, Guglielmo Lunga Spada conte di Chester, Bernardo di Ostemale, il conte Corrado di Dortmund, Rinaldo conte di Boulogne, un tempo amico d'infanzia di Filippo II Augusto re di Francia, e lo stesso genero di Ottone, il duca di Brabante. Valido aiuto per Ottone sono i terribili brabantini, mercenari e combattenti a piedi ordinati in fitte falangi. Da Valenciennes Ottone parte con i suoi alla volta del castello di Mortagne da dove, dopo una sola notte di riposo, in assetto di guerra riprende la marcia all'inseguimento dell'esercito del re di Francia. Filippo Augusto non sospetta di essere seguito dal suo nemico. Due nobili francesi, il duca di Melun e frate Guerino, «detto l'eletto di Senlis perché frate professo dell'Ordine ospitaliero di San Giovanni», forse insospettiti o ispirati da improvvisa prudenza, voltano i loro cavalli e si staccano dall'esercito cavalcando in senso inverso in esplorazione: all'improvviso, allarmati, dall'alto di un poggio vedono giù nella piana gli armati di Ottone con gli stendardi spiegati e i fanti in prima linea.

Re Filippo, subito avvertito, ferma i suoi e si consulta con i baroni: i pareri sono opposti, c'è chi vuole accettare battaglia e chi invece consiglia di evitare lo scontro, continuando a cavalcare avanti e più velocemente. Vince il parere dei prudenti: i francesi si rimettono in cammino giungendo al ponte di Bouvines, che collega il nord con la Piccardia, a qualche chilometro dalle terre dell'impero ma anche dall'Artois, che Filippo Augusto ha ereditato dalla prima moglie.

Ma Ottone ha accelerato i tempi dell'inseguimento: i messaggeri della retroguardia francese si accorgono sgomenti che il nemico sta arrivando, è già alle spalle. Tutto accade da quel momento molto in fretta: il re prega e indossa l'armatura, monta a cavallo e si mette in prima linea, le trombe squillano, si innalza l'orifiamma di Saint-Denis alla testa del battaglione. I francesi hanno il sole alle spalle e vicino al sovrano in testa si schierano i grandi del regno, i più ricchi e i più valorosi. Di fronte a loro Ottone fa innalzare alta su una pertica l'insegna dell'aquila dorata che artiglia un drago. Ma il suo esercito è impressionato dall'audacia dei francesi e trema, così racconta la cronaca di Guglielmo il Bretone, cappellano del re Filippo Augusto e istitutore di suo figlio.

I chierici francesi cantano emozionati lodi a Dio e ricordano a voce spiegata i meriti della corona francese verso la chiesa, meriti tanto più notevoli a paragone delle ingiustizie patite dagli ecclesiastici ad opera del re inglese Giovanni Senza Terra e dell'imperatore Ottone. «Cantavano meglio che potevano impediti dalle lacrime e dai singhiozzi».

Questo è l'antefatto di una battaglia non prevista che dura molte ore e si conclude con una vittoria che resterà nell'immaginario dei francesi come poche altre: Marignano o Austerlitz. La percezione della vittoria i francesi l'hanno chiara quando «Ottone fugge finché il cavallo gli cade morto sotto e con un secondo cavallo riprende a fuggire a più non posso perché non riesce a resistere al valore dei cavalieri di Francia». Annota ancora Guglielmo il Bretone che «il carro sul quale stava lo stendardo di Ottone è fatto a pezzi, il drago infranto e l'aquila dorata è portata con le ali lacerate davanti al re di Francia».

La vittoria infatti è tutta francese, anzi di Filippo Augusto il sovrano di Francia, vero protagonista dell'evento e nemico numero uno di Ottone di Brunswick, l'imperatore scomunicato. Ma coinvolto nella battaglia c'è un personaggio destinato a un grande avvenire anche a causa di questa splendente vittoria francese. È un giovane uomo di vent'anni: Federico di Svevia, orfano di Enrico VI imperatore e di Costanza d'Altavilla. È nipote del grande Federico Barbarossa, da un anno re di Germania lui stesso e perciò rivale di Ottone. È a lui che Filippo Augusto fa portare l'aquila strappata a Ottone, non prima di aver fatto riparare le ali lacerate.

Ancora una volta una guerra ribalta i destini, cambia la faccia dell'Europa, apre le strade a nuovi ordini e nuovi uomini, come Federico di Svevia. La sua fortuna è ora alta sulla ruota.

La guerra coronata dalla battaglia di Bouvines era stata una guerra «giusta» come il pagano Cicerone e il cristiano Isidoro di Siviglia avevano definito il conflitto motivato dalla necessità e condotto secondo le regole? Tutti i sovrani combattenti a Bouvines erano cristiani. Potevano i cristiani combattere fra loro?

Nel Vangelo molti sono i passi che incitano alla remissività di fronte alla violenza, una remissività fondata sull'amore che si deve portare anche al proprio nemico: il cattolicesimo, nei secoli, ha in sostanza preservato il significato di quell'invito alla pace senza condizioni, ma via via lo ha confinato al mondo monastico, ideale di vita serena e veramente cristiana, giardino «chiuso e felice» e prototipo per gli altri, quelli che stanno fuori. Il cristiano dei primi secoli – che sarà un modello esemplare così impegnativo e estremo per gli eretici medievali o meglio per tutta l'area del dissenso cristiano – che atteggiamento tenne riguardo al problema? Ci sono testimonianze contrastanti. Vediamone alcune.

Prima del 170 d.C. è difficile capire quale sia stato l'atteggiamento della chiesa a proposito del servizio militare e della guerra, perché è difficile valutare in quale misura i cristiani fossero presenti nelle fila dell'esercito imperiale. Si potrebbe pensare che fossero pochi i militari cristiani ad ascoltare il pagano Celso, che in quegli anni rimproverava i cristiani con queste parole: «Se tutti gli uomini fossero come voi nulla impedirebbe che l'imperatore fosse lasciato solo e che l'impero cadesse nelle mani dei barbari più selvaggi». E aggiungeva, comprensibilmente irritato:

> Come vuole la ragione delle due l'una: se i cristiani rifiutano sdegnati di onorare chi guida le attività civili, allora non prendano moglie, non facciano figli... ma se si sposano, allevano i figli e mangiano i frutti della terra allora devono prender parte a ogni cosa della vita, sopportare i mali che sono imposti a tutti noi e tributare rispetto a chi comanda prestando la vita a tutti i servizi dovuti.

Del II secolo è anche la straordinaria e anonima *Epistola a Diogneto*, che descrive il «paradossale» stato politico del cristiano:

I cristiani non si distinguono dagli altri uomini né per paese né per linguaggio né per modo di vestire... Pur abitando città greche e barbare come ciascuno di loro ha in sorte e conformandosi agli usi locali essi rivelano le leggi meravigliose e paradossali della loro società... Come cittadini partecipano di tutti i doveri e come stranieri tutto sopportano. Ogni terra straniera è per loro una patria e ogni patria è ad essi straniera.

Fra i doveri c'era anche quello di prendere le armi e uccidere il nemico? (una situazione che in quei secoli doveva essere frequente in alcuni territori al confine dell'impero).

Appena qualche decennio dopo, sul finire del II secolo, la presenza cristiana nell'esercito anche se esigua è sicura, specialmente nelle regioni orientali: la Legione Tonante di Marco Aurelio (un «pacifista»), reclutata in Armenia, contava sicuramente cristiani al suo interno. Con la partecipazione al servizio militare diventa evidente il disagio dei cristiani che militavano nelle fila dell'esercito imperiale. Clemente d'Alessandria (all'inizio del III secolo) nel *Protrettico* contesta radicalmente la necessità dell'impegno militare:

Noi siamo educati alla pace e non alla guerra. La guerra esige grande esercizio ma la pace e la carità che sono sorelle non richiedono né armi né imprese... Se la squillante tromba chiama i soldati alla guerra non è dunque possibile che il suono di pace del Cristo non sia capace di radunare i suoi soldati pacifici? Cristo ha raccolto con il suo sangue e con la sua parola un esercito incruento al quale donerà il regno dei Cieli... Rivestiamoci dunque con le armi della pace.

A questa voce possiamo aggiungere quelle di Tertulliano, Minucio Felice, Cipriano e Lattanzio, che nel IV secolo scrive: «Dio proibisce l'assassinio contrario alle leggi umane anche quando gli uomini lo considerano legale. La partecipazione alla guerra quindi non può essere legittima agli occhi di un uomo giusto per il quale deve essere la giustizia a sostituire il servizio militare». Contemporaneamente, però, proprio alcuni di questi Padri dichiarano in modo esplicito il loro timore di vedere distrutta Roma e questo complica assai il senso delle loro espressioni di rifiuto alla guerra: l'impero si era formato, era cresciuto e soprattutto veniva difeso con le armi.

Con ciò arriviamo ad Agostino d'Ippona: siamo nel 410 e Roma ha subito la prima grande violenza ad opera dei goti di Alarico che la occupano e la saccheggiano per tre giorni. Lo sgomento del cristiano Gerolamo è grande: «Quando la luce del mondo si spense, quando l'impero fu lacerato nella sua capitale, quando tutto il mondo perì con questa città io rimasi muto e umiliato». L'atteggiamento di Agostino è analogo e gli suggerisce le pagine straordinarie della *Città di Dio*. Eppure, l'impero di Roma ha avuto origine – egli lo riconosce esplicitamente – dalla guerra, la violenza e la prevaricazione. Una contraddizione che non si risolve anche se è sempre l'impero romano – osserveranno con lui altri Padri – ad aver assicurato con la sua espansione l'ampio e rapido affermarsi della nuova religione di Cristo, realizzando così inconsapevolmente il disegno provvidenziale divino.

Ma qui ci interessa un'altra riflessione di Agostino espressa in modo esplicito in una lettera al militare Bonifacio, un alto ufficiale che viveva il disagio del cristiano davanti alla guerra. Bonifacio confessa ad Agostino il suo desiderio di lasciare l'esercito e farsi monaco. «Non ora – è la risposta – tu non devi aspirare prima del tempo opportuno all'altissima posizione dei monaci e alla loro beatitudine. Oggi devi esercitarti nella pazienza della tua posizione... Tu devi combattere contro i barbari, nemici visibili e esterni mentre i monaci pregano per aiutarti a combattere i nemici invisibili e interiori». La risposta di Agostino continua delineando in sostanza la legittimità della guerra a certe condizioni, la guerra «giusta», rifacendosi ad Ambrogio e a Cicerone: la guerra è giusta quando è dettata dalla necessità e promossa per «mantenere la giustizia» e ottenere la pace, condotta senza crudeltà e con «benevola severità». E aggiunge: «non c'è scusa valida che ci esenti dall'amare i nostri nemici ma l'amore non esclude le guerre di misericordia intraprese dai buoni». Vanno preservate anche alcune procedure legittimanti: la guerra deve essere promossa dalla autorità riconosciuta, la parola data al nemico va mantenuta, le rappresaglie e le violenze sui civili proibite... La posizione di Agostino sulla guerra è di grande rilevanza nella sua chiarezza anche perché ha continuato per secoli ad essere, nelle sue linee essenziali, quella della chiesa cattolica e delle maggiori chiese protestanti e di molti filosofi (Grozio e Pufendorf ad esempio).

Tuttavia, rimanendo nel contesto storico, non bisogna dimenticare che la giustizia per Agostino non era una idea astratta, ma qualcosa di terribilmente concreto ed evidente, una risposta ai barbari che invadevano quella parte del mondo sconvolgendone l'ordine vigente, mantenuto dall'impero e dalle sue leggi: quel mondo di cui anche san Gerolamo guardava inorridito l'avvicinarsi della fine.

Ora siamo in grado di osservare con più chiarezza i due modelli emergenti nel medioevo e centrali nell'esperienza cristiana di fronte alla guerra: da una parte il rifiuto netto ed estremo delle armi, che comporta (attraverso la scelta della povertà, l'ascetismo e persino l'accettazione del martirio) l'estraneità al corpo sociale o almeno ad alcuni dei modi fondamentali della convivenza umana; e dall'altra la riflessione sulle modalità di contenimento della violenza che percorre anche le teorie sulla guerra giusta.

Il primo modello, che ribadisce con forza l'assioma dell'amore o della fraternità universale (come era già accaduto per gli stoici antichi), è naturalmente più evidente nei primi secoli quando i cristiani sono una minoranza (e più tardi fra gli eretici come i catari, i seguaci di Wyclif e l'ala estrema degli hussiti guidata da Petr Chelčický), mentre la seconda tesi, che esplicitamente o implicitamente si riferisce alla *ratio* che distingue la specie umana nei confronti degli altri animali, viene sostenuta fra i cristiani da alcuni pontefici e da molti maestri della scolastica.

La guerra è ammessa anche da papa Gregorio Magno, che la considera legittima e giustificata dal fine persino quando avviene «con lo scopo di allargare i confini del regno in cui il Dio vero è adorato»; e da Tommaso d'Aquino, per il quale la guerra appartiene alla natura umana indebolita dalla Caduta e segnata dal bisogno e dal conflitto. Le regole di una guerra «giusta» restano allora quelle dettate dall'antico *ius gentium* e rientrano nei confini di un'analisi e una discussione antica e comunque precristiana.

La divisione fra i due modelli non è però così netta nel corso dei secoli e questo perché il quadro di riferimento è unitario. Centrale è infatti l'idea di Caduta, che opera una frattura e genera un doppio livello di analisi sulla natura umana. Il termine natura significa in questa prospettiva due modi di essere, due nature: nell'Eden Adamo possedeva per natura un corpo integro e potente e un intelletto capace di intuizione oltre che di ragionamento; gli uomini dopo di lui per natura divengono, nella prospettiva politica e anche morale, prevalentemente corpi, deboli, pietosamente esposti al bisogno e alle leggi violente della competizione, guidati da intelletti depotenziati e incerti e da una volontà deviata. La società politica è una grande società di corpi da governare e da tener a freno, mentre stretti dal bisogno quotidiano si fanno guerra e si eliminano l'un l'altro nel sangue, intrisi di «libidine del potere», passione radicata nella dura necessità di sopravvivere. Questo è lo scenario della Città terrena descritta da Agostino, scrutata e sorvegliata con attenzione e timore e disciplinata con debole speranza dai Padri, dai papi, dai filosofi e dai giuristi. Due livelli di natura o due nature: quella edenica, da recuperare nella speranza e nella fede prospettate dai teologi; l'altra (quella dell'uomo *in via*), da controllare e contenere secondo il principio del minor male.

Le leggi coercitive dello stato, lo stesso matrimonio, la schiavitù, la guerra sono tutti argini eretti contro le energie negative, la violenza e la rapina, la forza del sesso, l'aggressione, il bisogno, energie che tendono a cancellare la felice natura umana originaria.

Il recupero di quella «natura sovrannaturale» era faticoso, lento, imponeva compromessi, a volte sembrava impossibile. Alcuni, molti, nelle prime comunità cristiane avevano pensato, per sottrarsi alla forza del desiderio sessuale, di rinunciare al matrimonio e ai figli; altri, in nome dell'amore tra fratelli, avevano liberato gli schiavi avvicinandosi pericolosamente alla povertà e scardinando le basi della ricchezza generale. «Meglio sposarsi che bruciare», aveva consigliato Paolo, e Ambrogio pensava che la schiavitù fosse contraria alla libertà naturale dell'uomo e tuttavia, dopo la «perdita della innocenza», inevitabile. Come la guerra.

Nella guerra i tre ordini che costituiscono la società medievale, gli *oratores*, coloro che pregano, i *bellatores*, coloro che combattono, e i *laboratores*, quelli che faticano lavorando, stanno fianco a fianco e si mescolano. Pregano ad alta voce i cavalieri con in testa il re invocando la presenza di Dio, mentre i fanti, fino al giorno prima contadini e artigiani, partecipano alla battaglia al pari dei cavalieri, anche se con armi rozze e senza usberghi e corazze.

Persino i religiosi, come frate Guerino e Guglielmo il Bretone, non esitano a imbracciare la spada.

Ma la guerra, l'omicidio di massa, non è forse la più grande «malizia del diavolo»? Era Bernardo di Clairvaux a chiamarla così: «Dovete aver timore di uccidere le vostre anime con lo stesso colpo con il quale uccidete il nemico. L'alternativa d'altra parte è di perdere anima e corpo per mano dell'avversario». Tutto nella guerra è vizio, anzi tutti i vizi peggiori si uniscono nel conflitto e si rafforzano l'un l'altro follemente, l'orgoglio, l'odio feroce e persino la vanità così ridicola in un cavaliere. «Adornate i cavalli con gualdrappe di seta, dipingete le asce, gli scudi e le selle, con l'oro e l'argento fate brillare i morsi dei cavalli e gli speroni... Sono cose più adatte alle donne e voi come le donne vi fate crescere i capelli fin sugli occhi e nascondete le braccia in maniche lunghissime...».

Eppure è proprio Bernardo a scrivere *La lode della nuova milizia*, l'esaltazione del nuovo Ordine di cavalieri, i Templari, che avrebbero combattuto per liberare il sepolcro di Cristo. Ma i Templari, agli occhi di Bernardo, erano o dovevano essere l'esatto contrario dell'immagine del guerriero laico: avevano rifiutato il mondo, si tagliavano i capelli, non si curavano della gloria, non odiavano (non dovevano odiare) l'avversario, anche quando erano costretti per giustizia ad ucciderlo. Erano poveri, puri e nobilitati dal fine altissimo che li aveva chiamati. Era dunque la loro una guerra più che giusta, forse era una guerra santa. Quei Templari che vedremo anni dopo coinvolti in un conflitto aspro e duro con Federico di Svevia.

IL FANCIULLO BENEDETTO DI JESI

Il giorno della battaglia di Bouvines Federico aveva vent'anni, era un sovrano poco noto nonostante regnasse su una terra di sogno, la Sicilia, e avesse già dato prova di carattere non appena maggiorenne, a quattordici anni, contrastando il pontefice. Era nato nel 1194 a Jesi nella Marca di Ancona, il giorno dopo Natale: sua madre Costanza d'Altavilla, regina dei normanni siciliani, era allora quasi quarantenne e dunque si direbbe oggi una primipara attempata.

Dopo pochi mesi Costanza porta il bambino a Foligno affidandolo alle cure della duchessa di Spoleto: Jesi è stata soltanto una tappa forzata del suo viaggio verso il sud per raggiungere il marito. La Sicilia in rivolta, duramente ma non completamente domata dal suo consorte Enrico VI, l'aspetta e la regina intende raggiungere appena possibile l'imperatore nella capitale del regno normanno.

Enrico, figlio dell'imperatore Federico I detto il Barbarossa, era infatti già a Palermo e proprio il giorno di Natale di quell'anno, il 1194, era stato incoronato re di Sicilia nella cattedrale. La nascita di un erede maschio (la notizia gli arriverà in effetti molto dopo) che avrebbe assicurato stabilità al regno dei normanni, ereditario e non elettivo, unita alla vittoria sui ribelli segna quella fine d'anno in modo fausto per la coppia svevo-normanna e fa presagire uno splendido futuro.

Un futuro eccezionale che Federico più tardi fisserà amplificandone i segni in una lettera: Jesi era stata la sua Betlemme, il giorno della natività divina era passato da poche ore quando era stato partorito, la figura della madre Costanza era assimilata alla Madre del Cristo. Federico era dunque un «figlio benedetto». Così lo avrebbe chiamato anche Pietro da Eboli, poeta campano di corte, che nei suoi versi enfatici e celebrativi si richiamerà anche alla IV *Egloga* di Virgilio. L'erede dei normanni e degli svevi è cantato come il nuovo Salvatore, colui che avrebbe tenuto in mano lo scettro del mondo e inaugurato per l'umanità una nuova epoca d'oro.

A questa enfasi cortigiana si contrappongono commenti negativi o persino catastrofici: c'è chi richiama la profezia del mago Merlino poiché in una nascita così miracolosa e insperata, data l'età della madre, si può leggere il presagio di molte disgrazie per il mondo intero. «Sarà un agnello da squartare ma non da divorare e un leone furioso fra i suoi».

Come avverrà anche in seguito, la persona di Federico è subito oggetto di opposte immaginazioni, ispirate dall'ammirazione o dall'odio o da qualcosa di ancora più profondo, un rancore forte e elementare.

L'unione dei suoi genitori aveva senz'altro aspetti singolari. Per tutti i grandi signori, e specialmente i regnanti, il peso delle ragioni dinastiche e politiche dei matrimoni rende impossibile allo storico guardare più addentro nelle persone e scoprire – se ci sono – le motivazioni individuali che li hanno portati alla decisione delle nozze. È assai probabile che di ragioni personali anche in questo caso non ce ne siano state: i sovrani conoscono soltanto le ragioni della loro specie di dominatori e di figli di dominatori, l'impulso a mantenere e prolungare oltre la vita individuale il potere e la ricchezza della loro gente. Ma singolari restano le nozze fra i due, Enrico e Costanza, e ciò lo si legge già nelle opposizioni e nei timori che questa unione fatalmente doveva suscitare.

Enrico, il padre, era a sua volta figlio di un personaggio leggendario, Federico Barbarossa, che alla sua morte gli aveva lasciato tutto il patrimonio di domini e prerogative che il diritto romano imperiale gli attribuiva, ossia l'intero mondo e il potere sull'*universitas* cristiana. Con una geniale azione diplomatica, il Barbarossa nel 1186 aveva combinato il matrimonio di Enrico, allora ventenne, con Costanza, l'erede (da qualcuno discussa perché nata dopo la morte del padre) degli Altavilla, sovrani normanni di Sicilia. Nasceva così un potere – teoricamente immenso e nella realtà problematico da gestire, perché non unitario formalmente né compatto geograficamente – che restò nelle mani di Enrico soltanto sei anni, dal 1191 fino al 1197, quando appena trentaduen-

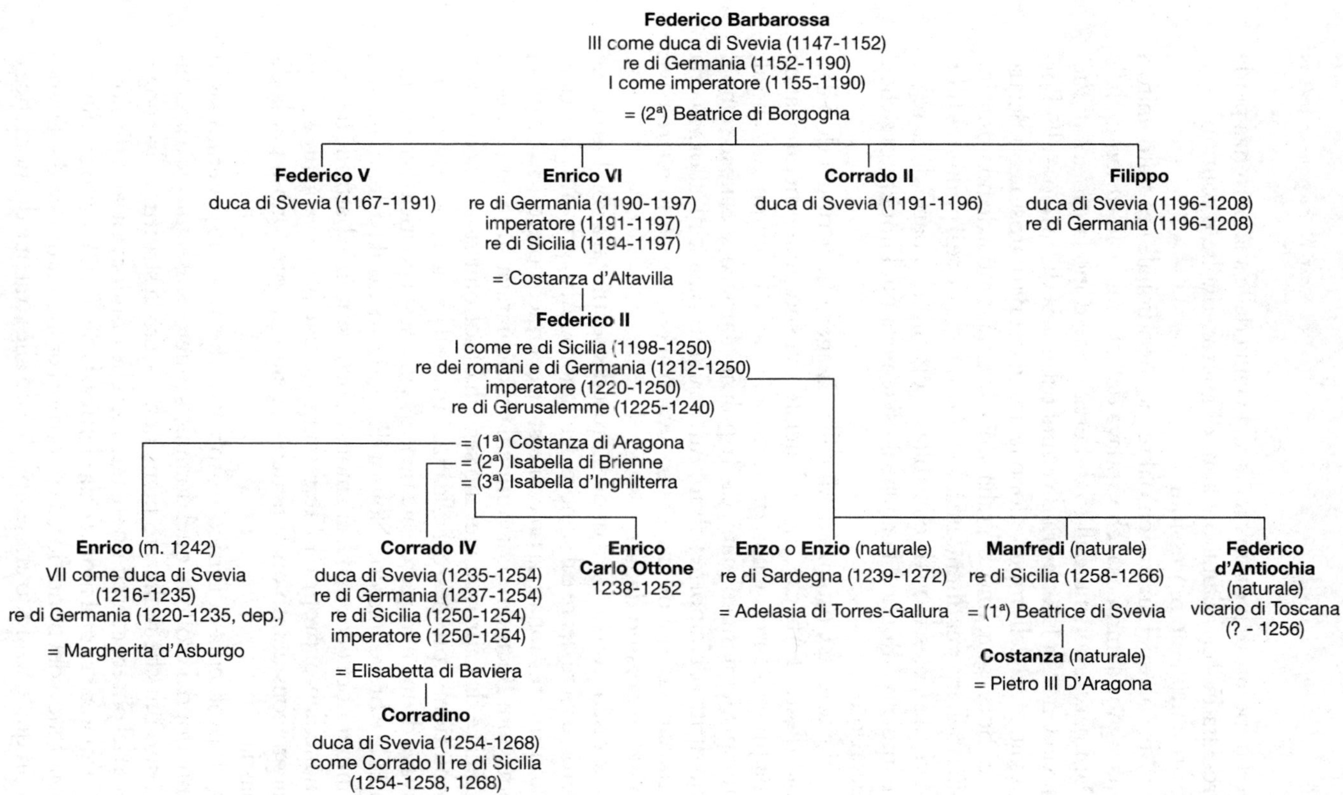

Genealogia di Federico II.

ne l'imperatore morì in Sicilia alla vigilia della sua partenza per la crociata in Terrasanta. Sei anni di guerre, rivolte e continui contrasti, durissime repressioni.

Ma con quel matrimonio il regno meridionale era stato unito a una signoria immensa, che andava dalla Polonia ad Oriente, dalla Danimarca, persino dall'Inghilterra – che dopo la cattura di Riccardo Cuor di Leone era divenuta tributaria di Enrico – alla Borgogna, terra dell'impero dopo le nozze del Barbarossa con Beatrice di Borgogna, fino all'Italia, dove le città lombarde non osavano più ribellarsi per difendere le loro *libertates* e dove il pontefice (l'ottantenne Celestino III) controllava soltanto una parte della regione intorno a Roma. Ma anche lì «si temeva più l'imperatore che il sacerdote».

Il padre di Costanza d'Altavilla, Ruggero II, attribuendosi il titolo di «re d'Africa», aveva lanciato dal suo ponte mediterraneo una pretesa ampia e non del tutto velleitaria, dal momento che alcuni principi musulmani, da Tripoli al Marocco, riconoscevano il suo diritto di imporre tributi. Anche i greci bizantini, allora in una situazione di debolezza, concedevano al normanno Ruggero navi, milizie e persino denaro.

Enrico, con la forza di quel precedente, trattava con loro come se fosse «il re dei re e il signore dei signori». Altri principi gli prestavano, impressionati da un così vasto e energico potere, a vario titolo omaggio: Boemondo di Antiochia si dichiarava suo vassallo, dalla Cilicia e da Cipro giungevano segnali di sottomissione, richieste di protezione e promesse di alleanze. Anche il progetto che Enrico coltivava di una nuova crociata rientrava in questa politica di vasto (ma fragile e breve) respiro. Non va dimenticato che il padre di Enrico, l'imperatore Federico I, era morto (anche se non in battaglia ma per un incidente) proprio in Terrasanta durante la crociata: un avvenimento considerato quasi mitico e comunque prestigioso per la dinastia.

Il problema di Enrico – problema che avrebbe generato molti anni dopo il crollo di quel dominio sognato e inseguito con accanimento più che realizzato pienamente – era la struttura disomogenea del potere esercitato sui territori che dominava a vario titolo: la Germania era una monarchia elettiva, la Sicilia un regno ereditario e un feudo del pontefice, altri territori erano feudi vassalli, l'impero in qualche modo era sempre legato alle strategie del pontefice e da lui tenuto a bada e contrastato tenacemente con la pretesa somma di *plenitudo potestatis*. Questo era un problema di fondo, ma non il solo.

Nel 1197 Enrico scopre una nuova congiura contro la sua persona organizzata dai nobili siciliani e riesce a fatica a salvarsi. Con la consueta durezza rapida e selvaggia fa giustiziare i capi dopo averli orrendamente torturati e ingiunge a sua moglie Costanza di assistere a quello scempio. È un gesto di prepotenza crudele, che avvalora la voce che alla congiura abbia prestato aiuto la regina (e forse anche il vecchio papa Celestino III). Uno dei baroni, accusato di voler diventare re di Sicilia al posto di Enrico, è condannato a una morte atroce con un supplizio degno delle peggiori tradizioni di ferocia: gli viene posta e fissata sul capo una corona incandescente.

Ma proprio in quei mesi il clima torrido siciliano è fatale all'imperatore e in poche settimane Enrico si ammala e muore a Messina: è inevitabile che nasca la voce che il sovrano sia stato avvelenato dalla consorte normanna.

Enrico aveva incontrato suo figlio solo due volte, a pochi mesi dalla nascita a Foligno, e poi al battesimo, quando il piccolo assunse definitivamente il nome di Federico, in luogo di quello di Costantino datogli alla nascita. Il testamento di Enrico VI (riportato da una lettera dell'arcivescovo Anselmo di Napoli, sulla cui autenticità ci sono dubbi) manifesta con chiarezza la percezione dei pericoli imminenti e si esprime con una insolita cautela ben diversa dal comportamento audace e aggressivo tenuto in vita: Enrico esorta al compromesso e persino alla rinuncia, preoccupato di salvaguardare il nucleo del dominio per il figlio.

La Imperatrice nostra consorte e nostro figlio Federico prestino al pontefice e alla Chiesa Romana tutti quei giuramenti che per tradizione i re di Sicilia prestavano rassicurando il loro Signore e Papa come è stato fatto in passato. Se la nostra regina morirà per prima, mio figlio manterrà il suo titolo, se mio figlio morirà senza eredi, il regno di Sicilia tornerà alla Santa Chiesa... Quando il pontefice confermerà a nostro figlio il regno e l'impero, ordiniamo che i nostri territori già della Contessa Matilde vadano al Papa e alla Romana Chiesa salvo Messina e Argelata assieme alle loro terre... Inoltre ordiniamo che il ducato di Ravenna e la Marca di Ancona siano affidate al nostro siniscalco Marcovaldo [Marcovaldo von Anweiler] dallo stesso pontefice come Messina e il suo territorio e che Marcovaldo presti giuramento di fedeltà al Papa come suo Signore. Questi territori alla morte senza eredi di Marcovaldo restino al pontefice e alla Santa Chiesa di Roma...

Sulla madre di Federico, Costanza, si erano subito dette – e si scrissero anche in seguito – molte cose. Nata dopo la morte del padre, il grande re normanno Ruggero II, si era sposata ormai trentenne con un principe più giovane di lei di dieci anni, e aveva generato l'unico figlio dopo ben otto anni di matrimonio. Tutti avvenimenti inconsueti che suscitavano interrogativi, dubbi, sospetti e anche paure. Così scrive fra' Salimbene da Parma che nella sua *Cronica* fa un ritratto di Federico fazioso e complesso. Fra' Salimbene – lo dichiara lui stesso – in gioventù subì il fascino di Federico: «lo incontrai e lo amai». Più tardi, sotto l'influenza del movimento gioachimita avverso all'imperatore, lo giudicò severamente, anche se a volte nel suo scritto possiamo leggere sentimenti più pietosi: «Federico II fu un potente ricco e grande imperatore ma incontrò molte sventure».

Dante (*Paradiso*, III, 115-118) colloca Costanza in paradiso perché la giudica costretta dal matrimonio non desiderato («dal vel del cor già mai disciolta») a lasciare il dolce chiostro. Anche questa è probabilmente una leggenda ma fu creduta ampiamente anche per odio verso Federico: l'Anticristo sarebbe stato partorito da una monaca. Altra versione ugualmente negativa: il figlio non era suo o, persino, non era né suo né di Enrico e il padre naturale era un uomo socialmente umile che faceva un mestiere basso e sporco, il macellaio a Jesi. Si racconta che Costanza, per mostrare a tutti la sua reale (e regale, non dimentichiamolo) maternità, aveva fatto innalzare una tenda nella piazza del mercato di Jesi e aveva partorito davanti alla folla che avrebbe potuto così testimoniare, se non che Federico fosse il figlio dell'imperatore, almeno che fosse il vero erede dei sovrani normanni. E «aveva mostrato il suo seno nudo colmo di latte per convincere chi non credeva». Da una lettera di papa Innocenzo III allo stesso Federico, si deduce che uno dei più accaniti sostenitori delle malignità diffuse a proposito della falsa maternità di Costanza era Marcovaldo von Anweiler.

Nella cronaca di Pandolfo Collenuccio, scritta tre secoli dopo, *Compendio delle Istorie del Regno di Napoli*, si legge che fu Gioacchino da Fiore, al quale l'imperatore Enrico si era rivolto per sopire i suoi sospetti riguardo alla paternità, a «certificare che Costanza era gravida di lui e li predisse che partoria un figlio maschio».

Dopo la morte del marito, Costanza invia alcuni nobili pugliesi a Foligno con l'incarico di portare il bambino alla corte siciliana. Anche questa volta una voce si diffonde rapidamente: Costanza aveva fatto avvelenare il marito, un sospetto incoraggiato dal fatto che la regina condivideva con ogni evidenza l'avversione della maggior parte dei normanni per i tedeschi. Di loro i sudditi siciliani dicevano che erano rozzi e selvaggi e che il loro linguaggio somigliava al latrato di un cane o al verso di una cornacchia: sicuramente l'imperatore Enrico aveva mostrato sovente un atteggiamento spietato e crudele verso i sudditi della moglie, soffocando le ribellioni nel sangue e massacrando i familiari e i devoti della regina.

Il pontefice Innocenzo III giocherà su questo contrasto di popoli: «il furore della bufera del Nord – scrive – spazza i monti della Calabria e getta polvere negli occhi degli abitanti di Puglia». Per tradizione, dal Nord per i popoli mediterranei non potevano arrivare che eventi cupi, tempeste distruttive, venti freddi come «fredda era quella terra buia dove ulula il lupo» (Ildegarda di Bingen).

Costanza, ridivenuta regina in prima persona e non più solo consorte del re, agisce impersonando questi sentimenti. Manda in esilio assieme ad altri grandi il siniscalco imperiale Marcovaldo von Anweiler – che a sua volta anni prima aveva allontanato dal potere i nobili normanni – e fa chiudere in carcere Gualtieri di Palearia, vescovo di Troia e cancelliere del regno, anche lui avverso ai normanni. Cronisti e storici attribuiscono alla regina la volontà precisa di tener lontano il figlio dall'impero germanico e dalla terra del padre e di presentarlo a tutti unicamente come l'erede della corona dei normanni. Le ragioni possono essere varie: il timore per Federico, se fosse stato esposto da ambizioni troppo vaste all'odio di molti, forse anche il desiderio naturale dettato dall'affetto materno di tenere il figlio vicino.

Pochi mesi dopo essere arrivato a Palermo, Federico viene incoronato re di Sicilia con il solenne e fastoso rito bizantino e con l'approvazione del papa, indispensabile perché la Sicilia era feudo di Roma.

Il regno era travolto dall'anarchia anche perché i tedeschi esiliati da Costanza, che non aveva però il potere di far applicare la legge, erano gli oppositori più temibili della regina, che trovava invece un alleato naturale, benché interessato, soltanto nel papa. In quello stato di pericolo Costanza è obbligata a chiedergli come un favore di rendere l'omaggio di vassallaggio alla chiesa di Roma ed è costretta dalle difficili circostanze ad accettare da papa Innocenzo III (salito al soglio pontificio nel 1198) un concordato che rende la chiesa siciliana completamente dipendente da Roma. Secondo la tradizione la cura dell'erede è affidata al collegio dei «familiari» con a capo quel Gualtieri di Palearia gettato in prigione dalla regina e presto reintegrato dal pontefice al vescovato di Troia e al cancellierato del regno.

Costanza sopravvive pochi anni alla nascita di Federico: muore nel 1198, quando il figlio e erede ha solo quattro anni, affidando la tutela del bambino al pontefice, signore del regno di Sicilia.

Il figlio dell'imperatore Enrico rimane dunque lontano per ora dalle terre del padre e perde, nel marzo di quell'anno, anche la corona tedesca: lo zio paterno Filippo di Svevia, che fino ad allora aveva regnato a suo nome, assume in proprio, spinto dagli stessi seguaci degli Staufen, la corona germanica per fronteggiare la forte opposizione interna che già avanza. Molti elementi del quadro ci inducono a credere alla buona fede di Filippo di Svevia: la guerra contro Federico muoveva da più parti e rischiava di destabilizzare l'impero. Per il trono imperiale erano stati proposti Filippo Augusto di Francia e il re d'Inghilterra Riccardo Cuor di Leone, sostenuto da Adolfo, l'arcivescovo di Colonia, città molto legata anche per motivi commerciali al regno inglese. Ma alla dieta di Colonia del 1198 Filippo di Svevia, consigliato dai suoi, decide di assumere in proprio la corona per conservarla alla famiglia degli Hohenstaufen.

Un bambino inerme sembrava a tutti, ed era, un sovrano troppo debole. Ma i nemici degli Hohenstaufen non demordono: dopo altre candidature fallite eleggono Ottone IV di Brunswick, figlio di Enrico il Leone e nipote del re d'Inghilterra, e da questi nominato a soli quattordici anni conte del Poitou. Gli arcivescovi tedeschi sono divisi: lo scisma imperiale è in atto e solo una vera guerra europea dopo ben sedici anni lo avrebbe risolto.

AGNELLO FRA I LUPI

Così un cronista del tempo descrive con una ovvia metafora la situazione di Federico e insieme quella della Sicilia. La polivalenza etnica e culturale della Sicilia dei re normanni – che tanto ha entusiasmato gli storici delle idee e della cultura – era anche la prima fra le cause della debolezza cronica nell'esercizio del potere e nel controllo politico del territorio. Il tutto era aggravato allora dalla fragilità del potere sovrano e dalla fragilità naturale di un re bambino. Lo stato di anarchia, gli intrighi, le alleanze presto smentite, i tradimenti e la *libido dominandi* di tutti contro tutti, la inaffidabilità degli stessi protettori del piccolo re, animavano uno scenario pericolosamente cupo che rimane stabile per molti anni.

Ma il luogo, la Sicilia, era come sappiamo bellissimo e solare, circondato da una fama straordinaria soprattutto al Nord, fra i tedeschi. Corrado di Hildesheim – vescovo e cancelliere, che aveva accompagnato il padre di Federico Enrico nel regno di Sicilia – aveva descritto l'isola con parole forse troppo colte e memori della poesia latina, ma senza dubbio sinceramente entusiastiche, richiamando accanto ai miti antichi le ricchezze della terra divenuta allora «dominio del popolo tedesco», come scriveva orgogliosamente. Enrico in persona aveva confermato fra i tedeschi la fama del lontano regno, portando con sé in Germania una carovana di centocinquanta muli carichi di oro, di pietre preziose, di seta e gioielli che era solo una parte del tesoro trovato nella reggia normanna.

Il miraggio della ricchezza non poteva che scatenare i lupi, gli oppositori tedeschi, ma anche i saraceni che, scomparsi da Palermo, si erano ritirati nelle montagne di Val di Mazara, i normanni e i franco-normanni, come quel Gualtiero di Brienne, genero di Tancredi d'Altavilla, conte di Lecce e re dei normanni, figlio illegittimo di Ruggero duca di Puglia. Gualtiero pretendeva per sé le contee di Lecce e Taranto, e in questa rivendicazione aveva dalla sua il pontefice (proprio il tutore di Federico!) che lo giudicava in quei momenti un alleato utile ai suoi fini. Gualtiero di Brienne divenne il campione di una crociata contro Marcovaldo von Anweiler, alla quale partecipò anche un giovane cavaliere di Assisi, Francesco di Pietro di Bernardone, il futuro santo. Innocenzo III andava e andrà sempre senza scrupoli diritto allo scopo: evitare l'unione o anche solo il sospetto di una unione fra l'impero e il regno di Sicilia. Conobbe del resto il suo pupillo Federico già tardi, incontrandolo un'unica volta quando il giovane re aveva diciassette anni ed era oramai fuori dalla sua tutela: le sue promesse di visitare la Sicilia per conoscerlo direttamente erano andate per una ragione o per l'altra sempre vuote.

Altri lupi si aggiravano intorno al trono del piccolo Federico: Marcovaldo von Anweiler, che sosteneva di essere stato nominato dall'imperatore Enrico amministratore del regno, in buoni rapporti con Filippo di Svevia ma nemico del papa (che lo chiamava «quello scellerato con il suo seguito di nefasti Saraceni») e di Gualtieri di Palearia; i baroni dell'entroterra, che da un re forte e da una amministrazione ordinata avrebbero avuto ben poco da guadagnare e quindi pescavano nel torbido dell'anarchia; i pisani e i genovesi, in contrasto fra loro ma in seguito temporaneamente d'accordo nello spartirsi le coste dell'isola per i loro commerci. Oltre i lupi, intorno al fragile trono di Federico, si aggiravano come sciacalli i baroni del regno voraci della ricchezza delle casse reali.

Nel 1199 – Costanza era già morta – una lettera di Innocenzo III al vescovo di Siracusa ci descrive la situazione dei musulmani e ordina di sorvegliare i convertiti e perseguire gli apostati ai quali i beni devono essere confiscati. Gli ultimi musulmani rimasti prendono la strada delle montagne, dove si chiudono in fortezze e scelgono nella generale anarchia che invade il paese il partito del tedesco Marcovaldo. Pochi giorni dopo il papa ci ripensa e scrive un'altra lettera a «tutti i Saraceni di Sicilia con l'augurio di serbarsi fedeli alla chiesa e al re» mettendoli in guardia contro il tedesco Marcovaldo. Ma il male oramai era fatto: i musulmani seguirono poco dopo Marcovaldo fino alla conquista di Palermo.

Quando nel 1201 – Federico aveva sette anni – Marcovaldo von Anweiler, entrando a Palermo da vincitore, corse al palazzo reale cercando accanitamente in tutte le stanze, ben presto scoprì in un nascondiglio il bambino. Una lettera di Roberto vescovo di Capua ci racconta la fiera e inattesa resistenza di Federico: il bambino si strappò gridando le vesti davanti al tedesco e si graffiò il corpo. È probabile che Marcovaldo valutasse rapidamente il peso e le conseguenze di una sfida aperta e gravissima al pontefice tutore di Federico: decise di risparmiare la vita al ragazzino. L'episodio impressionò il vescovo di Capua che, scrivendo al papa, arrivò a paragonare con enfasi Federico al «monte Sinai inviolato fino all'arrivo di Mosè».

Difficile è credere che la scuola del futuro imperatore siano state la piazza e il mercato di Palermo, città abitata da gente di ogni tipo, diversa per lingua e costumi: greci, ebrei, arabi, normanni in Sicilia da più generazioni, tedeschi... Gente comune e mercanti che parlavano lingue differenti ma verosimilmente non erano persone di cultura. È una immagine suggestiva – coltivata entusiasticamente dal grande Kantorowicz (1988) – quella del re ragazzino che «vaga per i vicoli del mercato e i giardini di quella capitale mezzo africana dove sorgevano moschee e sinagoghe accanto a chiese cattedrali normanne ornate di mosaici bizantini... Il contatto con tutto ciò istruì il ragazzo...». È una rievocazione suggestiva che ha il merito di render conto non solo della indubbia familiarità di Federico al suono delle varie lingue e alla vista dei molti stili del paesaggio palermitano, ma anche di quella impronta tipica del dilettante geniale che conservò anche nella maturità, e dei suoi interessi e delle sue curiosità aperte su mondi e temi diversi. Ma è appunto una immagine suggerita dal colore di quell'ambiente singolare così differente dalle corti dei principi dell'Europa di allora. Una immagine affascinante, ma senza riscontro, purtroppo.

In realtà le cronache ricordano un certo Guglielmo Francesco della nobile famiglia dei baroni di Monteforte nel territorio di Avellino, con la funzione di *magister regis* presente accanto al bambino re dal 1201 fino al 1209. Il maestro Guglielmo allevava Federico forse secondo quel modello educativo che Pietro di Blois in una lettera all'arcivescovo di Palermo ricorda di aver seguito decenni prima, quando stava presso il re di Sicilia Guglielmo II. Pietro di Blois loda nella lettera le capacità del suo antico allievo normanno nella poesia, nelle scienze e nella conversazione pari a suo parere a quelle del suo attuale re inglese Enrico il

Plantageneto: entrambi erano degni esempi per gli *Specchi del principe*.

È probabile che il modello di istruzione dei principi fosse analogo e si ripetesse in quei secoli senza grandi novità; ma nel caso di Federico vanno ricordate anche le difficoltà di realizzare un concreto e solido progetto educativo in un ambiente senz'altro vivace culturalmente ma disordinato e precario, come quello della Sicilia di quegli anni.

MATRIMONIO DA RAGAZZO

Il 26 dicembre del 1208 Federico compie quattordici anni: è dunque maggiorenne per la legge dei re e esce dalla tutela del papa, Innocenzo III, al quale Costanza lo aveva affidato.

Ma il pontefice aveva prima di quella data fatto un'altra mossa nella sua veste di potente tutore. Il disegno di una alleanza con i signori di Aragona lo aveva coltivato in quei brevi anni vissuti accanto al figlio anche Costanza d'Altavilla. Innocenzo III lo riprese fidanzando nel 1202 il suo pupillo con Sancha, sorella di Pietro d'Aragona: il progetto era sostenuto anche dalla speranza di ottenere, con il matrimonio fra i due ragazzi, cinquecento cavalieri spagnoli che avrebbero difeso la corona di Sicilia e la persona di Federico nel susseguirsi dei tumulti. E l'Aragona tra l'altro, come la Sicilia, era un feudo della chiesa. Il disegno non andò a buon fine, ma Innocenzo III, correggendo in parte il suo programma, finì per ottenere quel che voleva: un'altra Costanza, la sorella di Sancha, più vecchia di almeno dieci anni del suo giovanissimo sposo, entrò nella vita di Federico. Era la vedova del re d'Ungheria e rimase accanto al suo giovane marito fino al 1221, dandogli il primo figlio maschio Enrico.

Dopo il matrimonio per procura avvenuto nel duomo di Saragozza, Costanza accompagnata dal fratello Alfonso conte di Provenza raggiunse la Sicilia e incontrò Federico a Palermo, dove le nozze furono fastosamente celebrate. Con lei erano arrivati i cinquecento cavalieri spagnoli promessi, ma servirono a ben poco. Quando, dopo la festa nuziale, Federico insieme ad altri armati inviati in suo aiuto dal papa partì alla volta di Messina con l'intenzione di compiere da lì una spedizione sul continente, un'epidemia simile a quella che aveva stroncato suo padre Enrico colpì le truppe spagnole. Fra i molti morti ci fu anche Alfonso fratello della nuova regina. Il momento era di nuovo gravissimo: i baroni siciliani guidati da un nobile calabrese erano in rivolta. Ma la fortuna, questa volta amica, aiutò il giovane re. Il capo dei congiurati fu fatto prigioniero e Federico poté riacquistare parte delle ricchezze della corona che i suoi vassalli infedeli gli avevano sottratto anni prima. «Ho costretto i miei figli a quella pace che odiavano e li ho assoggettati», scrive baldanzosamente il giovanissimo sovrano.

Intanto, in Germania, era accaduto da poco qualcosa che avrebbe mutato completamente il corso della vita di Federico: lo zio paterno, l'imperatore Filippo di Svevia, era stato assassinato a Bamberga da Ottone di Wittelsbach.

Federico maggiorenne in quell'anno lo era diventato davvero: solo due settimane dopo la scadenza della tutela del pontefice, era entrato in deciso disaccordo con lui sul problema della elezione dell'arcivescovo di Palermo. Il vescovo avrebbe dovuto essere eletto dal capitolo della cattedrale con il consenso del re, ma tre canonici si erano subito appellati al papa protestando. Federico li espulse immediatamente dal regno e scrisse una lettera di tono cortese ma assai determinata a Innocenzo, rivendicando la centralità del suo consenso sovrano. In realtà, secondo il concordato firmato dalla madre Costanza, il consenso del sovrano doveva essere ratificato da quello del papa, che in teoria avrebbe potuto anche non confermare la scelta.

Era questa una *libertas* della chiesa, un tema cruciale sul quale i sovrani europei – ricordiamo come esempio la vicenda clamorosa e tragica di Enrico Plantageneto e Tommaso Becket nel XII secolo in Inghilterra – da tempo contrastavano le pretese di Roma. Innocenzo III rispose a Federico in modo paternamente benevolo ma inequivocabile: il giovane si era lasciato «mal consigliare», se avesse osservato con più attenzione le cose avrebbe compreso che «il disordine abbattutosi sul regno era l'effetto dei crimini e degli errori dei suoi antenati che pretendevano di occuparsi delle realtà spirituali invadendo il potere della chiesa». Il re fu costretto a richiamare i canonici esiliati.

Il *verus imperator* era allora Innocenzo III che non aveva rivali alla sua altezza: durante il tormentato «scisma imperiale», nei lunghi anni dal 1198 al 1214, fu lui a condurre spregiudicatamente il gioco del potere in Italia e nell'impero.

INNOCENZO III

Giotto, decenni dopo la morte di Innocenzo III, lo dipinge in un «ritratto» significativo nella basilica superiore di Assisi. Il pontefice dorme, avvolto nel suo mantello rosso e con la tiara in testa, e sogna Francesco d'Assisi che scalzo e vestito di una rozza tunica sostiene sulle sue spalle la chiesa, un edificio sontuoso con pilastri di marmo decorato a fregi e sormontato da una torre a diversi piani. Ma la chiesa sembra pericolante e sul punto di crollare. Francesco appariva dunque al papa, a quel papa così deciso e determinato nelle sue azioni, così consapevole della sua *dignitas* e del suo potere, il solo possibile salvatore di una chiesa vicina alla rovina? Questo è almeno il pensiero di Giotto che allora dipingeva per un Ordine, quello francescano, oramai affermato e in ascesa. Ma è verosimile che anche Innocenzo III abbia più volte percepito e temuto nel corso della sua vita i pericoli che si annunciavano minacciosi sulla sua chiesa.

Innocenzo III è stato giudicato dalle generazioni successive come uno dei più grandi papi medievali, giudizio confermato da molti storici moderni, ed è senz'altro vero che nella storia di Federico II egli giocò un ruolo complesso ma decisivo. Lotario dei Conti di Segni era giovane, appena trentenne, quando fu eletto nel gennaio del 1198 alla cattedra di San Pietro, sulla quale rimase per ben diciotto anni. Fu tra i primi ecclesiastici a frequentare le scuole di Parigi che allora, fin dalla prima metà del secolo XII, erano in grande ascesa. Là ebbe, fra gli altri, come maestri di teologia Pietro Cantore, Pietro di Poitiers e Pietro di Corbeil. Verso quest'ultimo si mostrò sempre grato, compensandolo più tardi da pontefice con benefici ed elogi pubblici.

Durante il periodo parigino visitò la cattedrale di Canterbury: Tommaso Becket, il campione della *libertas* della chiesa contro il re Enrico II Plantageneto, era stato assassinato e anni dopo fatto santo. Sulla sua tomba venivano a pregare molti fedeli anche da lontano. Un gesto che da parte di Lotario era evidentemente in linea con la convinzione – che egli più volte renderà esplicita – della centralità ed eminenza del potere ecclesiastico nel rapporto con quello dei re.

Sappiamo con sicurezza che Lotario di Segni studiò anche per breve tempo a Bologna quando era ancora giovane suddiacono, il grado più basso della gerarchia ecclesiastica: studiò naturalmente il diritto canonico, probabilmente con Uguccione da Pisa, illustre studioso del *Decretum* di Graziano. Il magistero bolognese fu alla base della grande e profonda preparazione di Innocenzo III in questo campo. Da cardinale Lotario di Segni faceva parte di una cerchia di altri dieci cardinali che affiancavano nella gestione del potere il già vecchio Celestino III, che morirà all'età di novant'anni.

La leggenda ci dice che, quando Lotario con qualche contrasto fu eletto papa con il nome di Innocenzo III, una colomba bianca si posò sulle sue spalle rivestite dal mantello scarlatto: le chiavi della basilica e del palazzo insieme a un pastorale diritto completarono la sua nuova immagine sovrana sulla quale era disceso il potere del successore di Pietro. «Ho ricevuto la mitra per il mio sacerdozio e la corona per la mia regalità», dichiara Innocenzo.

Dunque il papa è *vicarius Petri*? Di più, Innocenzo III era e dichiarava di essere *vicarius Christi*. Il titolo era stato coniato da Pier Damiani nel trattato *De brevitate vitae ponteficum romanorum*, scritto a metà dell'XI secolo: secondo Pier Damiani il papa era «superiore in dignità e onore a tutti coloro che vivono nella carne», era «re dei re e principe degli imperatori». Il papa al quale Pier Damiani scriveva (Vittore II) era appunto per questo da lui denominato vicario di Cristo. Bernardo di Clairvaux un secolo dopo ripete che l'appellativo vicario di Cristo, prima usato in senso generico per tutti i vescovi, deve essere riservato solo al papa. E più tardi, per difendere Innocenzo II, il suo papa legittimo contro l'antipapa Anacleto II, sempre Bernardo riprende la metafora della identificazione con il Cristo e la rafforza: «Innocenzo è ossa delle ossa del Cristo e carne della sua carne».

La denominazione entra così nel linguaggio della cancelleria pontificia e il giurista Uguccione da Pisa la commenta affermando che «solo il papa può essere chiamato vicario di Cristo perché è chiamato a rappresentare la persona del Cristo». Per Innocenzo III la natura umana è ciò che nel papa non si può ampliare, è il limite naturale della sua persona, ma accanto e sopra sta la sua pienezza di potere – il suo stato di *caput* della chiesa – che è appunto illimitata nella cristianità come lo è stata per Pietro, «unico chiamato a godere della pienezza del potere». La regalità del papa è suprema perché si fonda sulla sua natura identica a quella di Cristo, che è *rcx rcgum* e *dominus dominantium.* E aggiungc chc, poiché «Pietro presiede a tutte le cose pienamente e in latitudine, egli è Vicario di colui al quale appartiene la terra e coloro che vi abitano». Fondandosi su queste estreme e stupefacenti teorie si arriverà nel Duecento a dichiarare con Agostino Trionfo che il papa «non ha bisogno di risiedere in un determinato luogo», affermazione dalle conseguenze importantissime. Dove è il papa là è Roma.

Innocenzo III è il pontefice che per primo si serve in modo originale della metafora del corpo, già implicita nella idea dell'unicità del corpo di Cristo. «Tutti noi [cristiani] siamo membra del corpo di Cristo», aveva scritto san Paolo, ma per Innocenzo III, vicario di Cristo, il corpo del quale fanno parte i cardinali e il clero è il corpo stesso del papa.

Il manto rosso che il papa aveva il diritto di portare sulle spalle aveva una lunga tradizione risalente alla cappa regalata dall'imperatore Costantino a Silvestro I e si ispirava anche alla veste rossa del Sommo Sacerdote nell'Antico Testamento e al sangue versato da Cristo nel suo martirio. Il bianco della tunica, candida come quella dell'imperatore di Bisanzio, alludeva al contrario alla Resurrezione e alle bianche vesti delle «persone celesti». Ma i rimandi si intrecciano e scivolano l'uno sull'altro. La più esplicita spiegazione la troviamo in un testo del Duecento del liturgista Guglielmo Durando: «Il sommo pontefice appare sempre vestito di un manto rosso all'esterno e bianco all'interno. Il bianco significa innocenza e carità mentre il rosso è simbolo di compassione. Il papa infatti rappresenta la persona di Colui le cui vesti diventarono rosse per il sangue versato nel martirio» (cit. in Paravicini Bagliani 1994a). Sul capo la tiara indicava la speciale regalità papale, che si estendeva nella teoria del pontefice anche sugli uomini nella loro vita terrena, civile e politica.

L'anno 1199 è un anno importante per rintracciare le linee della politica di Innocenzo a proposito del destino del suo pupillo e dell'«affare dell'impero» (*negotium imperii*), secondo il linguaggio della cancelleria papale. Nel maggio di quell'anno il partito degli Hohenstaufen dichiara solennemente a Spira che l'elezione di Filippo di Svevia a imperatore è l'unica fondata sul diritto, e manda a dire orgogliosamente a papa Innocenzo: «Verremo a Roma e tu incoronerai il nostro signore Filippo».

A questo proposito le lettere raccolte nel *Regestum super negotio Romani imperii* della Curia pontificia testimoniano qualche incertezza sul problema e forse anche una carenza di informazione nella Curia papale: sembra che il pontefice non abbia valutato correttamente l'impatto della morte di re Riccardo d'Inghilterra, avvenuta in quell'anno, sulla fortuna di Ottone e abbia creduto che sostanzialmente le posizioni di Filippo e Ottone fossero alla pari. Le testimonianze ci dicono invece che lo svevo era militarmente in quei momenti più forte, tanto che un numero crescente di principi passò nei primi anni al partito dei sostenitori di Filippo. Papa Innocenzo pensò a un certo punto a una tregua fra i due rivali, affidando all'arcivescovo di Magonza Corrado l'incarico di negoziarla. Sempre nel *Regestum* è custodita una lettera di Ottone che chiede al papa di premere affinché alcuni principi tedeschi si decidano in suo favore.

Nel Natale del 1200 un concistoro segreto di cardinali presieduto dal papa prende in esame la situazione dei tre candidati imperiali, Ottone, Filippo e il giovane Federico. La situazione sembra a quel punto ancora aperta. A proposito del suo pupillo, Innocenzo mostra uno spiccato realismo e una singolare preveggenza, affermando di temere che Federico una volta divenuto adulto gli sarebbe stato nemico se avesse pensato di essere stato osteggiato dal suo tutore e privato dei suoi diritti. Su Filippo di Svevia il concistoro si esprime negativamente, non entrando in merito ai diritti alla corona imperiale, ma imputando allo zio di Federico, in modo chiaramente pretestuoso, un comportamento scorretto e azioni colpevoli. Entro il marzo del 1201 Innocenzo prende più decisamente partito a favore del candidato guelfo Ottone, del quale preannuncia la nomina a imperatore.

Quali ragioni avevano spinto il papa a una decisione così categorica e rapida? I legati papali in Germania avevano riportato notizie disastrose sulla situazione del candidato guelfo: Innocenzo decide quindi da *verus imperator* di ribaltare la situazione, favorendo Ottone e rendendolo in tal modo debitore nei confronti di Roma. Una raffica di lettere è indirizzata ai principi, ai vescovi e ai sovrani di Inghilterra e Francia (con esiti opposti) per volgerli a favore del candidato di Innocenzo. Nell'estate dello stesso anno Ottone è incoronato re dei Romani a Colonia fra le proteste di alcuni principi favorevoli a Filippo e soprattutto con la reazione decisamente contraria del re di Francia, Filippo Augusto.

E tuttavia, nonostante l'incoronazione, la fortuna di Ottone non si afferma in modo forte: troppe forze sono in campo, ognuna delle quali è disposta a cambiare partito rapidamente secondo gli interessi e le promesse di chi in quel momento è in vantaggio ed è prodigo di promesse. L'equilibrio dei poteri è delicatissimo: un papa lontano può essere importante come un imperatore tedesco potente sul territorio? La domanda spiega l'ondeggiare dei principi e persino dei vescovi di Germania. E di conseguenza il mutare della posizione di Innocenzo.

Alla fine dell'anno 1206 la causa di Ottone sembra indebolirsi nettamente, tanto che Innocenzo III si muove ora con molta cautela nei confronti del candidato svevo Filippo, che spinto dai principi suoi sostenitori chiede al pontefice l'arbitrato sulla grande questione. Ma il quadro cambia ancora una volta di colpo e la fortuna spazza via improvvisamente dal campo della contesa Filippo di Svevia che nel 1208 è assassinato, sembra per ragioni non politiche, dal conte di Wittelsbach, anche lui di nome Ottone.

Come si vedrà, Innocenzo molto presto avrà modo di cambiare più di una volta partito.

Ma non è a questo aspetto, più ispirato a una tattica forzatamente mutevole che a una ampia strategia, che si pensa quando si sottolinea la grandezza politica del «sovrano papa» Innocenzo III.

Lotario di Segni aveva una chiarissima idea della sua figura di vicario del Cristo e del potere che ne derivava anche sul piano politico, *in temporalibus.* Riprendendo l'immagine gelasiana delle «due luci del firmamento», dichiarava che nel cielo della «chiesa universale»

... Dio ha istituito due dignità eminenti sopra le altre, la maggiore che presiede alle anime come se fossero i giorni, la seconda che governa i corpi come se fossero le notti... Esse sono la dignità del pontefice e quella dell'imperatore. Come la luna trae la sua luminosità dal sole a cui è inferiore per quantità e qualità della luce così il potere imperiale trae lo splendore dalla autorità pontificia.

Entrando più nei particolari, Innocenzo riconosce nella bolla *Venerabilem* del 1202 il diritto dei principi tedeschi ad eleggere il «re dei Romani» come espressione del diritto consuetudinario che diviene però legittimo soltanto con il consenso papale:

I principi elettori devono riconoscere e in effetti riconoscono che il diritto e l'autorità di esaminare la persona da loro eletta da promuovere a guida dell'impero spetta a noi che la ungiamo, la consacriamo e la incoroniamo. Se infatti i principi eleggessero un pagano o un sacrilego noi saremmo forse obbligati a ungerlo, consacrarlo e incoronarlo? Certamente no.

D'altra parte dobbiamo a Innocenzo III, studioso di ambedue i diritti, il civile e il canonico, quella precisa definizione del concetto di sovranità che divenuta esemplare si affermerà stabilmente nel pensiero politico: «sovrano è colui che non riconosce alcun superiore nella sfera temporale», così scriveva il pontefice romano al re di Francia intervenendo in una questione che riguardava il rapporto del sovrano con un suo feudatario, il signore di Montpellier.

A Bologna molto probabilmente Innocenzo aveva ascoltato le lezioni di Uguccione da Pisa, il canonista più importante dopo Graziano. L'affermazione della autonomia dei due poteri, il civile e l'ecclesiastico, era al centro della riflessione del maestro che proveniva da una città come Pisa, decisamente ghibellina. Solo in casi straordinari il pontefice poteva, a suo parere, intervenire negli affari politici dell'impero: la attenzione alla individuazione di questi casi sarà uno dei motivi principali dei teorici della Curia.

La teologia e lo studio del riscoperto diritto romano sono le due discipline che contribuiscono a fare del diritto canonico un sapere assimilabile agli altri saperi impartiti dai maestri dell'università per struttura e metodologia. A differenza del diritto civile che tendeva, anche se non in senso assoluto, a divenire un sistema chiuso modellato sul diritto romano, il diritto canonico era caratterizzato da un continuo e piuttosto rapido divenire. I papi precedenti a Innocenzo III avevano iniziato una attività di normazione che mirava a estendersi a tutti gli ambiti che interessano la chiesa e innanzitutto a sottoporre a un esame sempre più preciso il punto cruciale, il rapporto con il potere politico. Sul tema il nucleo centrale della riflessione canonista è l'assioma paolino del potere che deriva da Dio, un assioma passibile di divergenti esiti e valutazioni: il potere che discende da Dio investe direttamente i regnanti, passa attraverso il popolo, oppure viene gestito dal suo rappresentante in terra, il pontefice romano?

Numerose prese di posizioni dei pontefici su questo ed altri temi erano da tempo contenute nelle dichiarazioni conosciute come decretali e più tardi come encicliche; si avvertì molto presto la necessità di raccogliere, compendiare e commentare queste decisioni papali come forme di un diritto *in fieri*, base o comunque riferimento di decisioni future. Nate dalla matrice del *Decretum* di Graziano, modellate sulla sua metodologia, apparvero così alcune compilazioni di decretali, fra le quali famosa, anche se controversa all'epoca, è quella di Giovanni il Teutonico che nell'anno della morte di Innocenzo III, il 1216, raccolse le decretali degli ultimi sei anni di pontificato e altri decreti emessi dal concilio Laterano del 1215. Vent'anni dopo, sotto il pontificato di Gregorio IX, che era stato fra i cardinali più vicini a Innocenzo III, viene finalmente promulgata la prima raccolta ufficiale delle decretali che annulla tutte le altre e insieme si basa sulle precedenti, il *Liber Decretalium extra Decretum vagantium*, noto semplicemente come *Liber Extra*.

L'energia che la Curia di papa Innocenzo III applica alla gestione del diritto ecclesiastico e all'amministrazione del potere formulato giuridicamente che irraggia dal trono pontificio è impressionante e testimonia forse più di ogni altra azione del papa l'interesse e la capacità di una strategia che aveva per confini l'Europa e per oggetto i regnanti e i sudditi dell'intera cristianità.

Uno dei pericoli che minacciavano la cristianità europea era, a parere di molti uomini di chiesa e di potere, l'eresia. Testimonianze coeve sembrano accusare Innocenzo III di una certa rilassatezza nei confronti degli eretici: è vero che a paragone di altri papi del XIII secolo Innocenzo III ebbe il merito di tentare di individuare altre vie accanto a quella della repressione.

Chi erano gli eretici? Già il termine (dal greco *háiresis* che significa presa, scelta) ma soprattutto la qualità delle fonti quasi sempre di parte avversa (quelle interne ai movimenti del dissenso sono il più sovente state annullate dalla repressione o almeno in parte cancellate) mettono in difficoltà lo storico che vuole ricostruire il profilo del movimento osservando il passato non dal punto di vista della istituzione vincente.

Fin dai primi anni del secolo XI in diversi luoghi d'Italia, Francia e Germania emergono e si rafforzano gruppi di eretici che sembrano concentrarsi in differenti forme e con differente intensità sull'idea di purezza, di distacco dal mondo e dalla realtà materiale. È comune e diffuso un desiderio di ritorno allo spirito del Vangelo unito ovviamente a una appassionata polemica contro l'aspetto rigidamente istituzionale della chiesa e soprattutto la diffusa corruzione del clero. Emerge in tutti i gruppi una tendenza a spostare la «verità» religiosa dal rito esteriore all'interiorità, dal comportamento verso l'intenzione. La santità da esempio istituzionalmente riconosciuto e proposto diventa una dimensione interiore e personale di adesione allo spirito del Vangelo.

Un filosofo del secolo XII come Pietro Abelardo, maestro a Parigi di Arnaldo da Brescia e autore di un testo filosofico fondamentale come l'*Etica* o *Scito te ipsum*, rispecchia e formula con chiarezza questo malessere che diventa, nella sua pagina, opposizione e critica precise, sostenute da un esame rigorosamente razionale diretto contro la esteriorità delle pratiche ecclesiastiche, riti, indulgenze, forme pubbliche o persino soltanto ostentate di devozione. Con linguaggio preciso e sottili analisi l'*Etica* porta in primo piano l'attenzione ai valori intenzionali e consapevoli della fede vissuta dal singolo credente (l'«intenzione del cuore»).

La decretale *Ad abolendam* del 1184 di papa Lucio III (emanata a Verona), che scomunica «Catari, Patarini, coloro che chiamano se stessi mentendo Umiliati e Poveri di Lione e i seguaci di Arnaldo», aveva posto le basi teoriche delle future repressioni. Per molti eretici sorge allora il penoso problema della scelta.

Rientrare nella chiesa romana rinunciando a quelle idee e comportamenti che li avevano identificati e mobilitati come «nuovi apostoli», o accettare di rimanere fedeli allo spirito cristiano secondo la propria coscienza rifiutando di appartenere alla istituzione della chiesa che d'ora in poi li avrebbe combattuti e perseguitati?

Tre gruppi del dissenso cristiano, gli umiliati, gli albigesi e i seguaci di Francesco d'Assisi, rappresentano in modo esemplare diversi destini e per la chiesa tre tipi del problema ben presente anche durante il pontificato di Innocenzo III. Che, soprattutto all'inizio, si mostrò sensibile alla forma itinerante della predicazione e alla scelta della povertà evangelica di questi gruppi, a condizione che tutto ciò avvenisse entro la gerarchia della chiesa istituzionale e non contraddicesse l'autorità ecclesiastica. Ma al di fuori di questi limiti Innocenzo combatté con asprezza l'eresia, pur cosciente che i divieti non sarebbero bastati: gli è da molti riconosciuta la saggezza di aver capito l'importanza delle forze spirituali del suo tempo e il pericolo che la chiesa si isolasse dalla vita più profondamente religiosa dei movimenti. Di fronte a queste forze e alla loro varietà di risposte assistiamo a una vivace reazione che va dalla dura persecuzione all'entrata di nuove forme di vita cristiana nella chiesa di Roma.

Non fu questo il caso degli albigesi, che derivano il loro nome dalla città di Albi, roccaforte dei catari negli anni dopo la predicazione condotta nel Mezzogiorno francese dall'abate Bernardo di Clairvaux alla metà del secolo XII. L'eresia catara era in quella località un fenomeno non popolare ma d'élite, condiviso da notabili, mercanti, giuristi e anche da membri di casate nobili. Si presentava come una nuova chiesa di «buoni cristiani», rivendicando la filiazione apostolica contro l'usurpazione di Roma. Tutti i sacramenti degli albigesi venivano riassunti nel battesimo dello Spirito o *consolamentum* che, identificando i catari come comunità e cancellando il peccato originale, assicurava la salvezza eterna. Il *consolamentum* equivaleva anche a una ordinazione conferendo agli uomini e alle donne la facoltà di predicare e il potere di «sciogliere e legare» secondo le parole del Vangelo di Matteo (XVI,19).

La prima azione repressiva contro i cristiani di Albi e Carcassonne, diretta contro il conte di Tolosa, inizia sotto il pontificato di Innocenzo III (forse il papa non l'aveva voluta ma nemmeno l'aveva impedita). La «crociata» (1209-29) decima i catari, istituisce i grandi roghi e decapita il movimento. Da allora gli albigesi sono costretti alla clandestinità e poi destinati all'annientamento che si compie alla metà del Duecento.

La vicenda degli umiliati è completamente differente: nel rapporto del papato verso il movimento è operante quella *distinctio*, fra ostinati eretici e fedeli recuperabili all'obbedienza, che Innocenzo aveva raccomandato come linea di azione nei confronti di coloro che sembravano allontanarsi dal magistero della chiesa. Costoro per rientrare pienamente nella chiesa, raccomandava il papa, dovevano ritrattare le loro credenze eretiche sotto giuramento, impegnandosi a conservare la «vera fede» e a rendere omaggio al pontefice romano. Fin dal 1199 due capi degli umiliati erano arrivati a Roma in rappresentanza della comunità, sottoponendo al pontefice le norme secondo le quali avevano fino ad allora vissuto e intendevano vivere in futuro.

La procedura da seguire perché i *proposita* arrivassero all'esame di Innocenzo era lunga. Passarono due anni e nel giugno del 1201 fu redatta infine la nuova regola degli umiliati: in essa alcune norme proprie del vivere della comunità venivano conservate insieme ad altre che provenivano dall'Ordine benedettino. Gli umiliati vivevano da almeno vent'anni, a Milano soprattutto, in comunità miste di uomini e donne, mentre altri restavano in famiglia praticando una vita povera, di lavoro e di pietà. Anche per questi ultimi, ai quali non si poteva assegnare una vera regola, papa Innocenzo trovò una soluzione approvando il loro *propositum* che consisteva nel rifiuto del lusso negli abiti e nelle abitazioni, nella condanna dell'usura, nel lavoro manuale, nell'offerta del superfluo in elemosine, in una vita di «pace e pazienza». Ma, soprattutto, importante fu la concessione alle riunioni e alla predicazione, anche se questa doveva limitarsi agli argomenti morali e non alla spiegazione degli *articuli fidei*, attività che prima era stata vietata, pena la scomunica. Quindici anni dopo grazie a queste decisioni, secondo la testimonianza di Giacomo da Vitry, il celebre predicatore e futuro vescovo di Acri, nella città di Milano così permeata di movimenti eretici gli umiliati erano gli unici che si opponevano attivamente al dilagare delle eresie. Se alcuni di essi commisero ancora qualche errore lo fecero «a causa della loro semplicità d'animo e non per malizia», scriverà papa Onorio III.

La vicenda di Francesco d'Assisi esce da questo quadro sia per i risultati della speciale relazione che ebbe con il papato, sia soprattutto per la grandezza della sua personalità. Ma Innocenzo III è, come negli altri casi, alle radici degli avvenimenti che portarono all'affermazione del movimento e poi al successo straordinario dell'Ordine. Francesco si presenta a Innocenzo come trent'anni prima si era presentato Valdo a papa Alessandro III: chiede che il suo piccolo gruppo possa mantenere l'ideale di vita e la pratica della povertà e sia legittimato a predicare. Innocenzo non prende subito una decisione.

Con undici compagni Francesco è ricevuto dal cardinale Giovanni Colonna, in passato operante nei territori degli albigesi e quindi esperto del problema: all'inizio e inutilmente il cardinale tenta di persuadere Francesco ad accettare la regola benedettina. Ma in seguito è proprio Giovanni Colonna a difendere di fronte alle obiezioni di alcuni cardinali la posizione di Francesco, che fondava il suo ideale su quello della *perfectio evangelica*, da riconoscere come norma legittima nella chiesa del suo tempo. Innocenzo accorda ai seguaci di Francesco la facoltà della predicazione itinerante, ma detta la regola della tonsura che segnalava la loro condizione di chierici e pretende da Francesco il giuramento di obbedienza. Gli undici compagni dovevano giurare invece allo stesso Francesco, configurando in tal modo le norme della comunità religiosa in cui un superiore prendeva su se stesso il carico della responsabilità. Tutto ciò non fu scritto in un'approvazione alla regola, ma si prefigurava come un futuro accoglimento quando la comunità dei predicatori ingrandita l'avesse richiesto.

Innocenzo III muore nell'estate del 1216, quando il suo pupillo Federico non è ancora stato incoronato imperatore ma è oramai chiaro che ha molte probabilità di esserlo presto.

È ancora Giacomo da Vitry a raccontarci a proposito della morte del pontefice un episodio macabro e significativo. Quando Giacomo arriva a Perugia, dove risiedeva allora la Curia, per essere consacrato vescovo di Acri, il corpo del pontefice Innocenzo III non è stato ancora sepolto ed è esposto nella cattedrale da due giorni. Giacomo da Vitry lo descrive crudamente, «fere nudum et fetidum», quasi nudo e puzzolente. Il secondo attributo è spiegabile con il caldo impietoso di metà luglio, ma cosa significa che la salma di Innocenzo è «quasi nuda»? Durante la notte ignoti lo avevano spogliato dai preziosi paramenti e a Giacomo da Vitry non resta che constatare quanto «breve e illusorio sia lo splendore ingannevole di questo mondo», usando quasi la stessa espressione che Lotario di Segni prima di diventare pontefice aveva scritto nel suo *De miseria conditionis humanae*. In vita Innocenzo era stato chiamato da fra' Salimbene da Parma *Stupor mundi* proprio come il suo pupillo Federico, ma il suo corpo giaceva ora come quello di un qualsiasi uomo morto, alla mercé della avidità del primo ladrone.

Un disegno conservato in un codice praghese ricorda ed esalta l'altra faccia della figura papale: Innocenzo, «prossimo a vedere il fiore di Jesse» perché oramai defunto, è rappresentato nel massimo fulgore della sua carica con gli abiti della sua dignità e la mitra sul capo. L'iscrizione lamenta che «Roma sia privata dei funerali del papa a favore della regia Perugia». Anche Onorio III, in una lettera scritta dopo la sua elezione, sottolinea la assimilazione di papa Innocenzo al Cristo «nel quale voleva dissolversi e attraverso il quale ha voluto vivere e morire».

Al pari dei sovrani anche i pontefici hanno dunque due immagini, o meglio due corpi: quello fragile e corruttibile dell'uomo e quello sacro e invisibile del massimo sacerdote che divinamente diviene tutt'uno con il corpo del Cristo.

Morendo il papa perde il suo potere e «la nudità serve a visualizzare una idea così fondamentale per la storia della perennità della istituzione» (Paravicini Bagliani 1994a). Dirà più tardi il cardinale di Châteauroux: «stiamo attenti a non essere trovati nudi delle vesti della virtù quando saremo spogliati delle dignità degli onori e delle ricchezze e della *potestas*».

IN GERMANIA

La situazione in Germania, dopo l'assassinio di Filippo di Svevia, volge di colpo a favore di Ottone di Brunswick, soltanto un anno prima in difficoltà. Con rapido calcolo Ottone si fidanza con la giovanissima figlia dell'imperatore assassinato, Beatrice, con la approvazione del pontefice che gli promette di incoronarlo imperatore a Roma.

Ottone ha dodici anni più di Federico e molta esperienza di guerra. È un guelfo.

Nella politica tedesca del XII secolo e poi in quella italiana dei due secoli successivi i due termini, guelfo e ghibellino, sono stati sovente usati per indicare le fazioni contrapposte all'interno di una città e in lotta per il potere. Guelfo indicava all'origine chi parteggiava per i duchi di Baviera e Sassonia e ghibellino chi seguiva la casa di Svevia durante la lotta per la corona tedesca. Il termine *Welfen* si riferiva alla casata bavarese mentre *Weiblingen* era uno dei castelli più importanti degli svevi e divenne ben presto un grido di battaglia. I due termini avevano anche un'altra connotazione, perché i bavaresi erano un punto d'appoggio del papato in Germania, mentre nel programma degli svevi era compresa l'intenzione di ridurre l'influenza del papato nella chiesa tedesca.

Quando Federico Barbarossa, della casa di Svevia, divenne imperatore, il senso dei due termini cominciò a divenire più stabile: ghibellino era chi sosteneva l'imperatore e guelfo chi stava dalla parte del papa.

Ma l'uso dei due termini negli anni 1235-1237, quando Federico II rinsalda la sua autorità sui comuni, varia ancora: ghibellino indicava la fedeltà a Federico, e guelfo l'opposizione al monarca. L'adesione a una linea piuttosto che a un'altra era spesso occasionale, legata a fazioni che coinvolgevano in modo trasversale i nobili, i magnati e il popolo. A complicare la comprensione di questi termini, sta il fatto che alcune città ghibelline furono appoggiate dal papato e altre, guelfe, furono colpite dall'interdetto. Pisa era ghibellina perché avversaria della guelfa Genova e Firenze era guelfa anche per i forti legami economici con il papato.

Nel Trecento, terminata l'avventura di Federico e dei suoi figli, essere guelfi e ghibellini assunse ancora un altro significato, non più legato alla contrapposizione tra papato e impero. Essere guelfi significava stare dalla parte di Firenze e degli Angioini, essere ghibellini indicava semplicemente la posizione contraria. Mentre a Milano essere ghibellini voleva dire essere dalla parte dei Visconti, a Firenze essere guelfi voleva dire essere «buoni cittadini».

Il pontefice Innocenzo III, sulla rivalità fra i due tedeschi (Ottone e il suo pupillo Federico), aveva giocato e giocherà in modo rapido e spregiudicato, cambiando parte più volte.

Dal guelfo Ottone Innocenzo III si aspettava molto: la libertà della chiesa nell'elezione dei vescovi in Germania, l'intangibilità della Sicilia feudo di Roma, la cessione di alcune terre italiane come Ancona, Spoleto, i beni matildini subito incorporati nel «patrimonio di San Pietro». Nel 1209 Ottone riceve la corona imperiale a Roma: la separazione del regno siciliano dall'impero, tanto desiderata dal papa, sembrava cosa fatta e definitiva.

Ma Ottone appare ben presto tutt'altro che affidabile. E d'altra parte come frenare di fronte a nuove condizioni così favorevoli l'ambizione e il desiderio di maggior potere? Lo spunto a un mutamento della politica papale lo diedero i nobili pugliesi che pensarono che questa fosse l'occasione giusta per liberarsi del giovane re Federico con il tradimento. Il regno di Sicilia doveva appartenere all'impero – sostenevano – e quindi a Ottone, che acconsentì entusiasticamente al progetto dei baroni ribelli nominando il loro capo Diepold von Schweinspeunt duca di Spoleto (fatto che non poteva non suonare offensivo o addirittura illegittimo per il papa non interpellato in precedenza) e preparandosi a partire per la Sicilia. Metafora chiara quella contenuta nella riflessione di Innocenzo: «la spada che ci siamo forgiata ci colpisce ferendoci», scrive il papa che lancia un attacco durissimo contro Ottone in varie direzioni. Manda dapprima un messaggio ai vescovi tedeschi («Mi pento di aver creato l'uomo...») poi al re Filippo Augusto di Fran-

L'impero nel XIII secolo.

cia, che su Ottone aveva già idee precise dal momento che questi era nipote dell'inglese Giovanni Senza Terra suo nemico naturale. L'accordo fra il papa, il re di Francia e molti principi tedeschi matura nel 1210. In quell'anno Innocenzo getta sul capo di Ottone il peso tremendo della scomunica che solleva dal vincolo di obbedienza i sudditi.

Sulle prime il grande gesto non ha un effetto immediato: per tutto l'anno 1210 Ottone mantiene un grande vantaggio nelle stesse terre italiane, in Puglia dove si impadronisce di Barletta e Bari, poi in Calabria e Basilicata. I saraceni che abitano le montagne del regno normanno di Sicilia lo invitano nell'isola e gli promettono il loro appoggio.

La posizione del giovane Federico diventa grave, anzi disperata: i domini sicuri si restringono pericolosamente e a un certo punto si riducono alla sola Palermo. Nel porto presso il castello di Castellammare una nave sempre pronta attende il giovane Federico per portarlo in salvo sulle coste dell'Africa, se la fortuna dovesse volgere decisamente al peggio. Ma il nuovo anno si apre invece inaspettatamente a favore di Federico.

Ottone, preoccupato dalle rivolte che stavano maturando nei territori germanici e lombardi, lascia precipitosamente la Calabria e il regno. Il lungo lavoro di papa Innocenzo cominciava a dare i suoi frutti: la maggior parte dei principi tedeschi, premuti dal re di Francia, nell'autunno del 1211 a Norimberga dichiara decaduto lo scomunicato Ottone ed offre la corona di Germania al giovanissimo Federico di Svevia, riportando in alto la fortuna degli Staufen. Ottone, raggiunto dalla notizia in Calabria, si affretta alla volta del Nord. Sembra che i sovrani abbiano sovente importanti sogni premonitori: questa volta Ottone nella notte vede in sogno un giovane orso che balza sul suo letto e lo caccia dal giaciglio. All'inizio di primavera Ottone è già a Francoforte. Come re di Sicilia Federico è quindi già salvo, ma proprio allora si spalanca per lui un nuovo grande destino con la notizia dell'offerta o designazione al trono di imperatore.

A Palermo molti gli consigliano di rifiutare l'offerta dei principi tedeschi, anche sua moglie la regina Costanza che gli ha appena generato un figlio, battezzato con il nome del nonno Enrico, e i suoi fedeli, che temono la «solita perfidia» degli odiati tedeschi insieme al futuro incerto e pericoloso del nuovo lontano dominio.

I principi tedeschi non avrebbero ancora mutato atteggiamento come era già avvenuto in passato? E quale sarebbe stato il pensiero del pontefice, sempre preoccupato di una eventuale unione delle due corone? Innocenzo III aveva giocato sempre in modo spregiudicato, variabile, attento al momento: come ci si poteva fidare di lui? Anche per chi guarda da lontano nel tempo, anche per gli storici, la svolta a favore di Federico nella politica di Innocenzo non è completamente chiara nelle sue motivazioni: il papa è stato forse persuaso – efficacemente – dal re di Francia Filippo Augusto che lo ha messo di fronte al fatto compiuto? O forse Innocenzo si illude che il suo pupillo divenuto imperatore sarà in ogni caso più malleabile di un «estraneo» come Ottone? Che oltre a tutto ha dato prova di slealtà.

Federico, lui, non ha dubbi. È stato il volere della divina providenza, è stato «il Signore a conservarlo contro ogni previsione degli uomini» scegliendolo a guidare mirabilmente l'impero. Egli era unico e poteva vantare un diritto, appunto, unico e fortissimo contro ogni altro pretendente: i principi tedeschi avevano dunque offerto a Federico una corona che gli era dovuta.

Per alcuni anni da qui in avanti la nave di Federico sembrerà avere il vento in poppa. I biografi troppo simpatetici nel leggere le fonti dell'epoca attribuiscono il corso così favorevole degli eventi soprattutto al fascino del personaggio: Federico aveva davvero un bellissimo viso, una fronte aperta, occhi luminosi, una statura perfetta e un portamento tale da incantare e sedurre? Dei re si è quasi sempre scritto in quei secoli che erano nobili d'aspetto e affascinanti, anche se sappiamo da altre testimonianze che avevano il mento debole o il naso troppo grosso o gli occhi piccoli. I ritrattisti faranno giustizia delle lodi esagerate, tributate dai letterati e dai cronisti cortigiani ai loro signori, quando l'attenzione alla realtà e la capacità di rappresentarla diventeranno le qualità artistiche più apprezzate. Per Federico non abbiamo questa possibilità e ce lo possiamo solo immaginare.

Se non fu fascino personale fu sicuramente fortuna, quella buona questa volta, che però, è bene ricordarlo, come scrive Boezio «è sempre pronta a lusingare gli uomini facendo balenare allo sguardo le attrattive di una ingannevole felicità... Ma affidarsi alla fortuna equivale a sottostare agli ordini di una padrona». Molte azioni dell'ancor giovanissimo Federico mostrano che per il nostro Svevo non era così.

Federico dunque lascia l'isola, ma prima fa incoronare il piccolo Enrico re di Sicilia e affida la reggenza alla moglie Costanza: questo dovrebbe bastare per tener tranquillo il pontefice che ha sempre perseguito il disegno di tenere le due corone, di Sicilia e di Germania, separate. Roma («la città delle città») è naturalmente la prima tappa, in aprile, del viaggio del giovane sovrano: a diciassette anni questa è la prima volta che Federico e il suo ex tutore, Innocenzo III, si incontrano.

Accolto con tutti gli onori, lo Svevo presta al papa giuramento di vassallo secondo la tradizione dei re normanni e si riconosce sovrano «per grazia di Dio e del papa». In cambio riceve aiuto e una notevole somma di denaro. È sicuro di essere stato accolto dal «popolo di Roma come da una madre» che lo ha invitato a correre nelle terre germaniche dell'impero. Questa idea domina ora i suoi pensieri e i suoi sogni e sarà ripresa allo stesso modo nella poesia dei suoi poeti cortigiani. La realtà tuttavia al momento è un po' diversa, più povera e precaria. Con i soldi del papa, su navi genovesi prese a nolo, Federico è costretto dopo lo sbarco a Genova a fermarsi perché le vie del nord sono sbarrate dai suoi nemici. I genovesi, per rivalità con i pisani soprattutto, gli fanno altri prestiti in denaro (come Pavia, del resto): insomma, scommettono su di lui sicuri che sarà loro grato «quando diventerà imperatore».

Il viaggio verso la corona imperiale è un'avventura piena di pericoli: i piacentini sulle imbarcazioni lo cercano notte e giorno lungo le rive del Po e del Lambro aiutati dai milanesi. I cittadini di Pavia e di Cremona al contrario lo aiutano e giurano di portarlo in salvo. E a Cremona, appunto, Federico ripara dopo un assalto non previsto dei milanesi che stanno per catturarlo, ma al quale lui sfugge, forse poco regalmente, su un cavallo senza sella per giungere finalmente in salvo nella città amica. «Federico bagnò il fondo delle braghe nel fiume», scrive sprezzante un cronista milanese interpretando appieno la poca stima che avevano i suoi concittadini di quel ragazzo povero e, pareva a loro, senza un grande futuro.

Ma da qui in avanti la marcia di Federico avviene sotto l'ala della fortuna: da Cremona passando per Mantova e Verona raggiunge Trento per la valle dell'Adige. Piegando a occidente arriva in Engadina in settembre. Lo accompagnano le lettere del papa che chiede ai suoi vescovi di appoggiare quello che presenta oramai come il suo campione.

A Costanza, ancora un colpo di fortuna: il rivale Ottone di Brunswick è già pronto per entrare nella città e, sicuro della buona accoglienza, ha mandato avanti i servi e i cuochi che devono preparare il gran banchetto per l'imperatore scomunicato. Qui avviene l'incredibile, che tale però non è se pensiamo alla potente influenza del pontefice che si estende fino alle terre di Germania. Federico arriva alle porte della città di Costanza qualche ora prima dell'atteso Ottone, chiede di essere accolto ma riceve a tutta prima dal vescovo un rifiuto netto. Tuttavia quando il legato di Innocenzo III, l'arcivescovo Berardo di Bari, informa il vescovo della scomunica inflitta al guelfo, la situazione cambia di colpo e la città, già preparata per accogliere Ottone, festeggia Federico.

Fortuna chiama fortuna: a Basilea Federico entra accompagnato da un seguito ben diverso. Con lui ci sono i vescovi di Coira, di Costanza, di Strasburgo, l'abate di San Gallo e i loro cavalieri. Il «fanciullo di Puglia», il «piccolo Davide» (l'espressione è di Innocenzo III), quasi senza colpo ferire – questo è sotto gli occhi di tutti – sconfigge Ottone, un guerriero maturo e esperto, un gigante robusto, circondato all'inizio da un ampio consenso, un ricco signore protetto da un sovrano, Giovanni d'Inghilterra, un imperatore dagli inizi così promettenti.

Il biografo più celebre di Federico, il Kantorowicz (1988), nel narrare quella cavalcata incredibilmente fortunata verso il titolo imperiale, mette in grande rilievo l'efficacia del comportamento liberale e magnanimo tipico del giovane re siciliano, che attirava a sé in questo modo l'ammirazione della folla e l'elogio dei poeti creandosi una immagine già vincente. C'è forse anche del calcolo nell'atteggiamento di Federico? L'imperatore scrive: «La ragione ci spinge ad essere generosi facendoci riflettere che il nostro nemico che ha agito all'opposto si è in tal modo attirato l'inimicizia degli uomini e la punizione divina». Calcolo, ossia ragione.

Ma sicuramente è soprattutto per inclinazione innata, per conformità a un modello di virtù eminentemente regale che Federico pratica una virtù non geneticamente cristiana, ma antica, entrata da poco nell'universo etico cristiano.

Tommaso d'Aquino, ispirato dalle idee dell'*Etica* di Aristotele, introdurrà una riflessione sistematica su un nuovo comportamento virtuoso, che richiede per essere praticato una dignità sociale alta e mezzi economici adeguati: la magnanimità è pensare in grande e realizzare, convinti della propria «virtù», grandi azioni. Una riflessione sistematica quella di Tommaso e, come al solito, geniale e sottile, che riprende motivi da decenni già apparsi nella realtà e nel pensiero della società di allora.

Fondamentale era stata fin dalle origini ed era nella cultura cristiana la pratica e la teoria dell'umiltà, raccomandata dal Vangelo, anche come modello di comportamento sociale pacificante, ma soprattutto come premessa per il premio di una vita ultraterrena vicino al trono divino.

Davanti a un Dio onnipotente e incommensurabilmente buono e sapiente nei confronti dell'uomo, quale altro comportamento se non quello suggerito dall'umiltà sarebbe stato ammissibile? La magnanimità sembra dunque un'intrusa nel sistema delle virtù suggerite e allude a un tempo antico dove i santi erano eroi ossia uomini potenti e esemplari. E tuttavia la società dei secoli medievali, guerresca e centrata sul personaggio che domina e trascina i comportamenti delle folle, è una società dove è pensabile e persino augurabile che i sovrani e i signori abbiano per il bene della comunità un'etica diversa dal popolo, più grande, più tesa al sublime e all'*exemplum*. La magnanimità per definizione si addice a pochi, ma è altrettanto necessaria al bene del corpo sociale nella sua unità, al pari dell'umiltà che è di tutti gli altri. Teologi e filosofi si adoperano per conciliare o almeno inserire le due virtù, la cristiana e la pagana, nello stesso sistema morale. Per Alberto Magno e Tommaso d'Aquino uno stesso uomo virtuoso può essere umile e magnanimo: con animo grande sarà capace di tendere alle cose grandi e nello stesso tempo con umiltà saprà riconoscere che le sue capacità sono un dono del suo Creatore.

Per i filosofi, invece, come Sigieri di Brabante, maestro alla Facoltà delle Arti, umiltà e magnanimità non possono coesistere nello stesso individuo, ma sono proprie di individui differenti ed entrambi cristianamente virtuosi. Si disegna così una gradazione di «capacità» e di tipi all'interno dell'etica cristiana. I magnanimi sono più in alto dei molti che, consapevoli delle loro scarse capacità, non possono che pensare in tutta umiltà di assolvere compiti meno importanti, giocare ruoli più modesti. I filosofi proporranno così un'etica aristocratica avvertita come estranea e pericolosa dai colleghi della Facoltà di Teologia: si disegna di fatto un'opposizione netta tra due sistemi morali.

Forse c'è una isolata traccia di umiltà nell'atteggiamento di Federico durante le trionfali giornate di Aquisgrana del 1215, come vedremo; ma durante la sua vita egli è sovente un esempio chiaro della nuova etica congeniale alle grandi imprese e ai grandi progetti politici del suo tempo.

La magnanimità presuppone un contesto sociale, una scena nella quale il personaggio può inserire con successo e in modo positivo il suo ruolo: questa scena è il corpo politico, un insieme unitario e vivente.

Il sovrano – scrive Giovanni di Salisbury nel suo *Policraticus* – è la testa del corpo politico e «prende sulle spalle il peso della totalità dei sudditi». Una totalità vivente come un corpo nel quale altre parti, dai piedi alle gambe, al torace, alle braccia, alle mani, agli organi interni, assolvono altri compiti meno prestigiosi e grandi ma anch'essi utili, in tutta «umiltà».

«Se il sovrano è la testa, il senato è il cuore, i giudici sono gli occhi, le orecchie e la lingua. Gli intendenti del re sono il ventre e se accumulano troppo avidamente generano malattie rovinando l'intero corpo. I contadini sono i piedi». La metafora – è evidente – ha un aspetto conservatore: i diversi ruoli pur di pari dignità funzionale sono stabiliti per sempre: a governare saranno sempre i re, a lavorare la terra i contadini.

Tutto deriva da un'idea antica e pericolosamente semplice: la ragione è identica alla natura e rispecchia il suo ordine, questa ha leggi che non possono cambiare nel tempo. Nel corpo politico, come in ogni altro corpo, il benessere è assicurato proprio dalla diversità delle funzioni: ci può essere dunque un'etica unica valida per tutti i ruoli? È verosimile che gli uomini che vivono in comunità complesse svolgendo diverse funzioni tutte indirizzate al bene comune riconoscano diversi valori: al re si addice la capacità di pensare e agire in grande divenendo un esempio, al lavoratore di sobbarcarsi con umiltà un impegno immutabile per la vita.

FEDERICO IMPERATORE VERSO ROMA

Dopo questi fortunati avvenimenti Federico è oramai – senza aver mai combattuto veramente – padrone della Germania del Sud, dalla Borgogna fino alla Boemia e finalmente incontra il re di Francia Filippo Augusto nel novembre del 1212: nasce una alleanza precisa, stretta e determinata contro Ottone e contro l'Inghilterra di re Giovanni. Non ci sarà pace separata senza il consenso reciproco. Due eventi più simbolici che effettivi segnano l'ascesa dello Svevo: nel 1212 Federico viene eletto re di Germania da una maggioranza di principi tedeschi e a Magonza quattro giorni dopo, il 9 dicembre, formalmente incoronato. Senza gli abiti imperiali però, che il nemico Ottone tiene ancora nelle sue mani, e senza la corona, quella di Ottone I il Grande. E si sa quale valore corona scettro e mantello avessero nella evidenza visiva del potere di un sovrano, in quei secoli ma anche più avanti.

Nel 1213 a Eger Federico, come prima di lui Ottone, promette al pontefice di rispettare tutti i diritti della chiesa di Roma. Nel 1214 la vittoria dei francesi nella «casuale» battaglia di Bouvines, dove il protagonista è non Federico, ma Filippo Augusto, segna la svolta definitiva.

Il potere del guelfo Ottone va in frantumi e persino il ducato di Brabante – i famigerati mercenari brabantini avevano aiutato grandemente il guelfo – si sottomette a Federico. Rimangono poche sacche di resistenza: Colonia, dove Ottone si rifugia, e Aquisgrana, dove riposa Carlo Magno, il fondatore dell'impero romano e cristiano. Nel luglio del 1215 Federico conquista Aquisgrana e subito, il giorno dopo, riceve un'altra straordinaria e splendida investitura che supera, o meglio completa, quella di Magonza. A ventun anni Federico non è più evidentemente un ragazzo, ma un uomo politico maturo e avveduto: come giudicare infatti l'idea (eccellente dal punto di vista della comunicazione politica) di partecipare attivamente a fianco degli operai, lavorando con le mani come uno di loro, per dare nuova sepoltura alle spoglie di Carlo Magno in un grande reliquiario d'oro e argento? Carlo Magno era all'origine dell'impero, quella realtà nuova e insperata, alla quale Federico in quei giorni accedeva richiamandosi a Ottone I il Grande e a Federico Barbarossa. Era il Barbarossa che aveva fatto dichiarare Carlo Magno santo. E a Carlo Magno l'ex ragazzo della Puglia, l'ex agnellino fra i lupi, guarda nel giorno trionfale di Aquisgrana presentandosi come difensore del papato e restauratore della dignità imperiale.

Carlo Magno, non solo nell'immaginario comune, era colui che aveva sbaragliato i mori di Spagna e sgominato i sassoni allora idolatri, ma era anche il mitico o santo precursore delle crociate, partite dall'Europa cristiana per difendere la fede. Federico fa qualcosa che meraviglia molti, ma è in effetti legata direttamente alla sua incoronazione imperiale: dopo la cerimonia prende la croce e fa voto di partire per Gerusalemme invitando energicamente i suoi a seguirlo. Il giorno successivo, è una domenica, Federico nella cattedrale prega e ascolta i predicatori che chiamano alla crociata – è la quinta – diretta a Damietta sul delta del Nilo. L'adesione alla preparazione del «pellegrinaggio armato» è per lui – scriverà più tardi – «un atto di riconoscenza verso Dio per i grandi doni ricevuti». Una traccia lieve e rara di umiltà, la virtù tutta cristiana? I cronisti, non tutti ma forse la maggioranza, vedono nell'atto di Federico un calcolo politico. Ma come escludere l'emozione autentica, naturale in un giovane uomo durante giornate così propizie, in un clima di splendore esaltante neppure lontanamente sospettato mesi prima? Un'emozione che non toglie nulla all'intelligenza politica dell'atto.

È vero – come hanno pensato alcuni – che il prezzo pagato da Federico per la corona imperiale fu di poco inferiore alla sovranità effettiva che la corona stessa simboleggiava?

L'esaltante corona imperiale pone infatti al giovane imperatore gravi problemi, spingendolo a molte concessioni: Federico si trova di fronte a una realtà composita come un mosaico, difficile, anzi impossibile, da gestire in modo uniforme. Accanto alla situazione nuova e vivace di molte città tedesche che, come quelle italiane, erano proiettate verso una sempre maggiore autonomia e una conseguente ed evidente prosperità, c'erano le vecchie e solide realtà e le resistenze della aristocrazia e dei vescovi che controllavano le loro città.

La linea politica del nuovo imperatore è flessibile e si adatta con realismo (alcuni storici vi hanno letto invece un sostanziale disinteresse per la situazione tedesca) alle differenze di costumi e tradizioni consolidate con le quali il dominio imperiale era obbligato a fare i conti. Federico agisce con liberalità nei confronti delle città non episcopali, riconoscendo loro diritti importanti come riscuotere le tasse, eleggere i governi e amministrare la giustizia; nei riguardi dei centri dove i vescovi esercitano il potere, l'imperatore mantiene un atteggiamento di cauto rispetto verso le curie, alle quali lascia mano libera. Quanto ai feudatari, che avevano spadroneggiato per anni in Germania, essi continuarono il loro pericoloso (per l'imperatore), indefinito ma concreto, esercizio di potere. E d'altra parte è verosimile e naturale che Federico abbia inteso assicurarsi il loro appoggio e nel contempo rassicurare il pontefice Innocenzo che l'unione delle due corone, impero e Sicilia, era solo temporanea.

Ottone era ancora vivo e per di più in terra germanica, in Sassonia, ma oramai in gravi difficoltà, e aveva affidato la custodia dei sacri simboli del potere imperiale al fratello Enrico, ordinandogli di trasmetterli venti giorni dopo la sua morte all'eletto dei principi tedeschi. E – ammissione importantissima – se i principi avessero accettato la situazione di fatto, ossia avessero riconosciuto Federico di Svevia, i simboli imperiali gli dovevano essere consegnati.

Nel 1217, un anno prima della morte di Ottone, Federico li ottiene finalmente in consegna: era difficile negarglieli dopo la dichiarazione così solennemente fatta nella cattedrale di Aquisgrana, che aveva aggiunto alla dignità imperiale quella del milite consacrato a Cristo. Ma la corona era quasi inerte, o meglio «invisibile», se non veniva posta sul capo di Federico da chi ne aveva la potestà e dichiarava solennemente di avere, solo lui, questa potestà, il pontefice.

Quindi bisognava andare a Roma e, per arrivarci, attraversare le terre italiane del Nord dove molti dei comuni fin dal 1212 si erano schierati per Ottone di Brunswick. Milano era sempre a capo dei ribelli, Cremona stava invece, come negli anni dell'avventurosa e fortunata ascesa di Federico al potere imperiale, ancora lealmente dalla sua parte.

Per opera del papa e a causa della scomparsa definitiva del campione avversario, Ottone, le due città rivali arrivano nel 1220 ad un armistizio e di conseguenza a una pacificazione. La via verso Roma per Federico è dunque aperta.

Prima di giungere nella città sacra, Federico deve però ascoltare a Bologna le accuse dei legati pontifici: il nuovo papa Onorio III – succeduto nel 1216 a Innocenzo III – lo rimprovera per aver permesso che il figlio Enrico fosse eletto re dei Romani nella primavera del 1220 a Francoforte, prima della partenza di Federico per l'Italia, e soprattutto per non aver tenuto presente l'importante promessa di mantenere nettamente separate le due corone, l'imperiale e la siciliana. Con una sola mossa da grande giocatore, Federico con l'elezione del figlio (avvenuta in sua assenza, come egli stesso non manca di ricordare) aveva impostato con decisione, se non risolto, la complessa questione germanica: di fatto si era costituito nelle terre tedesche un governo locale, che avrebbe permesso all'imperatore libertà di manovra e lasciato tempo per dedicarsi ai problemi italiani e al regno di Sicilia.

Quanto alla crociata, il pontefice ricorda a Federico la dichiarazione fatta ad Aquisgrana. La prima lettera scritta da Federico in terra italiana è una risposta al pontefice proprio su questo punto: lo ringrazia della sua benevolenza e dichiara di sottomettersi volentieri alle penitenze che Onorio gli vorrà infliggere per non essere ancora partito per la crociata. Non si riconosce però colpevole mostrando nel contempo espressioni di rispetto per la chiesa e il suo papa.

Da Genova, alleata dei tempi difficili (che si vantava come proclamava il suo nome di essere stata la porta, *Ianua*, dell'impero), una ambasceria era venuta a ricordare all'imperatore un atto di concreta riconoscenza riguardo al problema delle esenzioni fiscali concesse a suo tempo da Marcovaldo von Anweiler e dei privilegi commerciali che nel 1212 lo stesso Federico aveva riconosciuto alla città. Sono passati però otto anni e Federico ha ora problemi strategici e di gestione del potere ben diversi da quelli del ragazzo malmesso e ambizioso che era partito per la Germania con più speranze che progetti concreti: conferma quindi ai genovesi i privilegi per quel che si riferisce alle terre dell'impero e alla

Lombardia ma rimanda al futuro ciò che in fondo più interessa ai suoi alleati, e anche a lui, la Sicilia con le sue coste e i suoi porti.

All'inizio di ottobre, avvicinandosi a Roma, Federico invia al pontefice una ambasceria, di cui fa parte il Gran Maestro dell'Ordine teutonico, Ermanno di Salza. Gli risponde poco dopo una ambasceria papale che gli ricorda per l'ennesima volta la promessa (sempre un po' vaga) di non vantare diritto sul regno di Sicilia, raccomandandogli di non usare il sigillo reale. Il giorno della incoronazione sarebbe stato il 22 novembre, ultima domenica dell'Avvento.

Qual era l'aspetto della città di Roma in quel novembre del 1220? Federico e la regina Costanza che lo aveva accompagnato per la cerimonia la potevano ammirare dall'alto di Monte Mario prima di discendere per l'antica via Trionfale.

L'impressione generale era verosimilmente simile ma accentuata rispetto a quella che, più di un secolo dopo (comunque prima del flagello della Morte Nera del 1348), avrà Francesco Petrarca in una delle sue famose e pensose passeggiate: «cammino per quella città così vasta che pur sembrando deserta per i suoi ampi spazi vuoti ha una popolazione immensa». Immensa? Fra Due e Trecento Roma aveva trentamila abitanti o poco più (sette secoli prima, nel V secolo, aveva ancora 450.000 abitanti). Un paragone con le altre città italiane, in ascesa a differenza di Roma, è interessante. Genova e Verona ne avevano trentamila, Milano quasi centomila, Venezia settantamila.

Ma Roma era stata l'Urbe e il centro dell'impero e la sproporzione fra i grandi spazi incolti o comunque disabitati e le rovine degli edifici antichi così imponenti e monumentali da sembrare produzioni di giganti costruite per essere abitate da uomini dell'età dell'oro, doveva essere impressionante. Un'impressione che durerà per lungo tempo: meno di due secoli fa (nel 1822), Leopardi scriveva alla sorella le sue impressioni su questa città immensa e vuota, evidente traccia di una civiltà remota e quasi incomprensibile, con queste parole: «Tutta la grandezza di Roma non serve ad altro che a moltiplicare le distanze... queste fabbriche immense, queste strade interminabili sono tanti spazi gittati fra gli uomini invece di essere spazi che contengono uomini». Spazi gettati fra gli uomini comuni e la rappresentazione del potere, qualcosa che Federico poteva apprezzare.

Dall'XI secolo fino al Duecento la popolazione romana era senz'altro aumentata, ma Roma era ancora delimitata dalle mura Aureliane che disegnavano uno spazio grandissimo interrotto da pascoli estesi. Una singolare visione fra il rurale e il monumentale in rovina che continuerà ad affascinare i pellegrini e poi i turisti per molti secoli. Una città diversa da tutte le altre italiane ed europee, con una organizzazione sociale e politica unica, «capitale di uno stato atipico confessionale e sovranazionale e insieme sede di un comune gestito da laici che si accetta solo come capitale per ragioni religiose e non politiche» (Miglio 2001).

L'influenza del passato antico non era solo visibile drammaticamente nelle rovine ma sopravviveva nella gestione rituale delle celebrazioni ecclesiastiche (compresa l'incoronazione degli imperatori) come riflesso di una vita più alta e nobile per la quale si provavano rimpianto e ammirazione.

Dal XII secolo il mito di Roma antica diventa più complesso nei testi e nell'immaginario: vengono alla ribalta tre immagini di città, la Roma repubblicana, la imperiale e quella cristiana. Questa era viva da secoli e durerà ben oltre il medioevo non solo come la Roma di San Pietro, ma anche come la Roma di tutti i martiri che lì avevano trovato la morte. Santa Brigida di Svezia si sentirà invitata da una voce a visitare Roma, dove «le piazze sono ancora rosse del sangue dei martiri».

Ma, sempre dopo il Mille, si fa più evidente la *renovatio* della Roma imperiale sia da parte della chiesa sia dei sovrani tedeschi. Il Barbarossa, nonno di Federico, aveva fatto coniare monete con l'immagine del Colosseo per illustrare la sua opera di recupero delle prerogative imperiali contro i comuni ribelli. La chiesa, dal canto suo, inizia una vigorosa opera di appropriazione dell'idea imperiale sia sul piano monumentale sia su quello giuridico. Alcuni esempi fra i tanti mettono in luce questo lento ma inarrestabile progetto: Santa Maria in Trastevere fu ricostruita sotto il papa Innocenzo II con pezzi di spoglio provenienti dalle terme di Caracalla, qualcosa che andava al di là del riuso, e negli stessi anni fu emesso un editto che minacciava punizioni a chi danneggiasse la Colonna Traiana e quella di Marco Aurelio «che per l'onore del popolo di Roma e della chiesa dovrà rimanere integra e intatta finché il mondo avrà vita». Quanto all'aspetto giuridico, che dire delle affermazioni di Gregorio VII, consapevole di poter «disporre delle insegne imperiali»? O di Bonifacio VIII, che si presenterà rivestito proprio da quelle insegne davanti ai cardinali? «Ego sum Caesar, ego sum imperator», dichiara esplicitamente Bonifacio in quella occasione.

Più innovativa la riscoperta della Roma repubblicana, con i suoi consoli, il senato e il suo popolo, modello potente a cui si era ispirato un secolo prima Arnaldo da Brescia e al quale guarderà nel Trecento Cola di Rienzo. Il comune romano, rifacendosi alle leggi antiche, rivendica un ruolo nella designazione dell'imperatore scontrandosi con l'alleanza formidabile dell'impero germanico e del papato uniti in quella occasione nella repressione della pretesa laica e ribelle. Giovanni di Salisbury riportando il pensiero di Arnaldo da Brescia aveva scritto che «Arnaldo sosteneva che non si poteva ammettere che un uomo, il papa, volesse imporre il giogo della servitù a Roma sede dell'impero, fonte della libertà e signora del mondo».

Ma nella realtà e non nei sogni «Roma non poteva trarsi dal fianco il dardo senza morire» (Falco 1988), dove «dardo» significa «papato».

Questo era il paesaggio singolare e la realtà complessa che Federico attraversava per recarsi al luogo dell'incoronazione in quel giorno di novembre del 1220. In San Pietro, dove i senatori del popolo romano si mettono alla sua destra per reggergli la briglia mentre il pontefice in trono sul gradino più alto della piazza lo aspetta circondato dai cardinali e dal clero, Federico bacia il piede di Onorio e gli porge l'oro secondo l'usanza. Onorio lo abbraccia a sua volta e con lui si avvia verso la cappella di Santa Maria in Turribus. L'unzione sacra che un tempo toccava anche il capo si limita questa volta alle spalle e all'avambraccio destro e il papa impone sulla testa di Federico la corona e lo tocca con la spada come spetta a un «soldato di San Pietro». Infine nelle navate si alza il canto solenne: «Salute e vittoria a Federico invitto imperatore dei Romani e sempre Augusto».

A ventisei anni, con una rapida e in fondo non molto cruenta ascesa, il ragazzo degli Svevi si trova al culmine della gerarchia dei sovrani europei. La strada dell'esercizio reale del potere è però altra cosa.

IN ORIENTE

Rimaneva da compiere la promessa fatta ad Aquisgrana oramai cinque anni prima, nel giorno dell'incoronazione con l'assunzione del segno della crociata.

L'esercito dei cristiani era assediato a Damietta sul delta del Nilo e il papa Onorio III vedeva e indicava nella partenza di Federico per l'Oriente la prova della sua affidabilità. Dopo l'incoronazione l'imperatore non fu avaro di assicurazioni verso il pontefice e con la *Constitutio in Basilica Beati Petri* volle garantire le *libertates* della chiesa di Roma a proposito delle esenzioni fiscali e assicurare il suo personale impegno di lotta contro gli eretici che dovevano essere espulsi dai territori e privati dei beni. Il documento, emesso in un momento così solenne, aveva anche un aspetto per così dire «secolare» occupandosi di precise misure a garanzia dei viaggiatori e dei pellegrini esposti alla violenza dei banditi, dei mercanti ai quali veniva confermata in caso di naufragio delle navi di trasporto l'indennità di recupero.

Ma intanto un anno dopo Damietta cade. Il papa preme su Federico, indicato come il colpevole morale della sconfitta dei crociati, mentre i poeti cantano: «Imperatore, Damietta ti attende giorno e notte e la bianca Torre piange per la tua aquila abbattuta da un avvoltoio...».

Federico, occupato negli affari tumultuosi della sua Sicilia, trova il tempo solo nel marzo del 1223 di incontrarsi con il papa per mettere a punto i piani della campagna in Oriente, fissando un limite di due anni per la sua partenza e garantendo il trasporto gratuito sulla sua flotta a coloro che avessero scelto di seguirlo nell'impresa. La flotta dell'imperatore era notevole anche se non imponente: cinquanta navi da trasporto per i crociati e i loro cavalli più cento galee, mentre altre quaranta aspettavano di fronte alle coste egiziane. Il papa dal canto suo promuove cicli di predicazioni in tutta Europa e Giovanni di Brienne, re di Gerusalemme, visita personalmente i sovrani europei per propagandare l'idea di una riscossa contro i musulmani. Probabilmente era proprio lui, Giovanni, marito della principessa siriana Sibilla erede al regno latino, il maggior colpevole del disastro della quinta crociata, certamente più di Federico. Ma l'imperatore, vedovo da due anni, si lega proprio a lui sposandone la giovanissima figlia Isabella di Brienne e con queste nozze diventa l'erede del regno di Terrasanta. Un nuovo titolo, dunque, e più che prestigioso in quei momenti; anzi, nella speranza di molti, decisivo per dare peso, difendere e salvare il regno di Gerusalemme con un'opera organizzata ben diversamente da tutti i «pellegrinaggi in armi» intrapresi in precedenza per liberare il Santo Sepolcro. La data di partenza scivola di due anni ancora: il termine è fissato nell'agosto del 1227.

Non c'è motivo di pensare che si tratti di uno stratagemma di Federico per eludere la solenne promessa di Aquisgrana, e anche la minaccia da parte del papa di gettare su di lui la scomunica se non avesse rispettato la data appare una misura normale per ottenere una garanzia. Al momento, i due potenti sembrano avere obiettivi comuni anche se Federico allora, come del resto prima e dopo, è soprattutto impegnato su un fronte che gli sta molto a cuore: il regno di Sicilia.

Si profilano in quei momenti altre difficoltà: il suocero di Federico Giovanni di Brienne si lamenta presso il papa per l'avidità con cui il genero si è impadronito del titolo di re di Gerusalemme e alle lamentele politiche ne aggiunge anche un'altra, di natura personale, quella di un padre preoccupato del comportamento di Federico verso la figlia. Era la prima volta che l'imperatore sceglieva una sposa tanto più giovane di lui, ma giravano voci che la trascurasse a favore delle donne del suo harem. Voci con tutta probabilità rinforzate dalla solita precisa strategia della Curia romana. Più tardi la nascita di Corrado (1228) destinato alla corona di Gerusalemme avrebbe potuto calmare le turbolenze che si addensavano sul capo di Federico? Improbabile.

Tuttavia in quegli anni il pontefice aveva qualche fondato motivo per allarmarsi: l'unione delle due corone, impero e Sicilia,

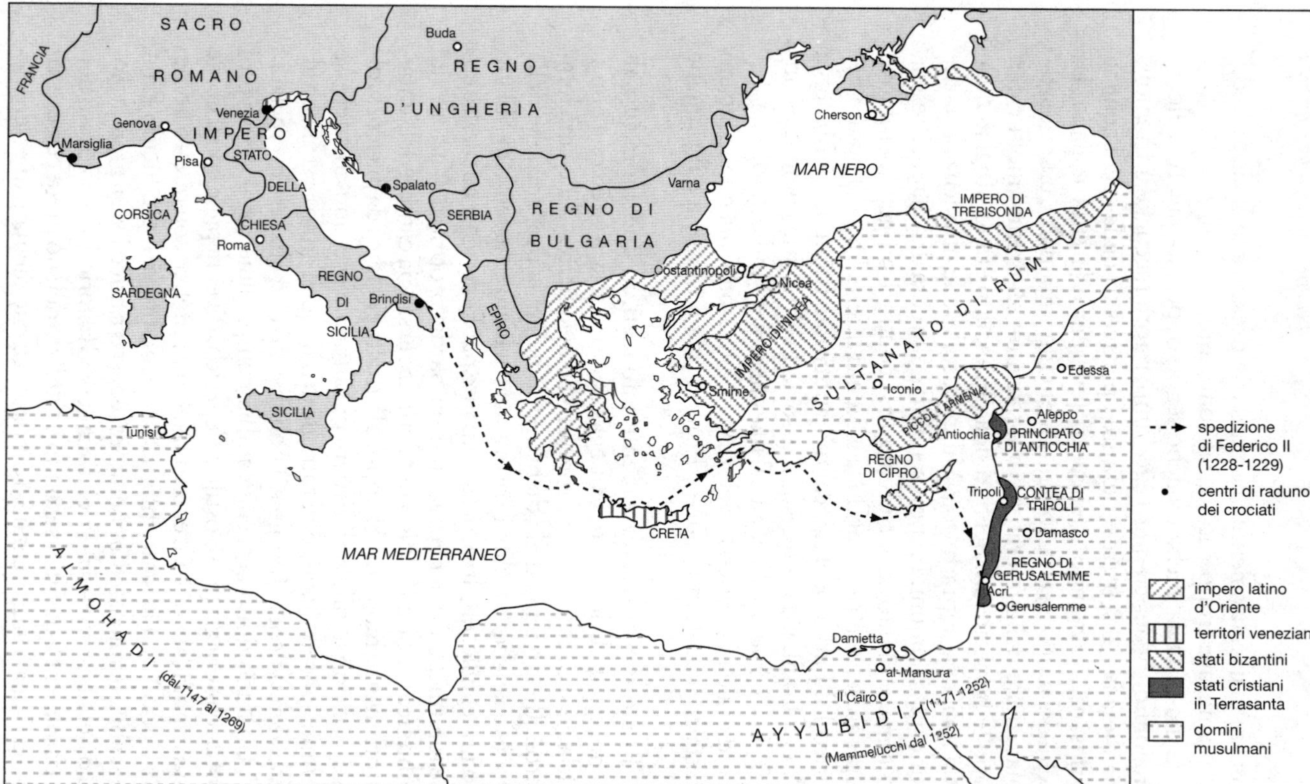

La spedizione di Federico II (VI crociata).

non era mai stata smentita nei fatti e la presenza in Italia di Federico sembrava troppo attiva e incombente.

C'era tuttavia anche qualche segno opposto a favore delle intenzioni di Federico: nel 1226 l'imperatore raccoglie a Cremona una dieta per discutere e definire i particolari della spedizione in Terrasanta, invitando i feudatari tedeschi e le città italiane. La scelta del luogo (la città lombarda più filo-imperiale), unita alla dichiarazione dell'imperatore di perseguire gli eretici (molti catari dopo le persecuzioni nel Sud della Francia si erano rifugiati nelle città italiane e soprattutto a Milano), solleva le diffidenze e anche i timori dei comuni. I rappresentanti delle città di Milano, Brescia, Bologna e Mantova per premunirsi contro i progetti del nuovo imperatore, ben ricordando la violenza inferta loro dal nonno Federico I il Barbarossa, giocano d'anticipo e rifondano a Mantova la Lega Lombarda: a questa si associano altre città come Alessandria, Lodi, Faenza, Verona e il marchese del Monferrato. Alla dieta indetta da Federico le defezioni si avvertono, ma non mancano presenze importanti: Como, Pisa, Parma e Modena e il principe d'Este.

Erano timori sostanzialmente infondati, in quel momento almeno, quelli delle città della Lega? Sembra di sì: a Cremona non si parla né si decide nulla a proposito delle «libertà» delle città lombarde. Il vero tema della dieta imperiale era la preparazione della crociata, anche se il clima era oramai rovinato e l'assenza di Milano era un segnale, un altro, preoccupante per Federico, che si valse come intermediario per la pace in Lombardia proprio dell'azione del pontefice Onorio III. Non deve stupire la saggia cautela dell'imperatore in quei momenti e neppure l'attività energica da paciere svolta da Onorio in difesa di Federico. Entrambi avevano un interesse comune preponderante su tutti gli altri in quell'anno così vicino alla scadenza fissata: bisognava non distrarsi e realizzare la crociata.

Un anno dopo la scena cambia completamente: il vescovo di Ostia, che era già parso ostile a Federico, diventa papa con il nome assai significativo di Gregorio IX. Un pontefice con questo nome, Gregorio VII, era stato infatti due secoli prima il più lucido e implacabile nemico dell'imperatore tedesco Enrico IV e il grande teorico del *Dictatus papae*. Nei disegni di Gregorio IX, «vigoroso nella parola e nell'azione» secondo il giudizio del suo predecessore, ritorna l'idea fondamentale del pontefice che dichiara di essere decisamente sopra l'imperatore in virtù della «pienezza del suo potere»: egli avrebbe vigilato severamente che Federico non barasse sull'impresa a Gerusalemme. Vigilato su questo e altro, come vedremo.

Ma allora tutto sembrava chiaro a quel proposito. L'imperatore aveva raccolto in Puglia molti uomini, pellegrini entusiasti di partire per la Terrasanta gratuitamente insieme a mercenari; probabilmente fu proprio il gran numero di gente convenuta e le conseguenti precarie condizioni igieniche insieme al caldo dell'estate a innescare la pestilenza, forse il colera. Fra le prime vittime ci fu il langravio di Turingia, un amico per l'imperatore, marito di quella Elisabetta proclamata poi santa, e molti dei cavalieri del suo seguito. Infine lo stesso Federico fu colpito in forma meno grave dall'epidemia.

Dopo qualche incertezza l'imperatore, indebolito nel fisico, manda avanti una flotta di galee affidandola al Gran Maestro dei cavalieri Teutonici Ermanno di Salza e fissa una nuova data per la partenza, il maggio dell'anno seguente, il 1228. Un'ambasceria inviata a Gregorio IX doveva spiegare quella situazione così difficile e presentare le scuse di Federico, ma non fu nemmeno ricevuta. Papa Gregorio evidentemente aspettava da tempo il pretesto per colpire colui che vedeva decisamente come un avversario. In una lettera all'imperatore il papa gli rimproverava con asprezza di toni il suo comportamento verso il clero di Sicilia, del quale Federico non avrebbe rispettato i privilegi fiscali, costringendo all'esilio qualcuno dei suoi appartenenti (come il famoso Gualtieri di Palearia, già avversato dalla regina Costanza d'Altavilla).

Al centro, dunque, c'era sempre l'annosa questione del regno di Sicilia sul quale Federico governava non curandosi della alta sovranità della chiesa sull'isola. In una seconda enciclica scritta nello stesso mese, Gregorio IX sottolineò ancora più aspramente la rottura: la ingratitudine di Federico, le sue mancate promesse e la sua responsabilità personale nel disastro perché, ammassando imprudentemente le truppe in una terra così calda d'estate, aveva di fatto provocato l'epidemia e mandato a morte molti uomini, anche nobili come il langravio di Turingia...

La scomunica si abbatte sull'imperatore.

La risposta di Federico è senz'altro più equilibrata della violenta lettera del papa evidentemente piena di pregiudizi. L'elemento per noi più interessante e comprensibile è l'uscita in piena luce del vero problema fra i due contendenti: non la crociata e i suoi ritardi dunque, ma il regno di Sicilia, ancora una volta indicato dal papa come feudo della chiesa. Un orgoglioso erede degli Altavilla, per di più ora imperatore dei Romani, non poteva che avere idee completamente opposte in proposito.

Federico invia lettere ai sovrani d'Europa, precise, ricche di particolari e questa volta aggressive contro il papa avversario. In una missiva diretta al re Enrico III d'Inghilterra, succeduto a Giovanni Senza Terra nel 1216, l'imperatore si dichiara ingiustamente colpito dalla scomunica e controbatte le accuse con accuse, questa volta durissime. Scrivendo al sovrano inglese, Federico disegna un ritratto lucido e tremendo della crisi morale e religiosa della chiesa, dipinta con toni che assomigliano vivamente a quelli usati dai movimenti ereticali dell'epoca. Roma era viziata fin nel profondo dalla simonia, infliggeva esorbitanti tasse, praticava l'usura e invece di comportarsi da madre e nutrice, agiva da matrigna, stava all'origine di tutti i mali possibili. Anche se i discorsi del capo della chiesa romana erano dolci come il miele, le sue parole in quel momento non riuscivano a nascondere i frutti delle sue azioni vergognose. Del resto – ricorda Federico – non era forse vero che già papa Innocenzo III aveva trattato da vassallo e umiliato re Giovanni d'Inghilterra? Ecco qual era il costume della chiesa romana, che opprimeva il mondo, derubava i paesi e gli individui, eccitava alla violenza come un vero lupo rapace travestito da agnello con il solo scopo di scomunicare, esiliare, punire, assoggettare e terrorizzare il popolo... La chiesa originaria, quella dei Padri, era fondata sulla povertà ed era madre di santi: quelle erano le origini divine dalle quali la chiesa si era allontanata inseguendo la ricchezza. Federico conclude lamentando di essere stato mandato in Terrasanta mentre una guerra intestina lacerava la sua Sicilia, una guerra che il pontefice stesso con ogni evidenza fomentava. La lettera conservataci da Matteo da Parigi – anche se sono stati espressi alcuni dubbi sulla sua autenticità – è un testo impressionante.

Il popolo di Roma parteggiava in modo evidente per l'imperatore. Quando nel giorno di Pasqua Gregorio IX pronuncia nella basilica di San Pietro un sermone veemente contro Federico, la folla lo caccia fuori dalla chiesa inseguendolo per le strade di Roma. Episodio gravissimo e rivelatore che confermò Gregorio nei suoi propositi, convinto che l'imperatore scomunicato avrebbe intrapreso la crociata in modo del tutto autonomo e, si può dire, «contro il papa». Del resto altre volte sovrani e cavalieri europei erano partiti per le crociate mossi da motivi profondi e indipendenti da ciò che predicava il vicario di Pietro. Il comportamento di Federico rende clamorosamente palese questa varietà di ragioni «laiche», etiche, di costume, politiche, economiche che stanno alla base delle crociate, ragioni che si intrecciavano tuttavia a una innegabile autentica emozione religiosa.

Federico conosceva più di altri principi cristiani la cultura musulmana ed era informato degli ultimi avvenimenti accaduti durante la dominazione araba in Oriente: sapeva ad esempio che fra le cause della caduta di Gerusalemme nel 1187 vi era l'unificazione dei domini sotto il Saladino e sapeva quanto, al contrario, i suoi successori, fortunatamente per i cristiani, non fossero più concordi fra loro. Usare la diplomazia più delle armi era per lui, crociato anomalo e imperatore simpatetico con l'Islam, la sua filosofia e i suoi costumi, qualcosa di naturale. Del resto, anche sul piano militare le cose per i crociati andavano in quel momento abbastanza bene: l'esercito dei cristiani avanzava lentamente, ma avanzava, e aveva liberato Sidone mentre Giaffa e Cesarea erano state fortificate. I cavalieri Teutonici con le loro incursioni in Galilea tenevano in allarme i musulmani.

Fu allora che al-Kāmil, il sultano d'Egitto, tentò un accordo con Federico: questi si sarebbe impegnato a combattere suo fratello al-Mu'azzam rivale nella corsa al potere in cambio della restituzione di Gerusalemme ai cristiani. L'offerta era allettante per Federico e i due si scambiarono doni. Federico ebbe fra le altre cose un elefante, un planetario, un liuto indiano e anche uno straordinario albero d'argento con uccellini che cinguettavano a ogni soffio di vento. Ricambiò con il dono di un orso bianco che con stupore degli arabi mangiava solo pesci e un pavone dalle piume candide.

Ma ancora una volta una morte improvvisa cambia le carte in tavola, quella appunto del fratello di al-Kāmil, che rende vana ogni diplomazia segreta: «con la morte del fratello che era stato la ragione per cui al-Kāmil aveva chiesto aiuto a Federico, il sultano non aveva più bisogno dell'imperatore», scrive lucidamente un testimone arabo. Nonostante questa grossa difficoltà e nonostante le voci di attività nemiche di papa Gregorio già sul piede di guerra in Italia a danno di Federico, è probabile che l'imperatore confidasse nel vantaggio e sperasse nel prestigio che il successo in Terrasanta gli avrebbe procurato in Occidente. Tutto quindi a questo punto dipendeva dalla conquista (o liberazione) di Gerusalemme.

Ma sulla via per Gerusalemme Federico si ferma a Cipro. Abbiamo del suo soggiorno nell'isola alcune cronache e un vivace e fazioso resoconto di Filippo da Novara, partigiano degli Ibelin, a cui Federico decisamente non piaceva. Vale la pena di soffermarci su questa turbolenta sosta a Cipro, che ci dà il quadro dello scontro e dell'intreccio dei poteri fra i cristiani di Terrasanta. Il resoconto ci restituisce nella sua pittoresca realtà le relazioni complesse fra personaggi che si rifanno da una parte ai costumi dell'Occidente e a quei brandelli dell'etica cavalleresca sopravvissuta dopo decenni di vita Oltremare e d'altra parte sono oramai intrisi di abitudini e modi di essere tipici dell'Oriente islamico.

Che ragione aveva l'imperatore per sostare a Cipro? Una buona ragione: l'isola era un regno vassallo dell'impero. Giovanni Ibelin, signore di Beirut, governava l'isola in nome di un re ragazzo, Enrico, della famiglia dei Lusignano alla quale Enrico VI, padre di Federico, aveva affidato il regno di Cipro, rivendicato ora dall'imperatore come feudo dell'impero. Giovanni Ibelin con i suoi vasti possedimenti in Terrasanta era un personaggio notevole da tener d'occhio nelle complesse trattative che l'imperatore doveva affrontare. Ma il signore di Beirut reggente a Cipro aveva tuttavia nemici e oppositori all'interno del piccolo regno, gente scontenta della sua amministrazione, persuasa di essere stata trattata ingiustamente e pronta a prendere al volo l'occasione di ribaltare completamente la situazione. Quando l'imperatore lo mandò a chiamare si può immaginare che Giovanni fosse perlomeno allarmato. Comunque non poteva che correre il rischio. Sembra che all'inizio l'incontro fra l'imperatore e il suo vassallo sia stato cordiale, tanto che Federico invitò Giovanni e i suoi a un banchetto. Federico aveva già un piano: volle che i figli del suo ospite servissero a tavola e dispose i posti in modo che tutti i commensali potessero vedere frontalmente lui, l'imperatore. «All'ultima portata del pranzo un gruppo di armati istruiti da Federico uscì da un nascondiglio, si impadronì del palazzo e del cortile principale e si schierò davanti all'imperatore con le mani pronte sulle armi, coltelli e spade».

Ad alta voce Federico si rivolse a Giovanni chiedendogli di rinunciare al feudo di Beirut e di consegnare le rendite degli ultimi dieci anni: «per prima cosa – disse – dovete consegnarmi la città di Beirut perché mai l'avete avuta e tenuta per diritto; e poi dovete restituire tutti i redditi che avete ricevuto come reggente di Cipro poiché questo è il mio privilegio secondo l'usanza dell'impero».

Al rifiuto di Giovanni espresso in modi cortesi ma fermi, Federico si lasciò andare a una scena di furore e minacce nelle quali, pare, quando voleva era maestro. Le cose presero abbastanza presto un andamento meno violento: ci si accordò, anche se faticosamente sulla proposta di Giovanni Ibelin, di ridiscutere la faccenda in sede più adatta, ma intanto Federico prese in consegna due figli del signore di Beirut con venti cavalieri. Ostaggi più che ospiti, per dirla con franchezza, trattati non molto cavallerescamente.

Alcuni nobili fedeli a Giovanni e accaniti nemici dell'imperatore gli proposero di assassinare Federico: in fondo era uno scomunicato non protetto da molti uomini. Ma Giovanni, in nome di quell'etica cavalleresca – un'etica dove ha gran parte, come sappiamo, l'immagine e la rappresentazione – respinse la proposta dicendo che Federico era il suo signore: secondo la morale feudale, l'assassinio del sovrano è la fellonia massima, il più grave degli omicidi, pari al parricidio. Scrive Filippo da Novara:

> Il signore di Beirut si arrabbiò moltissimo e minacciò di picchiarli e di ucciderli se soltanto ne avessero parlato ancora. Disse che si sarebbero coperti per sempre di infamia e che tutta la cristianità avrebbe gridato ai traditori d'Oltremare che hanno ucciso il loro signore, l'imperatore, aggiungendo che morto Federico e loro viventi il diritto si sarebbe trasformato in torto e la verità non sarebbe mai stata creduta. Concluse: «Qualunque cosa faccia Federico resta il mio signore e io mi limiterò a custodire i nostri beni e i nostri feudi».

Finalmente Federico, arrivando a una specie di compromesso, fa vela da Cipro verso Tiro. Templari e Ospedalieri dapprima lo accolgono commossi, abbracciando le ginocchia del loro imperatore scomunicato, ma le cose cambieranno molto presto.

Quale fu la reazione di Federico alla vista del paesaggio brullo della Terrasanta? Fra' Salimbene ci racconta che fu una reazione «stravagante» e non la condivide. Ma è difficile non essere d'accordo con l'imperatore che paragona la Palestina al paesaggio fiorente della sua Sicilia.

> Allorché vide la Terra promessa che Dio aveva tante volte esaltata chiamandola la terra dove scorrono latte e miele e terra di tutte la più pregevole, Federico affermò che Dio non doveva aver visto la terra del suo regno, ossia la Calabria, la Sicilia e la Puglia perché altrimenti non avrebbe lodato in questo modo la terra che promise e diede ai Giudei.

La situazione politica della crociata di Federico giunto in Israele appare paradossale: l'imperatore informa il pontefice di essere arrivato in Terrasanta, invitandolo a togliere dal suo capo la scomunica. Raggiunge il risultato di esasperare ancor più Gregorio, che vede tutto il danno inflitto alla sua immagine di capo della cristianità costretto a subire l'iniziativa imperiale in un campo così importante come quello del pellegrinaggio armato in Terrasanta.

L'arrivo di Federico era svantaggioso oramai anche per al-Kāmil, che non aveva più via libera nell'occupazione delle terre del fratello. I due che prima erano d'accordo nello spartirsi i territori diventano rivali e si mostrano con eleganza e diplomazia i muscoli. A sciogliere una situazione insostenibile per Federico giungono le notizie provenienti da Damasco: la città rimane fedele al defunto fratello di al-Kāmil combattendo le truppe nemiche con ostinazione. Al-Kāmil è quindi in difficoltà.

Federico infine la spunta: con il trattato di Giaffa, che prevede una durata di dieci anni, Gerusalemme viene «liberata» ma in condizioni disastrose: gran parte delle mura abbattute, danneggiata la torre di Davide. Del resto non si tratta di una liberazione totale, ai cristiani è proibito l'accesso al monte del Tempio e alla spianata delle due moschee che rimangono un luogo sacro per i musulmani, ma è consentito stare a Betlemme e Nazareth raggiungibili attraverso un percorso che si snoda in territori ostili. L'accesso a Hebron è vietato. Queste erano le concessioni di al-

Kāmil viste dai seguaci di entrambi i contendenti come un tradimento, quasi una sconfitta per ambedue le parti.

I cristiani, soprattutto, rimproveravano a quello che avrebbe dovuto essere il loro eroe, Federico, di non aver affrontato con le armi il nemico infedele, di non averlo annientato nel sangue ma di aver concordato con lui, come un mercante, la restituzione della Città Santa. Una città per giunta inerme, rovinata, senza altro valore se non quello simbolico. Secondo le cronache arabe, al-Kāmil, criticato a sua volta per aver abbandonato Gerusalemme in mani cristiane, dichiarava ai suoi di aver concesso a Federico solo «qualche chiesa e un pugno di case in rovina mentre la venerata Rocca e gli altri Luoghi Santi dell'Islam rimanevano in mano ai musulmani». Il parere del patriarca cristiano Geroldo era altrettanto sprezzante: «Soltanto ai tedeschi di Federico sta a cuore di visitare il Santo Sepolcro e sono stati gli unici a illuminare la città e a cantare di gioia... Gli altri pensano che tutto sia una grande sciocchezza».

Peccato che, con ogni probabilità, non sia vero il racconto della prima sera passata da Federico a Gerusalemme, in una città immersa nel silenzio, senza il canto dei muezzin. Si narra infatti che, per cortesia verso il cristiano imperatore, al-Kāmil avesse ordinato ai muezzin di non disturbare nella notte il sonno di Federico con i loro inviti alla preghiera lanciati dall'alto dei minareti. Ma sembra che al mattino Federico si sia lamentato di non avere potuto ascoltare la loro voce, che doveva essergli stata familiare e gradita in passato nelle notti siciliane. Un atteggiamento, il suo, fatto per ingraziarsi la simpatia dei fedeli dell'Islam?

Per una volta (escludendo naturalmente le rappresentazioni ingiuriose o comunque nemiche della cancelleria papale), abbiamo di Federico un ritratto non cortigiano e poco lusinghiero, forse oggettivo: i musulmani di Terrasanta lo giudicavano fisicamente di scarso valore (al mercato degli schiavi il suo prezzo sarebbe stato basso – dicevano – duecento dirham al massimo) e lo descrivevano come una persona dall'aspetto insignificante, piccolo, debole di vista, la faccia arrossata e già un po' calvo.

Anche se il fisico dell'imperatore era giudicato dai più rozzi poco apprezzabile, il suo comportamento, la sua mente e la sua conversazione non potevano non destare ammirazione anche in terra d'Islam: Federico parlava di algebra con al-Kāmil, frequentava e interrogava i sapienti che il sultano gli aveva presentato, osservava ammirato l'architettura e la cupola d'oro della moschea di 'Omar a pianta ottagonale e si interessava come sempre di caccia e di falconi. «Là in Oriente abbiamo potuto osservare che anche gli arabi si servono di un cappuccio per la caccia al falcone... I sovrani arabi ci hanno inviato espertissimi falconieri e falchi di differenti tipi...», scriverà nel suo libro sulla caccia con il falcone.

Sembra anche che, conversando di politica, Federico abbia espresso chiaramente la sua approvazione per la successione ereditaria del sultano discendente in linea diretta dallo zio di Maometto: era un aspetto che egli valutava positivamente, soprattutto nel confronto con i modi romani di elezione del pontefice (scelto dai cardinali «come il primo che capita»).

Il suo interesse per le donne, testimoniato anche dai numerosi figli naturali, appariva particolarmente scandaloso agli occidentali (e come tale era sfruttato dall'*entourage* del pontefice) mentre soggiornava in Oriente: le accuse che provenivano dalla corte papale lo dipingevano sfrenatamente adultero. Avrebbe giaciuto mentre era sposo di Isabella con cinquanta donne saracene e, con tutta evidenza, aveva avuto dall'amore di una dama (musulmana?) rimasta ignota un figlio, Federico d'Antiochia, negli stessi anni in cui Isabella di Brienne generava Corrado. L'Oriente rimaneva nell'immaginazione degli europei una terra di sogno e di magia e tutto ciò che vi avveniva appariva strano, meraviglioso, degno di ammirazione o al contrario esagerato, raccapricciante e odioso, come ad esempio le relazioni che forse Federico intrattenne con una banda di estremisti musulmani.

«L'imperatore Federico andò una volta infino a la montagna del Veglio e fulli fatto grande onore». Nel *Novellino*, come altre volte, Federico compare come protagonista di una storia breve che mette in rilievo aspetti del suo carattere o un avvenimento straordinario della sua vita. In questa novella Federico è un semplice spettatore, si suppone sbalordito e interessato di fronte alle dimostrazioni di potenza del Grande Vecchio della Montagna che, con un semplice gesto («presesi la gran barba con mano»), ordina a due suoi fedeli «assassini» di gettarsi dalla torre e morire. «Assassini» erano chiamati un gruppo di ismaeliti libanesi che, come raccontò più tardi Marco Polo, obbedivano ciecamente al loro capo, il Grande Vecchio della Montagna, facendo strage di infedeli per la gloria dell'Islam. Secondo la leggenda, erano giovani allevati alla obbedienza più estrema, fino alla morte, attraverso il miraggio del premio del paradiso fatto intravedere e promesso in sogni provocati da opportune elargizioni di droga. L'hashish (da qui il nome assassini) li avrebbe mantenuti in uno stato mentale di eccitazione e dipendenza rendendoli pronti a sacrificare la vita.

Ancora una volta dobbiamo constatare che Federico è sovente avvolto in racconti che gettano su di lui una luce sinistra: con questa leggenda, per esempio, si sottolineava che la curiosità dell'imperatore per la setta degli assassini forse non era casuale e disinteressata. Federico intendeva istruire e allevare a sua volta un gruppo di pugnalatori ai suoi ordini per sbarazzarsi rapidamente dei suoi nemici cristiani. Leggenda promossa o enfatizzata naturalmente dall'ambiente della Curia pontificia.

Ai cavalieri Teutonici che lo avevano aiutato Federico assegnò Nazareth e Tiberiade, e questo gli procurò la definitiva inimicizia dei Templari e degli Ospedalieri. D'altra parte i mercanti cristiani di Acri e Tiro si trovavano in difficoltà con quelli musulmani di Damasco proprio per la presenza ingombrante delle forze imperiali: un pellegrinaggio a una città insignificante economicamente come Gerusalemme non valeva certo ai loro occhi la relazione pacifica e fruttuosa con la ricca Damasco. Il patriarca di Gerusalemme Geroldo, per non avere nulla a che fare con uno scomunicato, non solo non intendeva essere presente alla incoronazione di Federico al Santo Sepolcro ma aveva ordinato al vescovo di Cesarea di colpire con l'interdetto la Città Santa che ospitava il ribelle imperatore. Una situazione incredibile: il vincitore che aveva guidato la crociata, un sovrano dell'importanza di Federico II, avrebbe praticamente appestato la città con la sua presenza.

Entrato a Gerusalemme il 17 marzo, il giorno dopo Federico nella chiesa del Santo Sepolcro, rivestito dal manto imperiale ma senza vescovo e senza messa, prende la sua quarta corona e se la pone da solo sul capo: non c'è evidenza maggiore della singolarità di questo atto, anche se non voluto e non progettato, che il potere regale gli deriva direttamente da Dio. La vicinanza di Federico al sovrano divino è in quel momento stretta. Egli si sente vicino a Lui come un angelo e simile agli angeli la sua persona si alza sopra i popoli. Il Signore Iddio che compì grandi miracoli non dimenticando l'antica misericordia rinnova nel nostro secolo i miracoli... come ora che manifesta la sua gloria per tramite di pochi uomini affinché tutte le genti vedano e riconoscano che Egli è terribile nel suo dominio, glorioso nella sua maestà, miracoloso nei suoi disegni sopra i figli dell'uomo e... unisce in uno i cuori di tutti i popoli. Infatti in pochi giorni grazie alla sua forza più che al nostro valore si è compiuta felicemente quell'opera che nei tempi passati molti principi che avevano folle immense al loro seguito e erano temibili non furono in grado di compiere [MGH, *Legum sectio* IV].

Un notevole motivo di difficoltà rappresentano per Federico i rapporti intricati con i vassalli cristiani del regno di Gerusalemme, eredi dei nobili che avevano guidato la prima crociata: la loro posizione si era rafforzata nel lungo intervallo durante il quale non era stato presente un vero sovrano autorevole. E ancora: gli Ibelin sconfessano il loro vassallaggio all'imperatore, il quale aveva concesso ai cavalieri Teutonici i territori che secondo il diritto vigente (ma la matassa era oggettivamente intricata) appartenevano alla principessa Alice di Armenia. Federico in questo caso deve piegarsi. Il progetto di trapiantare nel cuore della cristianità la sua idea imperiale di sovranità è fallito.

Oramai Federico ha fretta di tornare nel suo regno siciliano e combattere il papa che ha reso palesi i suoi piani minacciosi, ma c'è ancora un nodo da sciogliere. Chi sarebbe stato il reggente in sua assenza? La scena di un imperatore che fugge da Acri imbarcandosi di nascosto non è certo decorosa, ma le cose vanno proprio così: la situazione diventa pericolosa. Salva Federico dalla folla inferocita – che riconosciutolo gli lancia addosso i resti marci del mercato – proprio Giovanni Ibelin signore di Beirut, colui che l'imperatore aveva strapazzato a Cipro al suo arrivo in Oriente. Giovanni allontana autorevolmente i ribelli e dalla riva chiede a gran voce all'imperatore già sulla nave il nome del prescelto a governare la Terrasanta. Due signori a lui favorevoli, Baliano di Sidone e Garnier l'Alemanno, vengono indicati da un Federico frettoloso e, si può esser certi, infastidito da tutti quei problemi che ritardano la sua partenza e lo distolgono dai suoi progetti oramai rivolti all'Italia. La scena, dunque, si risolve a favore di Giovanni

Ibelin che con tutta evidenza ha salvato il sovrano di Gerusalemme da una figuraccia, se non da peggio.

Certo, Gerusalemme non è più alla partenza di Federico nel 1229, almeno per il momento, in mano ai musulmani: le fortificazioni della città saranno restaurate, qualche nuova struttura sarà elevata, come il Cenacolo sul Monte Sion. Il rapporto fra al-Kāmil e l'imperatore non si interrompe quando Federico lascia la Terrasanta e continua attraverso accordi politici e commerciali testimoniati anche dallo splendido dono che gli ambasciatori egiziani recarono a Melfi anni dopo: un padiglione mosso meccanicamente che simula il firmamento e muta luci e colori secondo le ore del giorno e della notte. Un congegno costosissimo e stupefacente che dovette entusiasmare Federico. L'Oriente con le sue notti stellate, amato ma oramai lontano, continuava a esercitare il suo fascino.

L'alto prezzo versato per ottenere il risultato, quella mezza liberazione della Città Santa – un prezzo anche economico – insieme ai patteggiamenti e qualche umiliante compromesso per tenere a bada le turbolente fazioni cristiane in lotta fra loro, avevano certamente aperto definitivamente gli occhi a Federico. Il suo vero avversario è il papa, la Sicilia è il regno da riconquistare e pacificare, l'impero rimane un compito gravosissimo che sarebbe stato molto difficile gestire, ma che non poteva essere trascurato. Come erano lontani i giorni splendidi di Aquisgrana.

RITORNO IN ITALIA

Nel 1229, sulle bandiere delle truppe del pontefice Gregorio IX lanciate contro Federico lo scomunicato, erano ricamate le chiavi di San Pietro, non la croce: era dunque una guerra, una guerra normale, per la quale il papa aveva cercato e ottenuto, sovente a fatica, finanziamenti in tutta la cristianità; non una crociata ma una «mezza crociata», come la chiamano alcuni storici. I soldati del resto erano per lo più mercenari, gente che solitamente non è sensibile a promesse di salvezza eterna ma al suono delle monete.

All'inizio dell'anno – Federico, per quanto invocato dai suoi, non è ancora arrivato in Italia – le milizie pontificie marciano verso la Sicilia, dapprima frenate nel loro cammino dall'esercito del gran giustiziere Enrico de Morra, costretto però a ritirarsi.

Gregorio IX combatte con le armi, con il prestigio che gli deriva dall'essere il capo dei cristiani e il vicario di Cristo, ma anche con la menzogna diffusa ad arte. Attraverso «falsi giuramenti di uomini che dovrebbero essere nobili sacerdoti e successori degli apostoli ma sono invece rozzi criminali» – scriverà mesi dopo lo stesso Federico a un amico arabo – il popolo viene ingannato: si sparge la voce che l'imperatore è morto. Il suo successore in Sicilia, feudo di Roma, sarà il papa stesso. Le truppe dell'oramai vecchio ma rancoroso padre di Isabella, Giovanni di Brienne, arrivano in Puglia ma per fortuna di Federico il sostegno economico alla guerra del papa si sta indebolendo e il capitale raccolto si assottiglia mentre i malumori contro il pontefice aumentano.

Quando in giugno Federico arriva a Brindisi salvo e vittorioso come un novello Alessandro Magno e le voci sulla sua scomparsa vengono così clamorosamente e definitivamente smentite, la Puglia è riportata presto all'ordine imperiale. Non manca nella resurrezione di Federico, come era in uso, la vendetta: città che erano state troppo pronte ai richiami della parte avversa come Sora vengono rase al suolo. Ma è anche vero che l'imperatore compie soltanto vendette che hanno un valore esemplare e non si lascia andare a un furore senza scopo: non insegue le truppe di Giovanni di Brienne che fugge al nord, né umilia il pontefice entrando nei confini del «patrimonio di San Pietro», impresa che allora gli sarebbe stata non impossibile. Sembra evidente che quello che gli sta a cuore è la riconquista e la pace della Sicilia, dove erano arrivati i soldati del papa e dove era scoppiata la solita rivolta generale nel contrasto delle componenti del regno. Bisognava accordarsi, anche se non era un'impresa facile, con papa Gregorio IX, che resisteva avvolto nel suo rancore.

Per fortuna la maggioranza dei cardinali, insieme ai feudatari tedeschi, premeva e lavorava per la pace fra i due massimi poteri della cristianità e, d'altra parte, la Lega Lombarda non si era dimostrata troppo attiva in favore del pontefice, che sapeva di non poter contare appieno sul suo aiuto. Alla fine entrambi i nemici cedono qualcosa. Gregorio, dal punto di vista strategico, fa la rinuncia più importante: toglie la scomunica all'imperatore che, da parte sua, si impegna a esentare il clero siciliano dalla giurisdizione secolare e a restituire ai due Ordini, i Templari e gli Ospedalieri, i possedimenti nel regno siciliano già confiscati come punizione al loro comportamento ostile durante la crociata.

Chi dei due ottenne maggiori vantaggi dall'accordo? Difficile dirlo: i contemporanei, abbagliati dal miracoloso ritorno dell'imperatore sbarcato a Brindisi vivo e con l'aureola tutto sommato del crociato vittorioso, pensarono che Federico avrebbe potuto pretendere e ottenere di più; ma l'imperatore si dimostrò saggio e politicamente avveduto accettando, anzi inseguendo, la pace con il pontefice che solo poteva liberarlo dall'odiosa e paralizzante scomunica.

Nel settembre del 1230, nel castello di Anagni, i due cenarono insieme a Ermanno di Salza, il Gran Maestro dei cavalieri Teutonici, da sempre leale al suo imperatore e mediatore straordinario. In quei giorni Gregorio arriva a chiamare Federico, fino a poco tempo prima accusato di essere seguace di Maometto, «figlio diletto della chiesa». Pochi anni dopo Gregorio si spinge persino – senza risultato, è vero – a far pressione su Giovanni Ibelin, reggente di Cipro, che continuava a rifiutare di sottomettersi formalmente a Federico.

La fortuna è dunque per l'imperatore ancora alta sulla ruota e ha risalite improvvise e insperate: davanti alla ragione di Federico, che progetta e regola con orgoglio il dominio sulle cose, si apre ora un grande spazio d'azione.

II.

RAGIONE

LA CACCIA E IL LIBRO

Molti anni dopo il ritorno dalla Terrasanta e dopo molte altre vicende, nel 1247, gli astrologi della corte imperiale così ascoltati e ben pagati, si sbagliano clamorosamente indicando come favorevole alla fondazione della nuova città, dall'augurale nome di Vittoria, un giorno di fine estate sotto la protezione del pianeta Marte. L'astrologia in quel tempo era uno degli alfabeti della ragione, in grado di mettere in guardia dai rovesci della fortuna.

L'episodio è per noi significativo, anche perché nel racconto della vicenda si allude a un libro molto interessante che stava nel cuore di Federico.

L'imperatore, seguendo i consigli degli astrologi, aveva ordinato di tracciare con l'aratro il perimetro di Vittoria sotto le mura dell'assediata Parma: Marte, distratto o ostile fin dall'inizio, volge il capo, favorendo alla fine dell'impresa proprio i nemici, gli audaci cittadini assediati. Più precisamente e concretamente: gli astrologi dimenticarono di notare quanto fosse vicina l'influenza del Cancro poiché le «città sotto questo ascendente incancreniscono».

«Solo un pensiero abita nel nostro cuore – scrive in quell'anno l'imperatore –, restaurare lo stato gravemente turbato d'Italia». Un regno che non era in pace. La città di Parma, accesso al Sud italiano, era passata ai guelfi e, per costringerla alla resa ostentando nel contempo lo spettacolo della sua forza, Federico fonda nel 1247 in pochi mesi Vittoria, alla quale come a una vera città non deve mancare nulla: fossati, ponti levatoi, piazze e mercati, botteghe e palazzi, otto porte, un canale sul quale ruotano le pale dei mulini e una chiesa, dedicata a san Vittore. Le monete battute per l'occasione, le vittorine, recano naturalmente su una faccia l'immagine dell'imperatore e sull'altra l'iscrizione *Victoria*.

Ville con vigneti e giardini ospitano l'harem del sovrano, che si è portato con sé le cose fondamentali all'esercizio del suo potere – la corona e il sigillo, la cancelleria, il tesoro e il tribunale – e quelle più amabili e care, i gioielli, le belle vesti, le bestie esotiche, leoni, ghepardi, cammelli, e poi i cavalli e i muli e gli animali da caccia, cani, poiane e falconi... E infine i suoi amati libri, fra i quali una copia miniata del manoscritto *De arte venandi cum avibus* composta, si dirà poi, «dal nobilissimo e sapientissimo imperatore».

C'è molta fantasia nelle descrizioni della città di Vittoria – forse simile nella realtà più a un grande e ben fornito accampamento costruito in pochi mesi con legno e tende di cuoio che a una vera città di pietra – ma senza dubbio donne, cavalli, cani, falconi e libri, gli oggetti del suo amore, questi, Federico li aveva voluti vicino.

L'imperatore mostra una sicurezza che si scoprirà poi infondata: convinto di poter prender rapidamente la città per fame, consiglia sarcastico ai messaggeri parmensi di fare economia di grano perché «finché lui fosse vissuto avrebbero mangiato soltanto quello di cui disponevano» e fatto ancor più grave agisce con sovrana, è il caso di dirlo, leggerezza e imprudenza.

Il 18 febbraio del 1248 in una fredda alba esce dal palazzo di Vittoria con i falchi e i cani in compagnia del figlio Manfredi, allora sedicenne, e di una cinquantina di cavalieri a caccia di selvaggina nelle campagne vicino alla città.

Il marchese Manfredi, della nobile famiglia piemontese dei Lancia, rimane solo con la guarnigione all'interno delle mura di legno, certamente non molto solide data anche la velocità dell'edificazione: i parmensi hanno le loro spie che li avvertono della situazione e decidono di fare una sortita a cavallo per ingannare le guardie. Mentre il Lancia si getta ad inseguire i cavalieri che corrono su verso i pendii dell'Appennino, tutta Parma con la forza della disperazione, bambini e donne comprese, esce di corsa dalle mura e invade Vittoria quasi sguarnita e con i ponti levatoi abbassati, e dà alle fiamme le costruzioni in legno massacrando con falci e bastoni i pochi imperiali rimasti. Al gran giustiziere Taddeo da Sessa sono mozzate le mani prima dell'esecuzione. Gli scampati fatti prigionieri verranno giustiziati in seguito.

Nella campagna l'imperatore assieme ai suoi compagni di caccia sente, alto sopra il suono dei campanellini dei falconi, quello più allarmante e forte delle campane, torna sui suoi passi, entra in Vittoria ma subito vede sgomento che tutto è perduto. Con soli quattordici cavalieri si rifugia velocemente a Borgo San Donnino.

È forse questa la più appariscente e grave sconfitta subita da Federico, oramai cinquantenne, furioso e addolorato come «un orso al quale siano stati uccisi i suoi cuccioli», scrive, si direbbe con maligna soddisfazione, fra' Salimbene da Parma. Versi terribili ed estremi scritti in latino fissano la grandezza della sconfitta imperiale: «I quattro elementi lo avversano, l'acqua, la terra che lo circonda, il fuoco che distrugge i suoi accampamenti armati, l'aria perché egli ha disprezzato i santi misteri».

Le belle e ricche cose che Federico ostentatamente aveva portato con sé finiscono nelle mani dei cittadini di Parma esultanti e sbalorditi da tale magnificenza: oro, argento, perle, porpora e tessuti di seta, una schiera di donne di singolare bellezza, lo scettro, il sigillo di Sicilia e la pesantissima corona a forma di castello che per dispregio è messa sul capo di un ometto dalle gambe corte, detto Cortopasso, portato poi in trionfo per le strade della città fra le urla di gioia dei cittadini.

Ma a noi interessa quella copia miniata sul tema della caccia con il falcone, finita anch'essa nel bottino dei nemici: oggi gli studiosi sono quasi tutti d'accordo che non si tratti però dell'opera scritta da Federico ma di una raccolta di testi di sua proprietà sull'arte della caccia corredata da splendide illustrazioni. È un libro insomma che testimonia le letture e il lavoro preparatorio alla scrittura del *De arte venandi cum avibus* che occupò l'imperatore per molti e molti anni (trenta, scrive Federico), riempiendo le pause che il governo e la guerra gli lasciavano (Trombetti Budriesi 1987).

Quindici anni dopo la sconfitta di Parma – Federico era morto da tempo – il mercante milanese Guglielmo Bottiato scrive a Carlo d'Angiò, allora conte di Provenza, ma già nemico di Manfredi, per fargli sapere di «essere venuto in possesso di un prezioso e nobile libro sui cani e gli uccelli del sovrano Federico imperatore». L'espressione si presta a un equivoco: Federico è l'autore o il proprietario dell'opera? Il libro in due volumi è nella descrizione di Bottiato splendido e ricco di immagini miniate d'oro e d'argento, ben diviso in capitoli e si occupa non solo dei vari tipi di volatili da caccia ma anche delle cure, dell'allevamento e delle astuzie venatorie da seguire in questa nobilissima arte: così almeno nella descrizione del mercante, che non chiede un compenso preciso. Ma cosa c'è di più vantaggioso per un mercante che «offrire un dono», e di così alto pregio, a un signore potente?

Nella descrizione di Bottiato, i due volumi si discostano in alcuni punti rilevanti dal piano dell'opera di Federico II, ma testimoniano comunque il suo interesse al tema e il retroterra da cui nacque il suo trattato. Infatti dimostrano non solo l'attenzione al tema specifico, la caccia, ma – e questo è ancora più importante – a tutto quel sapere nuovo, la fisica o filosofia naturale, che con i libri di Aristotele era ritornata nel secolo XIII trionfalmente al centro della cultura delle università occidentali.

Anche quando i problemi e gli impegni del suo regno lo assillavano o le campagne di guerra lo impegnavano, Federico si riposava andando a caccia «nel pantano di Puglia e nei parchi di caccia di Gravina e Melfi sulla montagna, mentre in inverno uccellava a Foggia», come scrive Giovanni Villani. E se nelle campagne di Lombardia era immerso nella sua continua lotta contro la Lega, durante le tregue e persino come abbiamo visto in un giorno che a torto credeva tranquillo, si dedicava alla caccia, per lui l'arte più affascinante. I suoi falconi – lo indicano le sue lettere – li mandava a cercare un po' dappertutto, nelle isole fra Italia e Africa come Pantelleria e Lampedusa e in particolare a Malta, ma anche al Nord estremo vicino a Lubecca. Dovunque si trovasse il suo interesse non veniva mai meno e per lettera chiedeva notizie dei suoi compagni falconieri quando qualcuno di loro incorreva in qualche incidente o malattia.

Del resto «la caccia al falcone è un'attività consueta e adatta a un re», aveva scritto lo stesso Federico al figlio Corrado, raccomandandogli però di non mostrarsi troppo familiare verso i servi, gli arcieri e i battitori suoi compagni nella spensierata giornata di caccia perdendo in tal modo l'alto stile della dignità regale che doveva sempre essere sottolineata.

Il falcone, animale «altero e superbo che vuole sopraffare tutti gli altri uccelli» (scriverà Leonardo osservando il suo magnifico volo), era degno di stare quasi alla pari dell'aquila, simbolo della somma autorità: anche a caccia l'imperatore impersonava consapevolmente il suo altissimo ruolo, garanzia della *pax augustea* che a sua volta rispecchiava l'ordine divino del mondo. In alcune novelle medievali, il falcone si identifica con lo stesso cavaliere che lo tiene in pugno: ricordiamo per tutte la struggente storia del *Decameron* (la IX della V giornata) in cui si narra del dolore del nobile Federigo degli Alberighi, costretto dall'estrema povertà a sacrificare in un arrosto improvvisato il falcone amatissimo compagno di caccia per onorare Giovanna di cui è innamorato. Quando la donna, ignara del tipo di arrosto che le è stato imbandito, chiederà alla fine del pranzo a Federigo in dono proprio quel falcone – vivo, però, come amabile compagno di gioco per il figlio ammalato – per l'innamorato si aggiunge al dolore per la perdita del falco la disperazione di non poterla accontentare.

Ma certamente per l'imperatore Federico II il falcone, oltre che un simbolo di sovranità e potenza, è un affascinante esemplare della natura che richiede, per essere addestrato, una «pratica complessa e eccellente». Già nelle prime pagine viene in luce il metodo dell'autore. Studiare gli uccelli rapaci come il falcone – secondo Federico – ci mette in contatto direttamente con la natura, poiché il rapace non vive generalmente con l'uomo, ha movimenti rapidissimi, è difficile da catturare e si può addestrare soltanto «con l'ingegno». Se addestrarlo è un'arte, studiarne le «forme», i comportamenti e le abitudini è una vera scienza che si inquadra in quella *scientia naturalis* di cui è maestro Aristotele, massima autorità all'epoca. Federico lo segue nelle linee generali, come la classificazione, con rispetto ma anche con una certa libertà. Per il resto egli pensa e dichiara che la certezza del sapere proviene non tanto dall'insegnamento e dall'autorità, quanto dalla viva esperienza che nel campo del *bird-watching* e della caccia senz'altro non mancava al nostro regale *veritatis inquisitor*.

Su molti argomenti Aristotele, come abbiamo appreso attraverso la esperienza, sembra discostarsi dal vero soprattutto a proposito delle nature di alcuni uccelli. Non seguiamo perciò punto per punto il principe dei Filosofi in quanto verosimilmente egli praticò poco o nulla la caccia con gli uccelli che noi invece abbiamo sempre amata e praticata.

I sei libri dell'opera, che partono da una descrizione generale degli uccelli, si occupano della falconeria propriamente detta, anche se Federico sottolinea che la sua intenzione è soprattutto quella di spiegare le strutture e le forze naturali che agiscono negli uccelli, tema che egli conosce così bene. La prospettiva quindi del testo è di fisica o filosofia naturale. Fenomeni come l'accoppiamento, la nidificazione, le cove, le migrazioni, le malattie e la nutrizione vengono osservati e studiati con una precisione e vivezza che – è stato osservato più volte – ritroviamo solo nelle pagine di Konrad Lorenz. Accanto al falco ecco il «perfetto falconiere», che ha le virtù e le caratteristiche che si rifanno all'idea etica aristotelica del «giusto mezzo» e non pare un caso che assomigli in alcuni tratti proprio allo stesso Federico.

> Egli deve essere di statura media, perseverante nello studio, assiduo nell'esercizio e di intelligenza tale da consentirgli di supplire in alcuni casi alle carenze evidenti anche nell'insegnamento più autorevole... Deve avere buona memoria e voce potente, deve saper sopportare le ore di veglia, resistere ai colpi di sonno, non essere pigro né goloso e nuotare bene.

E aggiunge: «non deve essere troppo giovane», il che fa sperare che la nobile arte della falconeria possa essere esercitata per lunghi anni, come fece in effetti Federico che – lo sappiamo – sottraeva tempo alle cure del governo per andar nei boschi a cacciare e studiare il volo dei suoi falconi. Qualche volta correndo grandi rischi, come si è visto a Parma in quell'anno.

D'altra parte, prima di lui, alcuni illustri personaggi e sovrani avevano perso addirittura la vita durante una battuta di caccia, come il figlio di Carlo il Calvo, Lamberto duca di Spoleto e il marchese Bonifacio di Canossa; persino Carlo Magno, appassionato e irruente cacciatore di cinghiali, era stato più di una volta in pericolo di vita. La *venatio*, che per un sovrano non era soltanto uno svago ma quasi un dovere, uno dei simboli della sua forza, della sua capace supremazia e la rappresentazione metaforica di una battaglia, rimaneva tuttavia nel quadro del sapere una delle «arti adulterine», lontana dal nobile statuto di quelle liberali.

Accanto alle tre arti liberali del «linguaggio» (grammatica, logica e retorica) e della «matematica» (aritmetica, geometria, musica e astronomia), erano infatti venuti in luce nei primi secoli dopo il Mille sette saperi chiamati «illiberali» o meccanici, le arti che servivano ad aiutare l'uomo nella vita terrena, coltivate nelle città dagli artigiani e dai nuovi ceti. L'uomo – osservava Ugo di San Vittore – viene al mondo nudo e inerme, privo di armi come gli artigli di difesa o la pelliccia: deve costruirsi un riparo per il freddo, procurarsi il cibo e tenere intatta e alta la sua energia vitale minacciata dalle malattie e dalla tristezza o dalla sfortuna: «il calore naturale è alimentato da un sano ed equilibrato movimento e dalla gioia che rinfranca lo spirito» anche attraverso uno spettacolo divertente come una rappresentazione teatrale.

Assieme alla lavorazione della lana, alla fabbricazione delle navi, delle case e delle armi, all'arte della navigazione, all'agricoltura, alla medicina e anche all'arte di allestire spettacoli teatrali, troviamo la caccia, la *venatio*. Così le enumera e le descrive la enciclopedia di Ugo di San Vittore. L'arte venatoria nel glossario del XII secolo comprende tuttavia un campo assai vasto e generico e, accanto alla caccia «con le reti, le fosse, gli archi, i giavellotti, le lance, le trappole e i falconi», il termine *venatio* significa per Ugo «anche la preparazione dei cibi, delle salse e delle bevande... perché nei tempi antichi gli uomini usavano nutrirsi prevalentemente dei prodotti della caccia».

A proposito di ogni attività pratica e quindi non liberale il maestro vittorino fa una interessante e poco nota osservazione, utile anche per meglio valutare il testo di Federico:

> Rientrano nell'ambito della filosofia non solo le ricerche intellettuali sull'universo e sull'uomo [le sette arti liberali] ma anche i principi teorici di tutte le attività umane... Una stessa attività entra nel campo della filosofia secondo i suoi principi e ne è esclusa per quanto riguarda la esecuzione pratica. Per esempio diremo che i principi della agricoltura competono al filosofo e l'esecuzione al contadino e così per tutte le opere del lavoro umano che imitano la natura e riproducono tramite la ragione la forma di un modello che esiste in natura.

Dopo il Mille la caccia era diventata in Europa un privilegio di pochi: un po' ovunque i signori avevano escluso i contadini dalle aree incolte pretendendo per sé soli il diritto *venandi* o costringendo gli abitanti delle campagne al pagamento di tributi in cambio di temporanei permessi alla caccia. Anche i sovrani normanni, antenati del nostro imperatore, si erano distinti nel regno di Sicilia per il rigido controllo su molte attività come la pesca e la caccia, voci così importanti nel sostentamento degli abitanti delle campagne.

Nelle terre dell'Islam la caccia era un esercizio riservato ai nobili con regole e uno stile che Federico conobbe e imitò in parte; il falcone che vola alto e possiede un'acutissima vista era già l'amato compagno di caccia dei capi presso le tribù stanziate in Iraq, in Persia e in Siria. Un illustre e potente contemporaneo di Federico II, Gengis Khan, ogni mese di marzo compiva una spettacolare caccia con i rapaci che Marco Polo descrive così:

> Mena seco cinquecento girfalchi e falconi pellegrini e astori per uccellare in grande abbondanza... E il Gran Sire va sopra quattro liofanti in una bella camera di legno coperta di drappi d'oro e di cuoio di leoni... e quivi dimora con baroni a suo sollazzo e compagnia. E mentre lo Gran Sire tiene tutt'avia quivi entro i dodici migliori girfalchi i cavalieri che cavalcano presso a questa camera dicono al Signore «Sire grue passano» ed allora egli fa aprire la camera prende i girfalchi e lasciali andare a quelle grue.

Proprio insieme all'imperatore – così sembra – o su suo ordine (*mandato Caesaris*) il greco Teodoro di Antiochia, del quale parleremo più avanti, tradusse in latino il cosiddetto *Moamin*, un celebre trattato arabo di falconeria scritto forse dal medico Abū Zayd, che più tardi Enzo, il figlio di Federico, durante la sua lunga prigionia a Bologna, a sua volta farà tradurre in volgare francese. Il *Moamin* è stato senza dubbio, con i suoi ventisette manoscritti conosciuti, il libro di falconeria più diffuso di quei secoli in Occidente, ben noto anche per le traduzioni italiane più tarde. Accanto all'influenza di questo e, in misura minore, di altri testi, Federico considera come fonti del suo sapere sul tema l'esperienza concreta sua e di altri che «ha fatto venire a corte da lontano e con grandi spese. Erano gli esperti in questa arte e i migliori conoscitori dell'argomento: li abbiamo ascoltati fiduciosi nella loro memoria e nella pratica che avevano fatto». Si trattava probabilmente di falconieri arabi provenienti dall'Egitto come l'imperatore ricorda altrove.

Il testo di Federico è sopravvissuto in otto manoscritti, non molti – è vero – ma il numero è comprensibile se si pensa alla sua mole. Più diffusa la fama di Federico falconiere, ricordato anche da Alberto Magno nel *De animalibus* e persino dal papa nemico, Gregorio IX. «Federico ha mutato il titolo di Maestà in quello di officiale di caccia e invece di cercare il suo ornamento nelle armi e nelle leggi si circonda di cani e uccelli striduli», scriveva sarcasticamente il pontefice.

La caccia con il falcone era diventata oramai il segno di un'educazione e di uno stile «cortese» e tale rimase per secoli, ma non era una attività solo piacevole o esaltante. Cacciare con il falcone come ci racconta, proprio a proposito dell'imperatore Federico, la novella XC del *Novellino*, comportava il rispetto di alcune norme etiche precise implicite ma inserite in un codice morale e in una struttura gerarchica più ampia. L'imperatore Federico – racconta appunto la novella – aveva un falcone sommamente a lui caro, più bello, capace e forte degli altri: un giorno lo lanciò a caccia di una gru che volava molto alta nel cielo. In realtà non di una gru si trattava, ma di una giovane aquila sulla quale il falcone si lanciò con ferocia inseguendola e buttandola a terra priva di vita. L'imperatore accorse e adirato per l'errore del suo falcone lo punì duramente: «Allora con ira chiamò il giustiziere e comandò che al falcone fosse tagliato il capo perché aveva morto il suo signore». Quell'aquila che nella gerarchia degli uccelli rapaci stava al sommo come un sovrano non poteva dunque essere uccisa da un suddito, anche se nobile e fiero come il falco.

LA NUOVA SCIENZA

A cominciare dal XII secolo inizia nell'Occidente latino una vera rivoluzione intellettuale, connessa anche ai nuovi protagonisti del sapere, i musulmani arrivati in Occidente. Sono significative, anche se limitate, le prime, decise valutazioni e informazioni riguardanti il mondo culturale degli «arabi» contenute nelle pagine di alcuni intellettuali cristiani, come l'inglese Adelardo di Bath e di Pietro Abelardo, maestro a Parigi, che scrivono a questo proposito parole singolari. In entrambi gli autori, i filosofi musulmani, gli «arabi», vengono assunti come esempi di un atteggiamento intellettuale più aperto, vivace e fecondo di quello occidentale e cristiano.

Per Adelardo di Bath, che aveva studiato alle scuole francesi ed era sceso in Italia e poi, forse, in Palestina e Siria, gli arabi a differenza dei maestri parigini erano i «sapienti dai quali aveva imparato a farsi guidare dalla ragione» soprattutto nell'indagine sulle questioni di filosofia naturale.

Quanto al maestro Palatino, Abelardo, nel *Dialogo fra un filosofo, un giudeo e un cristiano* la figura dello studioso islamico, figura sulla quale egli non possedeva notizie dirette al contrario dell'inglese Adelardo, è il simbolo della ricerca non solo libera da pregiudizi ma svincolata dai ceppi di una fede religiosa che nel mondo cristiano, interpretata alla lettera, bloccava ogni indagine e spegneva la possibilità di progredire nella conoscenza. Sono due esempi notevoli se si pensa che solo un secolo prima Pier Damiani aveva affermato che i non cristiani erano del tutto privi di ragione e che ancora qualche anno dopo la morte di Abelardo il teologo Alano di Lilla dichiarava che i «Saraceni non sono guidati dalla ragione ma dominati soltanto dalla volontà».

Il clima culturale siciliano prometteva ben altro. Collaboratore e diplomatico di re Guglielmo I, Enrico Aristippo vescovo di

Catania, che aveva tradotto dal greco il Libro IV delle *Meteore* di Aristotele e il *Menone* e il *Fedone* di Platone, elogiava negli stessi anni di Abelardo le ricerche scientifiche, di medicina, meteorologia, filosofia e matematica condotte dai maestri della corte normanno-sveva che potevano contare su biblioteche sempre più ampie. In Sicilia era possibile – scriveva Aristippo – studiare gli *Analitici secondi* di Aristotele, un testo che avrebbe rivoluzionato l'epistemologia occidentale, ma che era conosciuto in quei tempi solo da pochi. Abelardo, maestro a Parigi negli stessi anni, sempre così intellettualmente curioso, dichiarava di averli letti («perlegi») personalmente, ma aggiungeva che il testo «non era in uso presso le scuole di Francia».

Decenni dopo Federico II troverà quindi nelle terre ereditate dai nonni paterni una situazione culturale già vivace e ben radicata, una cultura cosmopolita, un trilinguismo favorito dai sovrani che avevano ospitato e incoraggiato, accanto ai dotti latini, alcuni notevoli personaggi provenienti dal mondo greco e arabo.

La cultura greca era per tradizione presente nelle terre del regno e coinvolgeva insieme alla corte e ai suoi funzionari altri ambienti e professioni, notai, segretari, *vicecomites*, generali, medici, insegnanti e semplici monaci (Cavallo 1992). Tutti costoro conoscevano e apprezzavano la cultura greca classica, e alcuni di loro provenivano dalla Grecia.

Appena poco più tardi, sotto il regno di Federico II, le traduzioni in latino dal greco e anche dall'arabo contribuirono via via a indebolire la presenza nelle biblioteche degli originali greci, soprattutto nelle regioni siciliana e calabrese. A poco a poco le opere greche divennero più rare. C'erano per questo fenomeno anche altre ragioni: la latinizzazione della chiesa e la contemporanea e più generale penetrazione della cultura latina nell'amministrazione del regno, il distacco sempre più netto da Bisanzio in decadenza e, al contrario, la necessità di relazioni sempre più ampie che spingevano i dotti greci in un circolo di attività lontano dal regno verso i centri europei. Ruggero Bacone testimonia ad esempio l'arrivo di eruditi di lingua greca nell'Inghilterra del Duecento: così avvenne per Nicola detto il Greco che collaborò con Roberto Grossatesta di Lincoln per le traduzioni di Aristotele.

In Puglia, in terra d'Otranto, le cose andavano diversamente: le scuole in cui si impartiva un insegnamento di lingua greca sopravviveranno fino al XIV secolo e nei monasteri si conservavano manoscritti greci, l'*Odissea* e l'*Iliade*, libri di medicina, testi liturgici, Esiodo... La biblioteca monastica di Casole, ad esempio, funzionava da centro di diffusione poiché con poche altre era una «biblioteca aperta», non a esclusivo uso interno del monastero e i libri circolavano in prestiti al di fuori, talvolta purtroppo disperdendosi. Notai e segretari di lingua greca, per esempio Giovanni Grasso da Otranto, che lavoravano alla cancelleria di Federico erano figure centrali nello stato svevo, dove il diritto era lo strumento fondamentale che trasformava la volontà imperiale in legge. Le costituzioni del sovrano furono tradotte in greco; Federico scriveva attraverso i suoi segretari lettere in lingua greca mantenendo rapporti diplomatici e culturali con Michele d'Epiro, con il metropolita di Corfù, con il genero Giovanni III di Nicea, marito di sua figlia Costanza...

Ma ben oltre alla persistenza ancora vivace della cultura greca nelle terre del dominio di Federico, colpisce la presenza di un fenomeno più ampio e tutto nuovo che dilaga quasi contemporaneamente in vari centri europei: l'esplosione della cultura scientifica e filosofica che nel secolo XII e soprattutto nel XIII – il secolo di Federico – ritorna dall'antichità. Scienza e filosofia greca invadono le scuole dell'Occidente sotto la grande autorità di Aristotele, in gran parte anche se non esclusivamente attraverso la mediazione degli arabi. È un movimento culturale che ha più centri di irraggiamento e insieme a Toledo, Barcellona e Burgos in Spagna, a Hereford, a Oxford e Lincoln in Inghilterra e alla Roma della Curia pontificia, troviamo anche la Sicilia normanno-sveva. Qui, fra i protagonisti del rinnovamento scientifico durante il dominio di Federico, spicca il nome di Michele Scoto.

Noto comunemente come l'astrologo dell'imperatore Federico, Michele è cultore di una scienza per la quale esplicitamente dimostra la più alta considerazione. Nel suo *Liber introductorius* racconta la storia di quello scettico che, per dimostrare la infondatezza del sapere astrologico, non si cura dei consigli di coloro che lo ammoniscono. È sconsigliabile infatti secondo gli astrologi tagliare le unghie dei piedi mentre «l'ascendente è in Gemelli e la luna in Pesci decrescente si congiunge alla testa del dragone». Proprio nel momento in cui l'incredulo è impegnato nella sua delicata opera di tagliarsi le unghie del piede destro, un passante casualmente urta un maiale che grufola lì vicino: questo, spaventato, correndo qua e là rovescia una panca sulla quale sono posate le forbici che cadendo tagliano di netto tre dita del piede dello scettico. Che da allora avrà qualche ragione per aver fiducia in quel sapere e timore degli astrologi.

Alla base del sapere astrologico c'è per tutti gli autori dal XIII secolo in avanti la tesi centrale della dipendenza, in diverse forme e gradi, del mondo terreno o sublunare e delle sue vicende dai moti dei corpi celesti: è una convinzione accettata con varie sfumature dai maestri cristiani che leggevano l'Aristotele «neoplatonico» degli arabi.

> Poiché è provato che le cose inferiori hanno la loro causa nelle superiori, secondo l'opinione comune dei filosofi, non ci fu né c'è né ci sarà mai un uomo o essere vivente nato su questa terra contrassegnato da un solo segno [influenza astrale] e da un solo pianeta perché egli è stato concepito prima sotto altri astri dai quali è stato influenzato... [Michele Scoto, cit. in Morpurgo 1994].

Ma in che modo l'influenza astrale si combina con la fede nella libera onnipotenza divina fondamentale nel credo cristiano e la responsabilità morale dell'individuo nucleo centrale della dottrina etica della salvezza? La fede negli astri e quella in Dio appaiono compatibili se si interpreta – come fanno esplicitamente buona parte dei sostenitori dell'astrologia di quei secoli – il potere delle stelle come strumentale rispetto alla volontà provvidenziale divina, che rimane la causa prima di ogni evento: il tanto temuto determinismo che vanificherebbe l'iniziativa e la responsabilità umane – idee centrali dell'etica cristiana – è in tal modo scongiurato. Solo Dio – afferma Michele Scoto – ha la possibilità di dare e togliere: il pianeta ha la funzione di un «segno», identica a quella dell'insegna che sul muro di una taverna indica la presenza del vino. Le tecniche predittive si basano soprattutto sulla invocazione delle potenze angeliche, ministri divini, che «reggono» il corso dei pianeti in conformità del volere divino, ma queste operazioni di richiamo alle potenze sovrannaturali non sono per Michele Scoto un'illusione bensì un'«arte» nel preciso senso del termine, ossia una operazione che si svolge secondo regole determinate. E soprattutto – questa è la proposta originale di Scoto –

un'arte efficace. Egli infatti dichiara che l'arte della divinazione non può essere insegnata pubblicamente da un buon cristiano non perché sia falsa o illusoria, ma soltanto perché può essere volta a fini malvagi per volontà di chi opera.

L'affermazione di Scoto non era condivisa: la posizione ufficiale è quella ad esempio dell'autorevole Alberto Magno, che dipinge nel suo *Speculum astronomiae* l'astrologia come una «pessima idolatria», un vero inganno diabolico quando sconfina o persino si identifica con la magia e fa ricorso alla invocazione di potenze soprannaturali.

Michele Scoto è un personaggio ben più rilevante e complesso degli aneddoti che narra e delle leggende che lo avvolgono: filosofo, astronomo, matematico, fisico e traduttore di Aristotele, Avicenna (Ibn Sīnā) e Averroè oltre che astrologo, ossia dotto in quel sapere che colpisce l'immaginazione in ogni tempo. Afferma Michele che

> l'astronomia [in questo contesto astrologia e astronomia sono termini sinonimi] è fra le scienze liberali più nobile di tutte le altre, necessaria proprio per la sua verità, utile e piacevole per ogni uomo che desidera essere sapiente: al medico per le malattie che cura, ai re e ai signori per le azioni che devono intraprendere, ai mercanti per i loro traffici e le strade da percorrere, agli alchimisti e ai maghi...

Chi è dunque l'astrologo? Michele ce lo descrive come colui che usa strumenti scientifici come l'astrolabio, segue una particolare procedura nelle risposte al suo cliente, conosce a perfezione i termini astronomici, comunica con esempi semplici e chiari e soprattutto spiega il comportamento dei pianeti «signori dell'anno».

Le fonti di Michele sono in gran parte di prima mano: accanto al *De imaginibus*, al *De interrogationibus* e all'*Introductorium maius* di Albumasar (Abū Ma'shar), tradotti da Giovanni di Siviglia, troviamo il *De indagatione cordis*, raccolta di testi arabi di astrologia compilata un secolo prima da Ermanno di Carinzia, insieme ad uno dei più antichi e prestigiosi libri di astrologia araba, la lettera di Argafalau ad Alessandro Magno, il cui primo manoscritto conosciuto risale al X secolo. L'aspetto interessante riguarda il fatto che i testi utilizzati e in parte citati da Michele sono stati tradotti proprio a Toledo e in parte molto minore a Barcellona

(Burnett 1994) e corrispondono a molti dei volumi prima ospitati nella biblioteca cattedrale di Toledo, oggi appartenenti alla Biblioteca nazionale di Madrid. Toledo era già prima dell'arrivo di Michele Scoto un centro di studi per la fisica, l'astronomia e l'astrologia, dove l'irlandese continuò il lavoro dei suoi predecessori in stretta collaborazione con la cattedrale: gran parte della enciclopedia filosofica di Avicenna era stata tradotta in latino dall'arcidiacono Domenico Gundisalvi con l'aiuto del filosofo ebreo Avendauth (Ibn Dā'ud). Inoltre colui che è considerato uno dei più validi traduttori dall'arabo del XII secolo, Gerardo da Cremona, aveva compiuto proprio a Toledo oltre alla traduzione dell'*Almagesto* di Tolomeo quella della *Divisione delle scienze* di al-Fārābī. La prima comparsa documentata di Michele è proprio in questa città dove completa le traduzioni del *De animalibus* di Avicenna e del *De motibus caelorum* di al-Bitrūjī (noto in Occidente come Alpetragio).

Inquietante il giudizio di Dante che colloca nella quarta bolgia dell'ottavo cerchio dell'*Inferno* (XX, 115-117) l'astrologo di Federico che «delle magiche frode seppe il gioco» e proietta così su Michele Scoto l'ombra affascinante e temibile del mago. Va notato che fra' Salimbene da Parma non ne parla.

Nel *Liber introductorius* e nel *Liber particularis*, Michele con parole assai precise mostra di essere al corrente di teorie e pratiche della magia araba o dotta che si stava diffondendo in Inghilterra e a Parigi. Il Pingree ha dato conto di un manoscritto conservato alla Biblioteca nazionale di Firenze «che risulta essere una delle copie più complete in nostro possesso dei testi della nuova magia»: qui sono le fonti dalle quali Michele Scoto e anche Alberto Magno attinsero, con altri autori medievali, la gran parte delle informazioni e classificazioni presenti nei loro studi sull'argomento. Esistono vari tipi di magia: l'opinione di Alberto Magno, condivisa da altri ma non da tutti è che, oltre alla magia abominevole che fa uso di invocazioni e suffumigi e a una magia (anch'essa «detestabile» ma in minor grado) che fa ricorso a scritture ed esorcismi e deve essere come la prima evitata dal cristiano, ne esista una terza, legittima, che si riferisce al potere derivato attraverso le sfere celesti.

L'origine della magia astronomica è rintracciata da Michele Scoto in Zoroastro, istruito dai demoni della Persia: da lui quel terribile sapere, attraverso Cam, Nemrod, Abramo e Tolomeo re di Egitto, si diffuse nel mondo arrivando poi in Spagna e in Francia dove Gerberto d'Aurillac comandava ai demoni dell'aria. Più tardi Gerberto – racconta sempre Michele Scoto – fu illuminato da Dio e salvato, tanto da divenire arcivescovo e poi pontefice con il nome di Silvestro II. In questo complicato racconto è sottolineata tra l'altro l'importanza non solo scientifica dell'astrolabio che secondo Michele è utile agli astrologi per convocare gli spiriti.

Chi era dunque Michele Scoto, arrivato nel 1220 in Italia e poi in Sicilia alla corte di Federico? Poco sappiamo della sua vita.

Un documento testimonia un suo soggiorno già nel 1215 a Roma, dove aveva accompagnato il vescovo di Toledo Rodrigo al IV concilio Laterano. Collaborare con un vescovo di Toledo, in una terra così vicina e attenta alla cultura araba – lo sappiamo – è già qualcosa di molto significativo.

Nel 1224 e ancora tre anni dopo, due pontefici, Onorio III e Gregorio IX, si occuparono di Michele Scoto, «uomo singolare per scienza fra tutti gli altri sapienti», a proposito di due benefici assegnatigli in Inghilterra e Scozia: tutto ciò indica sicuramente un rapporto privilegiato fra Michele e la Curia romana, forse non immediatamente immaginabile dal momento che la figura dell'astrologo è legata per gli storici soprattutto all'imperatore Federico.

Nel 1226 Michele Scoto è ancora in Italia, a Pisa, ma già al seguito di Federico II e qui incontra Leonardo Fibonacci. Figlio di un mercante di Pisa inviato della repubblica a Bugia in Barberia, Leonardo aveva avuto modo in giovinezza di conoscere le opere di al-Khuwārizmī (secolo IX) e di altri matematici arabi come Abū Kāmil e di dedicarsi a studi teorici di matematica. È a Michele Scoto che il Fibonacci dedica il suo *Liber abbaci*, scritto vent'anni prima dell'incontro pisano, ma ripreso nel 1228: si tratta di una *summa* di aritmetica e algebra attraverso la quale l'autore introduce nella cultura latina il sistema numerale arabo-indiano e lo zero. Ed è al «principe molto glorioso, al signore Federico» che si rivolge Fibonacci nel *Liber quadratorum*, dove rammenta che proprio a Pisa incontrò, presentato dal «maestro Giovanni da Palermo», l'imperatore con il quale discusse la questione sulla possibilità «di trovare un numero quadrato che aumentato o diminuito di cinque fa nascere sempre un numero quadrato».

Quando Michele Scoto giunge alla corte di Palermo, sappiamo che ha già al suo attivo le traduzioni scientifiche più importanti, come la versione del commento di Averroè al *De coelo et mundo* di Aristotele, ma è alla corte di Federico che si rivela come un autore originale. Alcuni indizi fanno pensare che parti del *Liber introductorius* – l'opera comprende anche il *Liber particularis*, che inserisce per primo i testi astrologici arabo-latini nel contesto cristiano – siano state composte in Sicilia. Il prologo del *Liber particularis* è indirizzato esplicitamente a Federico, «imperatore di Roma e sempre venerando», per il quale l'autore dichiara di aver scritto il libro «su sua espressa richiesta». E aggiunge:

> Visto che le discussioni dei filosofi hanno attribuito tale importanza all'astronomia parlandone numerose volte... grazie alle esperienze delle cose celesti per giungere poi alla conoscenza delle cose terrene, ho compilato questo compendio che sarà utile a quanti si avvicinano a questa disciplina. Federico Imperatore di Roma mi ha chiesto di scriverlo in un linguaggio semplice affinché anche un principiante vi possa trovare uno strumento con il quale studiare e comprendere l'astronomia in modo corretto.

All'*Introductorius*, piuttosto caotico nella sua struttura, appartiene anche il *Liber phisionomie*, che è il primo vero studio sulla fisiognomica composto nell'Occidente cristiano. Definita da Michele come la «scienza naturale che permette di conoscere le caratteristiche degli animali e degli uomini», la *phisionomia* si occupa dei meccanismi della generazione, ma anche di alcuni fenomeni come gli starnuti, gli umori, i tipi di urina, i sogni, ed esamina inoltre le tecniche divinatorie basate sui comportamenti collegando questa disciplina all'analisi dei comportamenti sessuali insieme a consigli sull'argomento. In questo campo Michele – come già Costantino Africano (il suo *De coitu* è dell'XI secolo) – si mostra orientato verso una valutazione positiva dell'attività sessuale e mette in guardia dai pericoli determinati dall'astinenza. Come il suo protettore imperiale, anche Michele dimostra una certa indipendenza dall'autorità di Aristotele: a proposito del concepimento umano, egli ammette infatti l'esistenza di un seme femminile che concorre in modo analogo a quello maschile alla formazione del feto. Si deve far risalire alle osservazioni che Michele Scoto ha potuto svolgere alla scuola di Salerno durante la dissezione di scrofe la sua descrizione delle cellule dell'utero.

Nel *Liber phisionomie* possiamo trovare alcune dichiarazioni che si riferiscono a osservazioni dal vivo, come quella di un teratoma scoperto e esaminato durante una visita medica ad una donna di Bologna, occasione questa utile agli storici per datare la presenza dell'autore in quella città il 21 ottobre 1220.

Anche in questo testo è fondamentale l'affermazione della influenza degli astri sui fenomeni umani: «il feto riceve insieme le sue caratteristiche dal corso dei corpi superiori e dallo stato dei due corpi che lo concepiscono». Il libro, probabilmente scritto negli anni dal 1228 al 1235, è dedicato come altri di Michele Scoto a Federico II.

Nel 1228 il sovrano è vedovo per la seconda volta e forse si preoccupa come ogni sovrano di aumentare la sua discendenza; si sposerà per la terza volta sette anni dopo con Isabella figlia di Giovanni Senza Terra. Sappiamo che la ragazza inglese fu esaminata molto accuratamente dagli inviati dell'imperatore prima di ricevere l'anello sponsale:

> Isabella che aveva allora ventun anni ed era alta e fiorente, ben ornata e di portamento elegantemente regale, fu condotta a Westminster rispettosamente davanti al re e presentata agli ambasciatori imperiali che dopo averla osservata a lungo la giudicarono degna del talamo di Federico e confermarono la promessa di matrimonio.

Con grave scandalo del pontefice si parlò anche di una ispezione intima della sposa, un esame effettuato dagli eunuchi arabi di Federico. Probabilmente è una delle solite maldicenze uscite dalla corte pontificia.

In occasione delle nozze l'imperatore seguì anche un'altra raccomandazione del suo astrologo: «La prima notte in cui Federico dormì con Isabella non le si avvicinò fino all'ora esatta che gli astrologi gli avevano suggerito per l'unione coniugale». Dopo aver consumato il matrimonio di mattina, affidò la moglie ad alcuni mori armati e ad anziane ancelle, raccomandandosi, quasi fosse già sicuro della sua gravidanza «di custodirla con attenzione perché aspettava un figlio maschio». Gli astrologi lo avevano illuso come accadrà a Parma vent'anni dopo: Isabella l'inglese partorirà per prima una femmina.

A Michele Scoto succede nelle funzioni a corte Teodoro di Antiochia, certamente meno famoso del suo predecessore. Astrologo, indovino e medico, ma ricordato soprattutto con il titolo di filosofo, Teodoro curava per l'imperatore anche la corrispondenza con il sultano di Tunisi, il cui nipote era fuggito in Italia (una fuga che aveva suscitato alla corte pontificia qualche speranza di conversione al cristianesimo). Dall'anno 1238 Teodoro è ricordato più volte alla corte imperiale: a Brescia, dove zittisce con i suoi sofismi due frati domenicani che saranno tratti d'impaccio da Rolando da Cremona, e poi a Padova, dove compila un oroscopo per Federico e più tardi prepara violette candite per Pier delle Vigne, mentre in un documento si accenna a una sua vigna a Messina ricevuta in dono dal sovrano.

Una lettera indirizzata all'imperatore ha per argomento «il governo del corpo per conservare la salute». I suggerimenti appaiono abbastanza consueti, come non mangiare fino alla sazietà o passeggiare subito dopo pranzo, bere vino sempre e soltanto assieme al cibo e mai quando si è affaticati, astenersi dal bere vini aciduli, troppo neri e troppo giovani, non digiunare perché la privazione completa di cibo porta alla melanconia. Quanto al sesso, come altri autori della scuola medica salernitana e sapienti arabi, Teodoro ritiene che praticato con moderazione faccia bene al corpo, rinvigorendolo, e che liberi la mente se fatto con giudizio ossia dopo aver assunto del cibo in modica quantità e mai appena prima di addormentarsi.

I MAESTRI EBREI

Alla corte di Federico non vivevano soltanto eunuchi e concubine arabe (oggetto di una eccitata e fantasiosa curiosità popolare), ma naturalmente anche sapienti musulmani e maestri cristiani, originari dell'isola che conoscevano la cultura araba come Giovanni da Palermo. E anche ebrei che leggevano e scrivevano in arabo e conoscevano a fondo la cultura greca. A questi la università era preclusa: l'insegnamento quindi era trasmesso individualmente e in modo diretto. Le occasioni d'incontro fra ebrei e cristiani, frequenti nella vita economica e cittadina, erano rare anche se non impossibili nei dibattiti culturali, come avveniva invece nei centri di traduzione dall'arabo al latino, oltre che a Palermo anche alla corte di Alfonso di Aragona e a quella dei conti di Barcellona.

Nel XII secolo la traduzione in ebraico della *Guida dei perplessi* di Maimonide, compiuta all'inizio del secolo da Šemū'ēl ibn Tibbōn, segnò una vera svolta intellettuale. Così scriveva Šemū'ēl: «Riconosco che grande era la necessità di aprire gli occhi degli uomini intelligenti del mio popolo dal momento che Dio nella sua grazia mi aveva concesso di conoscere e comprendere le parole di Maimonide...».

Più tardi alla corte di Federico gli incontri si fecero più serrati e vivaci: Giacobbe Anatoli lavorava a Napoli negli anni 1230-32 collaborando con l'imperatore, mentre suo nipote Mosè ben Šemū'ēl ibn Tibbōn stava presso di lui nel decennio seguente e Giuda ben Salomone ha-Cohen, proveniente da Toledo, dal 1245 al 1247 era in Lombardia alla corte federiciana: erano tutti e tre filosofi, matematici e astronomi, come del resto Mosè di Salerno, altro sapiente ebraico chiamato a far parte della cerchia di Federico. La testimonianza di Giacobbe Anatoli è significativa:

In questo libro si troverà ciò che ho potuto ascoltare dalla bocca del grande scienziato Michele [Scoto] al quale in quegli anni ero vicino. Quando si presentava nella conversazione un versetto biblico ed egli esponeva la sua spiegazione io la accoglievo e ne prendevo nota con il suo nome perché non avevo intenzione di gloriarmi di ciò che non era mio né di adornarmi in modo falso fingendomi sapiente [cit. in Sirat 1994].

A queste conversazioni intessute di dotte esegesi, a volte partecipava lo stesso imperatore e talvolta poteva accadere – come riferisce Anatoli – che Federico fosse di parere opposto a quello del saggio ebreo e di Michele Scoto: avvenne così nella discussione se i cieli e la terra fossero creati da una materia prima unica e preesistente. Questa era la teoria scelta e argomentata dall'imperatore e respinta dai due sapienti.

Di Giacobbe Anatoli è interessante la riflessione sulla diseguaglianza umana e la funzione del linguaggio all'interno delle differenze sociali:

È noto che fra gli uomini alcuni sono servi e altri liberi di esercitare il potere sui servi dei quali sono padroni... All'origine tuttavia gli uomini erano un tutt'uno. Quando gli ignoranti si moltiplicarono e anche gli stolti di conseguenza, allora Dio decise che quella unità non era più un bene. Perciò diversificò le lingue per impedire che gli uomini agissero di comune accordo.

Da qui l'importanza di usare un linguaggio appropriato nella trasmissione del sapere:

Se una cosa viene detta semplicemente e esplicitamente rivelata allo stolto è come un anello d'oro appeso al naso di un porco (*Proverbi* XI, 22). Lo stolto infatti terrebbe quella cosa in spregio finendo con il danneggiare se stesso mentre il sapiente sprecherebbe parole preziose. Il sapiente deve perciò adattare il suo discorso all'orecchio di chi ascolta, ma quando scrive deve scrivere in modo che gli altri sapienti ne intendano il vero senso...

La verità deve quindi essere protetta e velata e necessita di un linguaggio speciale adatto a chi ascolta: sono queste le idee che circolano in differenti ambienti culturali e segnalano un analogo indirizzo epistemologico e un'etica intellettuale e aristocratica propria non solo di quei secoli. La comunicazione e la condivisione del sapere, che nella società moderna da due secoli sono valori comuni (almeno in via teorica), erano allora pratiche ignote: la conoscenza era un patrimonio al quale pochi potevano accedere.

Nel secolo XII i maestri della scuola cattedrale di Chartres usavano per esporre le «profondissime verità» contenute nella filosofia del *Timeo* di Platone l'*integumentum* o *involucrum*, una forma di linguaggio figurato con la funzione di velare e proteggere le verità. Come scrive Bernardo Silvestre «l'*integumentum* è un tipo di dimostrazione che si nasconde all'intelletto sotto una narrazione fantastica». Una *fabula* che ha però la duplice funzione di velare e insieme alludere a quelle verità «profondissime» e fondamentali che devono essere preservate *a vilitate*, ossia protette da una spiegazione inadeguata e volgare. Attraverso questo strumento che permette di oltrepassare il senso letterale, le verità intime dell'universo (e quelle della teologia) che nel discorso umano sono fatalmente esposte al fraintendimento della volgarizzazione, vengono protette dalla sapienza di «quegli uomini dotati di capacità di visione più elevata». Scrive Guglielmo di Conches che «la natura soprasensibile ha bisogno di uomini sapienti che esprimono per mezzo della narrazione della *fabula* i segreti che come tali devono rimanere inaccessibili al volgo».

La filosofia evita – scriveva Averroè nella *Incoerenza della incoerenza dei filosofi* – di parlare in termini fisici di Dio, linguaggio consentito invece alla Legge che è rivolta al popolo e descrive Dio come udente e vedente per evidenziare che all'Altissimo non sfugge nessuna conoscenza: «il volgo infatti non sarebbe in grado di afferrare questa capacità se non attraverso i termini dell'udire e vedere rappresentati fisicamente. La esegesi allegorica del testo sacro deve essere riservata ai sapienti». E ancora: «se si indugia a discutere con il volgo di siffatte questioni si annulla nelle loro menti il significato stesso dell'essere divino: l'approfondimento è proibito alle masse dal momento che per la loro felicità è sufficiente sapere solo quanto davvero sono in grado di capire».

Giuda ben Salomone ha-Cohen aveva soltanto diciotto anni quando iniziò a discutere di filosofia e di problemi astronomici alla corte di Federico. Racconta:

Quando vennero esposte queste soluzioni davanti all'imperatore (che la sua gloria sia sempre esaltata) egli si felicitò delle risposte che avevo dato a colui che pretendeva di essere un filosofo. Ci furono fra noi discussioni, domande e risposte, così numerose da non poterle esporre completamente. Ciò si prolungò per circa dieci anni durante i quali visitai le terre imperiali e vidi con i miei occhi la saggezza delle sue azioni e dei suoi affari, incontrai i suoi sapienti, i suoi scribi, i consiglieri e conobbi il cibo della sua tavola... [cit. in Sirat 1994].

Accadde anche che Giuda discutesse con un sapiente cristiano della situazione infelice del popolo ebraico, privo della guida di un re, senza terra né ricchezze. «Un saggio cristiano mi fece questa domanda: 'se Dio vi ha scelti come popolo santo... perché si ha l'impressione che siate sgraditi a tutto il mondo?'».

Non era una domanda rara nelle dispute di quel tipo: la possiamo trovare un secolo prima nel *Dialogo fra un filosofo, un giudeo e un cristiano* di Abelardo e più di un cenno vi è pure nell'opera dell'abate di Westminster, amico di Anselmo d'Aosta, Gilberto Crispino, *Disputatio judaei et christiani*. Ma nel dibattito testimoniato da Giuda ben Salomone l'analisi è assai ampia e la risposta dell'ebreo ben documentata e significativa. Notevole è soprattutto il fatto che l'interlocutore cristiano si basi su alcuni passi del Talmud, che non viene né attaccato né ridicolizzato: ricordiamo che nel 1240 una copia del Talmud fu bruciata a Parigi dopo una controversia fra cristiani ed ebrei alla quale era presente il re san Luigi.

Del resto Mosè ibn Tibbōn scrive:

Mi sono reso conto che i Gentili hanno escogitato stratagemmi contro di noi e indagato a fondo le nostre tradizioni ma essi si prendono gioco di noi e dei nostri antichi saggi che hanno composto il Talmud a causa delle *haggadahah* [i racconti rabbinici] che sembrano sfidare l'intelligenza anche se la maggior parte di esse ha un senso per chi comprende i loro segreti [cit. in Sirat 1994].

Secondo Mosè ibn Tibbōn questa derisione è in certo modo motivata, dal momento che gli interpreti hanno illustrato le narrazioni in senso letterale «non distinguendo gli eventi miracolosi da quelli normali che avvengono secondo il comune corso naturale e non comprendendo la differenza fra ciò che è possibile e ciò che è impossibile». Soprattutto – nota ibn Tibbōn – essi hanno trascurato il fatto che gli antichi usavano parlare per allegorie, parabole e simboli in senso a volte esoterico e a volte essoterico.

In quale lingua comunicavano e discutevano in modo così sottile e argomentato i saggi delle due differenti religioni? Probabilmente in lingua volgare con l'aiuto del latino e rifacendosi entrambi alla tradizione greca e araba. In questo contesto la *Guida dei perplessi* fu una base tematica di grande importanza, così come centrali furono la persona e il parere dell'imperatore, con la sua incessante curiosità intellettuale e i suoi frequenti interventi.

Nel 1236 in Germania Federico, dopo aver ascoltato alcuni ebrei convertiti al cristianesimo, concludeva che secondo la Bibbia e il Talmud non era permesso ai fedeli ebraici di utilizzare il sangue animale e quindi a maggior ragione il sangue umano: con questa chiara e pubblica presa di posizione di fatto l'imperatore allontanava molto autorevolmente l'accusa infamante di omicidio rituale rivolta così sovente ai suoi sudditi ebrei.

La vicenda oltrepassava i confini del regno siciliano di Federico, dove saggi ebrei vivevano alla corte, e nasceva dalla accusa agli ebrei di Fulda di aver ucciso un bambino cristiano durante un rito religioso. Federico aveva nominato una giuria di nobili laici e chierici sull'imputazione ma, dal momento che questa non era riuscita a formulare un giudizio unanime, l'imperatore scrisse ai sovrani europei, e fra questi a Enrico III d'Inghilterra, per farsi inviare dei convertiti ebrei al cristianesimo. Pensava giustamente che i convertiti non avrebbero avuto motivo di difendere la loro antica religione, ma era sicuro nel contempo che conoscessero i testi ebraici meglio dei cristiani. La mossa era intelligente ed esemplare della curiosità di Federico e portò ad un risultato indiscutibile: mise al riparo per legge gli ebrei da calunnie pericolosissime e, dichiarandoli «servi della nostra camera», sanzionò il loro stato giuridico particolare concedendo alcuni privilegi.

L'UNIVERSITÀ

Il protonotaio Pier delle Vigne fu quasi certamente l'estensore del diploma di fondazione dell'università di Napoli stabilita con un editto di Federico nella primavera del 1224. La Sicilia era uno stato complesso ma sostanzialmente ben organizzato: la prima e più importante motivazione della fondazione dello studio napoletano è dunque il proposito di formare, all'interno del territorio del regno, i funzionari e i giudici nominati dall'imperatore nelle corti di giustizia. L'università di Napoli doveva servire innanzitutto a questo, anche se era previsto oltre al diritto l'insegnamento di altre discipline – la filosofia, le arti liberali e la teologia – organizzate nelle tre facoltà e impartite in corsi da maestri pagati direttamente dal sovrano. Solo la medicina, che continuava ad essere insegnata nella illustre e antica sede della vicina Salerno, a Napoli era assente.

Lo *Studium* napoletano doveva, oltre che formare i dirigenti e i collaboratori del re, soddisfare «la fame di sapienza» di chi voleva applicarsi alla ricerca senza uscire dai confini del regno: Federico stabilì infatti che dopo la sua fondazione i sudditi avrebbero potuto studiare e procedere sulle vie della scienza soltanto nella «leggiadra Napoli... quasi un paradiso in terra». Anche i giovani stranieri erano invitati a frequentare le lezioni dei maestri di Napoli: si sarebbe provveduto al loro alloggio e al vitto a prezzi modesti e in modo efficace alla loro sicurezza. L'università aveva dunque il fine di trattenere in patria i migliori intelletti e di chiamare gli stranieri più dotati con un'offerta sicura e generosa: fra gli studenti il più illustre fu senz'altro Tommaso della nobile famiglia degli Aquino, così vicina alla corte imperiale, che a Napoli appena prima del 1240 studiò grammatica e logica (forse con il famoso maestro Martino di Dacia) e filosofia naturale, come ci narra il suo biografo Guglielmo Tocco.

La fondazione dell'università di Napoli era il centro del progetto politico e del resto era coerente a un altro atto di Federico, che aveva regalato agli studenti e ai professori di Bologna alcuni tesori della sua preziosa biblioteca con parole che dimostrano la consapevolezza del valore anche politico della sapienza:

> Voi uomini sapienti che ricavate sapienza nuova da pozzi antichi e versate nella bocca di chi è assetato dolci bevande, accettate questi libri come dono di un Cesare amico, metteteli vicino alle opere degli antichi che rivivono con la vostra voce quando ne spiegate la dottrina. Spinti dalla gratitudine per chi ve li ha donati e fiduciosi nella loro virtù diffondeteli nella vostra cerchia...

Nonostante l'importanza di alcuni maestri, l'università di Napoli non ebbe fra quelle europee un grande rilievo, ma la sua istituzione rivela la coerenza e il realismo del progetto politico di Federico: l'università, come tutte le altre nate in Europa nei secoli medievali, contiene già in se stessa un disegno civile e politico e non è solo il centro di un movimento intellettuale nuovo.

L'istituzione ravvicinata nel tempo delle prime università (Bologna, Parigi, Oxford, Cambridge, Padova per esempio) indica già da sola l'importanza e la ragione del fenomeno, che trasforma in tutta Europa il sistema educativo e crea le condizioni per una più intensa circolazione delle idee.

La crescita economica e sociale che si manifesta dopo l'anno Mille e diventa visibile anche nell'aumento del numero delle città e della popolazione europea, è il contesto a cui si deve guardare collocando il fenomeno nelle società e in quei raggruppamenti «orizzontali» fra persone (o meglio, cittadini) che avevano interessi e attività comuni. Una di queste associazioni o corporazioni è appunto l'università.

L'esempio classico e fra i più antichi è quello dell'università di Parigi chiamata «universitas magistrorum et scholarium», mentre a Bologna lo *Studium* nasce come «universitas scholarium»: entrambi sorgevano in analogia con le associazioni dei mestieri. Ciò che distingue le università dalle precedenti scuole cittadine, le scuole cattedrali, è la struttura organizzata del programma di studi e il titolo di insegnamento (*licentia docendi*) universale che permette ai maestri di insegnare in qualsiasi università europea, una patente concessa appunto da un potere «universale», il papa, l'imperatore, il sovrano o il vescovo. Quattro erano le facoltà nelle quali l'università si articolava: la teologia era al vertice, preparata dal programma di insegnamento delle arti o filosofia, e affiancata dal diritto e dalla medicina, facoltà «lucrative» che promettevano carriere più veloci e ben pagate. La presenza delle quattro facoltà non era prevista tuttavia in tutte le università.

In quei secoli la teologia non era soltanto l'insegnamento di una dottrina somma per oggetto, ma fungeva da quadro di riferimento e garanzia dell'utilità del sapere: d'altra parte già Agostino nel *De doctrina christiana* aveva dichiarato che la comprensione della Sacra Scrittura si avvantaggia della cultura degli antichi che avevano approfondito le arti del trivio o del linguaggio e del quadrivio o delle scienze fondate sulla matematica. Il vescovo di Ippona descriveva questo processo di assimilazione come un «furto sacro» non solo permesso ma raccomandato ai cristiani, che dovevano utilizzare la sapienza profana del passato nel loro nuovo progetto culturale e religioso: la grande importanza di questo sapiente recupero che salda la cultura precristiana a quella della religione nuova non sarà mai abbastanza sottolineata.

Se quelli che chiamiamo filosofi hanno detto cose vere e compatibili con la nostra fede, soprattutto i platonici, non solo non dobbiamo temere le loro affermazioni ma le dobbiamo rivendicare da loro quasi che il loro non fosse un possesso legittimo e usarle per noi... Tutte le discipline dei pagani che non contengono cose false e superstiziose o inutili... ma propongono un sapere liberale molto adatto all'esercizio della verità e utilissimi precetti morali dobbiamo conservarli per noi... È come se tutto questo fosse oro e argento, che essi non hanno prodotto ma estratto dalle miniere della divina provvidenza, di cui fanno un uso perverso e offensivo. Quando il cristiano si separa dalla società della miseria (come avvenne quando gli ebrei si liberarono dalla schiavitù d'Egitto) deve strappare a loro tutto ciò per volgerlo al retto uso predicato dal Vangelo... Sarà lecito accogliere e tenere in nostro possesso per renderle utili ai cristiani anche alcune leggi e istituzioni fatte dagli uomini antichi e adatte alla società umana. In questa vita non possiamo fare a meno di queste preziose istituzioni.

Con queste ultime parole Agostino affermava un'idea che sarà viva per tutti i secoli medievali, presente in massimo grado anche all'imperatore e agli intellettuali del regno federiciano: l'immensa utilità dello studio del diritto e delle leggi vigenti negli antichi regni pagani e le riflessioni etico-politiche, ad esempio, di Cicerone e Seneca.

L'idea di una congiunzione dell'antico sapere degli antichi con la nuova cultura cristiana aveva percorso la ricerca teologica dei monasteri altomedievali, il grande affresco metafisico di Scoto Eriugena e i commenti e le opere dei pensatori carolingi come Alcuino fino alla teologia abelardiana e alla lettura dei grandi maestri di Chartres che interpretavano il testo biblico del Genesi *secundum phisicam* accostandolo audacemente alla pagina del *Timeo* di Platone.

Nelle scuole cattedrali delle città il rapporto fra sapere teologico e scienze profane era diventato al contempo più intenso e più problematico: il quadro delle scienze o arti liberali «esplode» nella seconda metà del XII secolo (l'espressione è di Chenu 1971) e i campi del sapere non solo si moltiplicano ma tendono a divenire parzialmente autonomi nelle loro metodologie. Le «autorità» pagane alle quali rivolgersi divengono più numerose e imponenti con l'aumento delle traduzioni delle opere aristoteliche che arrivano in Occidente. Il confronto fra le due culture – quella degli antichi e la cristiana – si impone di necessità, ma spesso appare difficile e qualche volta drammatico.

Il punto critico è rappresentato soprattutto da Aristotele e dalla sua visione naturale e etica del mondo, che entra nelle scuole universitarie europee nel Duecento: mentre ancora nella seconda metà del XII secolo Aristotele era stimato soprattutto per la sua ricerca logica – che molti secoli prima Boezio aveva in gran parte tradotta e parafrasata per i latini – cinquant'anni dopo egli diventa il filosofo per eccellenza, il «principe dei filosofi», come lo chiama Federico II.

Il *De anima*, i *libri naturales*, le opere di metafisica e etica mutano le idee fondamentali della scienza e la metodologia della ricerca. Con la lettura dei suoi testi accompagnati dai commenti di Averroè si introducono nella cultura medievale atteggiamenti scientifici nuovi: il cosmo, uscito dalle mani del Creatore, acquista una autonomia che fonda la filosofia naturale come ricerca delle ragioni fisiche del mondo indipendenti da quelle sovrannaturali. Nasce una «teoria unificata» della natura (Bianchi 1997) dotata di caratteri propri, spiegabili razionalmente, che confluiscono a formare un paradigma scientifico di lunga durata nel quadro europeo.

Il mondo naturale è pensato come un sistema di sfere al cui centro sta la terra immobile. È un mondo diviso dal cielo della luna in due regioni distinte, anche gerarchicamente: la regione sublunare, formata dalla mescolanza dei quattro elementi classici (terra, acqua, aria e fuoco), dotati di un moto rettilineo diretto verso il loro «luogo naturale», è la regione del mutamento, della corruzione e della morte e viene avvertita, dal lettore cristiano, anche eticamente come lo spazio dell'instabilità e della fragilità umane segnate dal peccato e dalla difficoltà del vivere nell'ordine e nell'armonia.

Al disopra della luna il cosmo costituisce tutt'altra realtà: la «quinta essenza» è l'elemento incorruttibile degli astri, il cui moto circolare, uniforme e perenne, influenza il mondo sottostante, salvo gli atti di intelligenza e di volontà umane che i teologi cristiani vogliono mettere al riparo dal potere determinante delle stelle. Non così i corpi umani che, al pari di quelli degli altri animali, delle piante e di tutte le altre cose esistenti sulla terra, subiscono l'influenza astrale: qui si fondava la sottile e temibile potenza dell'astrologia. E degli astrologi, come abbiamo visto.

Questa non era che una delle possibili implicazioni del sistema aristotelico avvertite come estranee o addirittura incompatibili con la visione cristiana del mondo: fu essenzialmente nella università di Parigi che lo scontro si avvertì nel modo più clamoroso, mentre a Napoli, come del resto ad Oxford e a Padova, il «ritorno di Aristotele» avvenne in modo più graduale e con meno scosse. Le censure parigine si susseguirono precise e dure: la prima nel 1210 proibì di «far lezione sui libri di filosofia naturale», cinque anni dopo lo statuto del legato pontificio ribadì il medesimo punto di vista, mentre sui temi di logica e di etica veniva accordato il permesso al commento e alla lezione, anche se va tenuto presente che le censure avevano valore locale e riguardavano solo l'insegnamento e non lo studio personale dei testi.

Nel 1231 il pontefice Gregorio IX ordina un esame preliminare che «purghi dai sospetti di errore» i testi aristotelici allo scopo di «poterli poi studiare senza pericolo». È un intervento di fatto privo di energia e oramai tardivo: dagli anni Quaranta del secolo i testi di Aristotele venivano letti, esaminati e commentati un po' ovunque. Le idee aristoteliche a proposito della natura, del movimento e delle cause – pur discusse e interpretate con significative variazioni dai maestri universitari – si erano radicate nel cuore dell'insegnamento e in genere della cultura e vi rimarranno per alcuni secoli. Alcuni, come l'imperatore Federico, pur accettando con ammirazione e rispetto il magistero di Aristotele non lo accoglievano in modo passivo e acritico ma lo ritenevano soprattutto base di partenza per una ricerca più ampia e fondata sulla esperienza.

Alberto Magno scriverà che «Aristotele era dopotutto un uomo e come tutti gli uomini può aver sbagliato».

UNA CORTE DI SAPIENTI

L'imperatore, che si dichiarava esperto nelle arti «meccaniche» – quelle pratiche e non liberali dette anche «adulterine» – e quindi «artefice», desiderava incontrare il maggior numero di sapienti che lo guidassero nelle più sottili questioni teoriche nelle quali lui, grande dilettante, si sentiva impreparato. Il suo filosofo e consigliere Michele Scoto d'accordo con lui lo incoraggiava con queste parole.

È cosa utile far domande ai dotti e ai maestri sulle diverse questioni scientifiche e ascoltare i loro anche divergenti pareri. Secondo me dovresti invitare alla tua corte i dottori universitari e gli uomini d'ingegno per conversare familiarmente con loro e sottoporre a loro i tuoi pensieri. È bene rivolgere a costoro domande su varie questioni e poi conservare le risposte per iscritto in modo che servano a te e ai posteri... Il tuo animo in questo modo sarà pieno di gloria e la tua mente progredirà ancor più. Se vuoi regnare a lungo è in questo modo che eviterai i vizi e accrescerai le virtù [cit. in Morpurgo 2000].

Ma sembra che l'imperatore in questo campo non avesse bisogno di molti incoraggiamenti, naturalmente curioso com'era di conoscere e desideroso di ricevere risposte agli enigmi filosofici come appare da questa lettera indirizzata a Michele Scoto:

Carissimo maestro, più volte abbiamo ascoltato le domande e le risposte degli uni e degli altri sull'argomento dei corpi celesti o sugli elementi dell'Anima del mondo o, ancora, sui popoli pagani e cristiani e su tutte le creature che vivono su questa terra, anche sulle piante e i metalli. Ma non abbiamo mai raggiunto la conoscenza di quei segreti che assicurano il piacere dello spirito ossia dei misteri del purgatorio, dell'inferno e delle meraviglie nascoste nella terra. Ecco perché insistentemente ti chiediamo per amore della sapienza e per il rispetto alla mia corona che tu esponga i segreti della terra, il modo in cui essa si tiene sollevata sugli abissi che le stanno sotto... che cosa sono i cieli e chi li governa... Parlaci anche della misura del grande corpo terrestre, della sua lunghezza e grandezza e della distanza tra la terra e il cielo più alto, tra la terra e gli abissi.

È chiaro che al centro degli interessi di Federico c'era quella filosofia che si chiamava «naturale»: un interesse di cui aveva dato prova trattando il tema – che erroneamente è parso a qualcuno minore o marginale – del volo e della caccia con gli uccelli, in un'opera piena non solo di una grande passione fisica e vitale ma anche di una curiosità intellettuale straordinaria.

La testimonianza più importante a questo proposito sta nella corrispondenza del filosofo sufi Ibn Sab'īn 'Abd al-Haqq con l'imperatore Federico II, conservata in un manoscritto in lingua araba della Bodleiana, interessante non solo per la sostanza dei quesiti (non riportati in forma diretta nel manoscritto) e delle risposte, ma anche per il tono dello scambio fra sapienti. Tutto nasce dall'unione della singolare curiosità di Federico e del suo potere. Entrambi gli aspetti erano evidentemente noti nel mondo islamico: insoddisfatto delle risposte dei filosofi dell'Egitto, della Siria e dell'Iraq, l'imperatore si informò sui sapienti che abitavano nella Spagna musulmana e quando gli fu segnalato «un uomo di nome Ibn Sab'īn noto per la sua abilità filosofica Federico scrisse subito al califfo Rashīd che a sua volta ordinò al suo governatore di cercare la persona che rispondesse alle domande del Re dei Romani». Il sapiente, ricevute le domande imperiali, «sorrise e si accinse a rispondere ma quando l'ambasciatore gli consegnò il denaro di Federico lo restituì con formale cortesia dicendo che rispondeva alle questioni soltanto per aumentare il numero dei credenti e far trionfare l'Islam».

Il testo delle risposte ai quesiti è in se stesso interessantissimo al di là della relazione con il nostro tema, la cultura e le curiosità scientifiche di Federico. L'autore infatti attinge a una mescolanza di *auctoritates* filosofiche greche e a una teologia islamica che disegna una sapienza sincretistica iniziatica anche se congeniale alla cultura musulmana dell'epoca, la dottrina sufi, «scienza dell'interiore».

La prima domanda del «principe degno di essere amato» riguarda il tema dell'eternità del mondo, spinosa questione dibattuta anche nelle scuole occidentali in quei decenni. Ibn Sab'īn critica

... coloro che male hanno interpretato Aristotele... limitandosi a spiegare ciò che a loro conviene ed è conforme alle loro convinzioni... Ognuno di loro ha scritto secondo le sue possibilità e per quanto illuminato dalla scienza ha usato un linguaggio generico, sommario, poco coerente... Chi chiede di essere guidato deve astenersi dai termini equivoci e... dcvc diffidarc dai concctti chc si prcstano al falso ragionamento... Il significato del discorso non si comprende dalla sua espressione linguistica senza un esame particolareggiato.

Continua il sapiente:

Che Dio altissimo ti conduca all'Islam. Ho compreso che chiedi di essere guidato e ti ho citato molte cose affinché conoscessi il modo di porre le domande. Ad esempio è necessario che tu apprenda che cosa è il mondo, l'eternità, l'innovazione, l'instaurazione e la creazione: con la loro conoscenza ti sarà evidente il vero... Poiché questi termini sono sinonimi un gruppo di antichi e moderni – che Dio li perdoni – li ha attribuiti ad Aristotele. Noi diciamo che diversi sono i modi in cui si parla di mondo...

Al dilettante geniale che, come tutti i dilettanti, è assetato di certezze, il filosofo abituato ad indagare risponde che la verità su un argomento di tal genere non è assoluta per gli uomini e che non è tanto importante accertare l'opinione di Aristotele (come invece sembra volere Federico), imbarcandosi in una sterile ricerca sui suoi testi, quanto tendere alla verità

... che nella sua sublimità supera ogni filosofo e si paleserà da se stessa... Si è concluso – dice Ibn Sab'īn – il discorso sulla eternità del mondo e sui dubbi a questo proposito come hai chiesto. Se tu avessi chiesto il Vero in se stesso avremmo proceduto con te sulla tua stessa strada, ma tu hai chiesto il discorso del sapiente e forse lui è chiamato sapiente come è chiamato sano colui che è stato morso da un serpente. La verità è di difficile accesso anche per Aristotele.

A Federico Ibn Sab'īn rimprovera più di una volta la sua imprecisione nel formulare le domande, dovuta – ripete – a una mancanza di studio rigoroso delle questioni teoretiche: nel chiedere «qual è la prova dell'immortalità dell'anima» l'imperatore, per esempio, non precisa di quale anima sta parlando: se dell'anima vegetale, di quella animale, o di quella razionale. Solo quest'ultima è infatti, secondo le dottrine dei filosofi antichi, «una sostanza spirituale, luminosa, semplice, separata dalla materia, sapientissima in potenza, agente per natura... che permane dopo la morte, non si annienta e non muta, anzi la morte aumenta la sua bellezza e il suo splendore».

Ma l'aspetto più sorprendente è la disinvoltura decisamente insolente con cui il saggio musulmano tratta il suo augusto corrispondente (ammesso che nella stesura che possediamo non ci siano state successive aggiunte), facendogli notare che ponendo una certa domanda, quella sul numero delle categorie, Federico manifesta chiaramente «la sua debolezza di istruzione e la mancanza di esercizio in campo scientifico... confondendosi così con la folla stupida e priva di intelligenza». Un atteggiamento da addetto ai lavori verso un dilettante geniale ma «impreparato», un rimprovero netto esposto con estrema franchezza.

Quale sarà stata la reazione dell'imperatore? Non lo sappiamo. Può essere che Federico, abituato all'omaggio enfatico e solenne e, come ogni tiranno, anche all'adulazione, abbia mal sopportato di essere trattato da «discepolo» e da dilettante. Ma appartenere alla comunità scientifica e conversare con i sapienti di professione poteva comportare anche questo: qui la gerarchia era un'altra e va a lode di Federico se ha saputo accettarla.

All'ideologia e allo stile di corte appartiene, accanto a queste manifestazioni di interesse intellettuale e all'esortazione al miglioramento e all'elogio dei cortigiani, anche l'altro aspetto, quello del riconoscimento di uno stato particolare dell'imperatore, la quasi perfezione attribuita a Federico, che è dichiarato «Dei famulus magnus»: in suo potere stanno lo splendore del sole, le forze dell'aria e dell'acqua e la fertilità della terra (Marcovaldo di Ried).

Insomma, Federico si presenta come l'uomo nella completezza delle sue facoltà:

Per natura l'uomo è la più nobile delle creature al di sopra persino degli angeli e dei pianeti, simile a Dio il suo Creatore ha come Lui potere e capacità sopra le altre creature... Tutte le cose per legge naturale gli sono sottoposte come a un signore o a un ministro del signore. Gli angeli gli obbediscono per amore, il sole e la luna per dovere...

Federico è visto anche come un grande medico salernitano, destinato a guarire il Merito e la Generosità:

Una volta pensavo che queste virtù erano morte e fui sul punto di rinunciare a comporre canzoni ma Dio ci ha mandato qui da Salerno un buon medico saggio e dotto che conosce tutti mali e tutti i beni... Non ho mai visto – scriveva il trovatore Aimeric nel 1220 – un medico tanto giovane, bello, buono e generoso, coraggioso, esperto, tanto seducente e abile nella parola e nell'azione. È un medico che conosce a fondo la disciplina e che curando con tanto ingegno, senno e sapienza attira a sé il mondo e guadagna Dio... Questo medico saggio di cui vi parlo è il figlio del buon imperatore Enrico e si chiama Federico [cit. in Morpurgo 2000].

Sono le parole di un cortigiano – scritte quando Federico è sulla via per Roma dopo aver ricevuto ad Aquisgrana la corona imperiale. Ci forniscono alcuni indizi sul clima promosso e favorito dall'ideologia federiciana: l'identificazione in più sensi della figura del sovrano con il sistema della natura, della quale egli sta al sommo conciliando i due regni terrestre e divino. Alcuni aspetti di questa operazione provengono dalla cultura della scuola medica salernitana. Giovanni d'Aubusson parla di Federico come di un'aquila che si è levata in volo da Salerno: tutta la strategia, ancora una volta, ha un senso e uno scopo politico, altamente politico. La figura del sovrano è sottratta alla sfera delle cose ed eventi naturali e si presenta come mediazione privilegiata con il divino e una sua speciale rappresentazione.

Altre analogie sottraevano la persona di Federico al contesto immediato, conferendogli l'aura mitica dei passati eroi: la rivendicazione dell'ascendenza alla stirpe troiana, fino a Enea attraverso Cesare, motivo ricorrente della tradizione ghibellina.

Più immaginoso ancora è il ricorso a un altro personaggio storico del mondo antico, già rivissuto dal mito romanzato in varie ondate, Alessandro Magno, l'amante della filosofia che dibatte con i sapienti, l'eroe rappresentato nelle vesti del Paladino, che combatte assistito dalla forza divina, visita Gerusalemme, punisce Gog e Magog, affronta i mostri della foresta indiana e accoglie i doni esotici, elefanti, pappagalli offerti dai sovrani con i quali conversa dottamente e fa alleanze. E impara l'astronomia, studia le forze della natura e la geografia dei paesi lontani, escogita stratagemmi contro i nemici. Trovatori e Minnesängerin, storici arabi e bizantini paragonano – vienc così naturale – questo Alessandro, già divenuto nel racconto medievale cavaliere perfetto, audace e magnanimo, a Federico II che come lui è sapiente e studioso dell'opera di Aristotele, maestro del re macedone, e come lui è trionfante sulle forze oscure del nemico. L'evocazione di un Oriente con i suoi tesori, così affascinante, amato da entrambi i sovrani; la presenza di elefanti, cacatoa, felini selvatici, congegni mirabolanti e donne sontuosamente esotiche nei cortei dello Svevo e l'immagine del falcone nelle miniature di Alessandro rinforzano visivamente l'analogia fra i due supereroi. Alessandro, nel romanzo medievale, chiuso in una specie di sottomarino studia la fauna degli abissi marini; Federico manda un siciliano di nome Nicola nello stretto di Messina per osservare i pesci e i relitti delle navi. Ma prudente e ostinato, per essere sicuro che Nicola sia arrivato fin sul fondo, fa gettare una coppa d'oro nel punto più profondo che il marinaio porterà alla superficie, come racconta anche Salimbene.

Dal sapiente Michele Scoto viene l'elogio più consapevole, perché fondato sull'importanza del sapere: «Buon Imperatore sono sicuro che se mai un uomo potesse sfuggire al nostro destino mortale in virtù del suo sapere, tu saresti quello che più di ogni altro lo merita».

LA LINGUA E LA POESIA

La questione della lingua originaria o lingua perfetta ha ossessionato il pensiero europeo ed è stata particolarmente sentita nei secoli medievali durante i quali nacquero le lingue volgari. È attraverso il linguaggio (i sette giorni della Creazione sono scanditi da inizi identici: «E Dio disse») che Dio dà vita al mondo, ai cieli, alla terra, alle piante, agli animali e infine all'uomo.

> Allora tutta la terra aveva una sola lingua e le stesse parole. Ora avvenne che emigrando dall'Oriente gli uomini trovarono una pianura nella regione di Sennaar e vi abitarono e si dissero l'uno con gli altri... «Venite, fabbrichiamoci una città e una torre la cui cima tocchi il cielo, facciamoci così un nome per non disperderci sulla faccia della terra». Ora il Signore scese per vedere la città e la torre e... disse «Ecco essi sono un popolo solo ed hanno tutti una stessa lingua: questo è l'inizio delle loro opere... Confondiamo la loro lingua affinché non si capiscano l'un l'altro...».

L'ebraico venne riconosciuto nei secoli medievali come la lingua originaria, nata nell'Eden e parlata da Adamo ed Eva, mantenuta poi da Dio in Israele affinché il Cristo venuto sulla terra potesse parlare un linguaggio non contaminato dal peccato degli uomini. Anche il greco, altra lingua sapienziale, proveniva dall'ebraico, e il latino a sua volta dal greco: a questa convinzione i medievali erano arrivati con diversi ragionamenti: i teologi citavano l'iscrizione della croce («Gesù Nazareno Re dei Giudei») scritta secondo l'evangelista Giovanni (XIX, 20) appunto in ebraico, greco e latino, mentre i grammatici consideravano vere lingue, degne di essere studiate, solo queste tre a causa della *ratio* della loro struttura.

Fra' Salimbene aggiunge a queste l'arabo, nella sua testimonianza a proposito del famoso crudelissimo esperimento che sarebbe stato escogitato e tentato da Federico II (si tratta in realtà di una ripresa di un racconto di Erodoto). L'imperatore, secondo Salimbene, avrebbe isolato completamente da ogni contatto umano (salvo la nutrizione e le cure più elementari) alcuni neonati per cercare di scoprire quale lingua avrebbero parlato spontaneamente, «l'ebraico, il greco, il latino o la lingua dei loro genitori». Ma tutti i bambini morirono quasi subito perché – osserva acutamente il frate – «non si può vivere privi dei gesti, delle tenerezze, dei sorrisi e delle parole delle nutrici che si prendono cura dei neonati».

La lingua parlata dalle nutrici era presumibilmente quel volgare, o meglio uno di quei volgari, che gli studiosi di grammatica non degnarono di analisi se non più tardi. Coloro che poetavano in volgare siciliano, come e con l'imperatore, si trovavano di fronte al problema di trasformare una lingua parlata e familiare, comunicatrice di affetti e di informazioni vitali e quotidiane (come osserva il Salimbene), in una lingua «stabilita», con regole rigorose e inequivocabili come quelle del latino. Il tema sarà magistralmente svolto da Dante nel *De vulgari eloquentia* nei primi anni del Trecento e anticipato da una digressione del *Convivio*. Il progetto iniziale del *De vulgari eloquentia* prevedeva l'analisi dei vari livelli linguistici e delle forme volgari di uso letterario in quattro libri, ma l'opera come è noto rimase interrotta all'esame della canzone: Dante probabilmente fu richiamato altrove, dal grandioso progetto della *Commedia*.

È proprio la naturalità della lingua volgare appresa nell'infanzia il primo tema trattato: Dante rovescia genialmente quanto egli stesso aveva già sostenuto e altri pensavano e dichiara che per la sua spontaneità il volgare è più nobile del latino, che egli con alcuni suoi contemporanei giudica una lingua artificiale. Non solo: il volgare, se «illustre» (ossia superiore ai tanti idiomi delle varie città), è adatto ad esprimere cose massime, ed è l'illuminante strumento di un ambiente civile e politico, autorevole come la «reggia», ossia la corte. La poesia in lingua volgare può dunque descrivere «le vie della salvezza, del godimento amoroso, delle virtù, la prodezza d'armi, la fiamma d'amore e la dirittura di volontà».

Come i teologi prima di lui, anche Dante traccia la storia della lingua umana partendo da Adamo nell'Eden prima della Caduta. La lingua perfetta si è conservata nel popolo ebraico per le stesse ragioni già dichiarate da altri, «affinché il Redentore nostro che da essi [gli ebrei] doveva secondo l'umanità aver nascimento fruisse di una lingua non di confusione ma di grazia». Segue nell'opera l'esame della lingua «triforme» dell'Europa meridionale: la lingua *d'oc*, la lingua *d'oïl* e la lingua del *sì*, parlate in territori contigui anche se distinte fra loro. Nella lingua del *sì* Dante distingue quattordici tipi o esperienze sostanzialmente autonome e assegna un ruolo alto ed egregio al volgare siciliano, strumento della scuola poetica di Federico e anticipatore della lingua dello stil nuovo.

Il latino per Dante e gli uomini del suo tempo era la «grammatica», una lingua artificiale e razionale. Ma era stata appunto la necessità di imparare la lingua *d'oc*, lingua dei poeti provenzali e modello per i nuovi poeti della corte di Federico, a suggerire a Uc Faidit di redigere verso il 1240 una delle più antiche grammatiche volgari, il *Donatz proensals* modellato sulla *Ars grammatica* di Donato. Uc Faidit guardava alle analisi morfologiche latine e distingueva nel volgare provenzale le otto classiche parti del discorso (nome, pronome, verbo, avverbio, participio, congiunzione, preposizione e interiezione), aggiungendo un dizionario di rime che intendeva essere utile anche ai poeti siciliani.

«Lo vostro amore mi tene / ed hami in sua segnoria / ca lealmente m'avene / d'amor voi senza falsia / di me vi sia rimembranza». Sono i versi, aggraziati ma convenzionali, di Federico imperatore nettamente inferiori a quelli del massimo poeta della sua cerchia, il notaio Iacopo da Lentini, autore del sonetto che riecheggerà per lungo tempo, l'imitatissimo *Amor che è un desio che ven da core per abbondanza di gran piacimento*...

Ma conviene ricordare un altro componimento di Federico, un sonetto che è una vera lezione sul tema così discusso in quei tempi della vera nobiltà, *Misura provvidenza e meritanza*.

Misura provvidenza e meritanza / fa essere l'omo savio e conoscente / e d'ogni nobiltà l'omo si avanza / e ciascuna richeza fa prudente / Né di richeze aver grande abundanza / facia l'omo ch'è vile essere valente / ma dell'ordinata costumanza / discende gentileza fra la gente. / Omo ch'è posto in alto signoragio / ed in richeze abunda tosto scende / credendo fermo stare in signoria. / Unde non salti troppo omo ch'è sagio / per grande alteze che ventura prende / ma tuttora mantegna cortesia.

Non potrebbe essere espresso meglio di così e in poche righe il pensiero dell'imperatore sul tema: l'esercizio gentile, misurato e intelligente delle ricchezze e del potere ricevuto dagli avi – qualcosa che Federico non può non apprezzare ed esalta più di una volta – non solo conserva questi beni ma porta a compimento la vera nobiltà.

Nel 1238, scrivendo al figlio Corrado, l'imperatore ribadisce l'idea che la nobiltà individuale o *virtus* deve accompagnarsi sempre all'ascendenza illustre, ma che tuttavia questa «non è sufficiente se non è irrobustita dalla generosità (*magnanimitas*) e da un comportamento attivo e capace». Anzi, la nobiltà di sangue priva di virtù individuale è nel nobile non solo insignificante ma colpevole proprio perché lo spirito dei nobili è in potenza più capace e ben disposto: l'esercizio della virtù è insomma, per chi ha alle spalle illustri avi, un dovere sociale al quale egli non può sottrarsi. Il capuano di umili origini Pier delle Vigne, il consigliere più intimo di Federico e anch'egli poeta, pensava, in questo e altro, come il suo re nonostante il suo iniziale svantaggio sociale. Era l'ideologia che circolava nella corte federiciana con la teoria espressa limpidamente dal giudice Riccardo da Venosa:

> Non badare alla origine del corpo ma a quella dello spirito perché la nobiltà deriva dall'anima. Anche se la tua origine è altissima la tua nobiltà non ha alcun valore se sei privo di spirito; al contrario se un uomo dotato di ingegno è nato nel fango e nel letame la sua nobiltà è autentica. La stirpe non è superiore all'ingegno ma l'ingegno lo è alla stirpe: così è per il vero nobile.

Il dibattito, anche fra uomini di idee concordi, non era però semplice: dall'altro estremo sembra certo che i pensieri espressi sull'argomento da Federico abbiano una sfumatura più «aristotelica» e orgogliosamente aristocratica. E come poteva essere altrimenti per un discendente degli Staufen e degli Altavilla?

Federico – scrive fra' Salimbene da Parma – oltre a saper leggere (prima fase della cultura moderna) sapeva anche scrivere, cantare e comporre canzoni in molte lingue. Fra queste c'erano anche alcune lingue nuove, le «volgari», l'occitanico per esempio e il dialetto apulo-siciliano, che venne trasformato alla corte da lingua parlata e familiare in lingua scritta e letteraria dotata di un registro poetico proprio.

Tra i paesi romanzi l'Italia arriva ultima alla poesia: una poetica unitaria e coerente ha infatti inizio soltanto verso il 1230 proprio in Sicilia. Ma dicendo Sicilia dobbiamo pensare a una realtà più vasta e composita, perché alla corte di Federico appartenevano anche poeti di altre regioni italiane. L'imperatore del resto soggiornava sovente nelle terre continentali e in quelle settentrionali del Veneto e dell'Emilia.

È Dante a chiamare i poeti della corte di Federico «poeti siciliani» e il riferimento è alla Magna Curia dalla cultura plurilingue e varia, itinerante come quasi tutte le corti del tempo. Tuttavia è *Curia* (corte regale) e quindi per Dante l'unico ambiente in grado di produrre ed elaborare un linguaggio «illustre». All'origine di questa corte cosmopolita sta – l'abbiamo visto – la strategia politica di Federico, impegnato su vari fronti a limitare le autonomie cittadine, a sottomettere le aristocrazie nel grande progetto del controllo della penisola italiana indipendente dalla chiesa di Roma. Proprio a quel gruppo di colti amministratori – giuristi e notai, cavalieri di corte e funzionari, laici ma formati naturalmente alle scuole ecclesiastiche, collaboratori dell'imperatore nella realizzazione del suo progetto politico – appartengono i rimatori siciliani che si ispirano alla poesia dei trovatori provenzali. E non solo, poiché molte testimonianze ci assicurano della presenza dei romanzi scritti in antico francese (il *Romanzo di Troia*, le Profezie di Merlino, la storia di Tristano e Isotta) con i loro personaggi e le fantasie luminose delle immagini d'amore.

La corte di Federico era sostenuta da una «biblioteca plurilingue come nessun'altra nell'Europa medievale... era una biblioteca di lettura tendenzialmente universale e diacronica non specialistica e sincronica come quella scolastica... Era una biblioteca aperta sia nella sua possibilità di nuove accessioni sia nell'assenza di ogni potenziale gerarchia di generi, di materie, di lingue, latino, greco, arabo, ebraico, provenzale, francese, forse anche tedesco» (Petrucci 1983).

La lingua è tuttavia diversa e nuova, è appunto il «siciliano illustre» purificato dagli aspetti più dialettali e anch'esso segno di una volontà di preminenza e identità che vuol distinguersi dal modello occitanico e dalla poesia «cortese». Il siciliano illustre è uno strumento aristocratico scelto non per raggiungere un pubblico più vasto, ma come mezzo di comunicazione raffinato all'interno di una cerchia ristretta e concorde: la poesia per i poeti siciliani è un vero «ozio» di sapore antico ai margini della professione e tuttavia riflette un orientamento più generale e caro all'imperatore. Lo conferma anche la stessa brevità di vita, due generazioni, di questa esperienza straordinaria da molti punti di vista.

La poesia in lingua volgare era familiare a Federico e ai suoi, poliglotti come lui, che la potevano conoscere anche attraverso i manoscritti conservati a corte; Costanza, la prima moglie di Federico, era del resto figlia del «trovatore» re Alfonso d'Aragona, mentre il padre dell'imperatore, Enrico VI, protettore dei Minnesängerin, era stato anche lui poeta. E poeta era anche Giovanni di Brienne, re di Gerusalemme e padre di Isabella seconda moglie di Federico, autore di componimenti in francese e italiano. Il clima culturale del secolo contemplava dunque oramai la poesia in lingua volgare come parte integrante del profilo intellettuale del signore, del cortigiano e dell'artista.

Le occasioni di incontro e scambio erano del resto numerose, come ci testimoniano i documenti: la politica portava l'imperatore e i suoi a contatto con gli *scriptoria* veneti e con la corte dei da Romano, a sua volta centro di una vivace attività editoriale della lirica in lingua *d'oc* proprio negli anni immediatamente precedenti alla nascita della scuola siciliana. Nonostante l'influenza di un modello così forte come quello dei trovatori, la scuola dei poeti siciliani rimane un fenomeno originale e davvero straordinario soprattutto per l'invenzione linguistica testimoniata nella sua purezza dai frammenti conservati nelle carte del filologo cinquecentesco Barbieri.

A noi moderni sono giunte le raccolte dei canzonieri toscani del Duecento che hanno il merito di averci tramandato il patrimonio, ma epurato dai tratti idiomatici originari: d'altra parte è proprio attraverso questa «traduzione» toscana che Dante ha potuto riconoscere nella lingua dei poeti *praefulgentes* la «pantera profumata», il suo modello di volgare illustre. C'è nella poesia dei siciliani di corte un'altra novità rispetto alla produzione dei trovatori: l'assenza di ogni altro tema che non sia l'amore. Intendo il *fin'amor*, il perfetto amore, naturalmente, che in Provenza e in Sicilia è il contesto di raffinata bellezza in cui si svolgono i temi della irraggiungibilità della dama, dell'amore come servizio modellato sul rapporto feudale, del segreto da mantenere nel rapporto d'amore. Il mistero e un profumo di irraggiungibilità avvolge tutti i temi, dalla sensualità all'amore puro. Satira, politica, temi morali sono, diversamente che nella tradizione dei trovatori, argomenti esclusi da questo gioco poetico raffinato ed astratto, chiuso nella cerchia di pochi eletti, spazio di *otium* e di evasione dalle fatiche e dagli impegni dei poeti. Accanto ai nobili molti di loro, va sempre ricordato, erano funzionari del regno che vivevano in un clima già troppo politico: la poesia rappresentava dunque per tutti questi artisti un'evasione sublime dal quotidiano.

Per comprendere appieno la singolarità geniale della scuola siciliana è indispensabile – piuttosto che a tanto sbrigativi quanto ignoranti biografi a noi contemporanei – tornare ancora una volta, come ci suggerisce Roberto Antonelli, a Dante e proprio al *De vulgari eloquentia* dove egli parla di

> ... quegli uomini grandi e illuminati, Federico imperatore e il suo degno figlio Manfredi che seppero esprimere tutta la nobiltà e dirittura del loro spirito e finché la fortuna lo permise si comportarono da veri uomini sdegnando di vivere come bestie. Ed è per questo che quanti avevano in sé nobiltà di cuore e ricchezza di doni divini, si forzarono di rimanere in contatto con la maestà dei grandi principi cosicché tutto ciò che a quel tempo [Dante scrive quasi un secolo dopo] producevano gli italiani più nobili d'animo vedeva la luce dapprima nella reggia di quei sovrani così insigni. Poiché sede del trono regale era la Sicilia ne è venuto che tutto quanto i nostri predecessori hanno prodotto in volgare si chiama siciliano: ciò che anche noi teniamo per fermo e che i nostri posteri non potranno mutare.

Si è discusso e si discute chi sia stato il motore primo al centro di questa scuola, chi ne sia stato il «fondatore»: Iacopo da Lentini, il «notaro» come lo chiama Dante, redattore di alcuni documenti d'archivio per Federico II, o lo stesso imperatore, grande oramai, lo sappiamo, in molte delle sue attività, curioso e colto ma modesto poeta? Tutto dipende da cosa si intende per fondatore: se è colui che promosse e rese possibile la nascita e la identità della scuola siciliana, non si può che indicare Federico. Ma il poeta più prestigioso e originale della scuola resta senz'altro quello Iacopo da Lentini che inizia a scrivere nel 1233 ed è l'autore della famosa *Meravigliosa-mente un amor mi distringe e mi tene ad ogn'ora*.

Si tratta in effetti di una disputa scolastica: il notaio Iacopo non è solo il più grande dei poeti della scuola siciliana e anche il probabile inventore del sonetto, ma non si può negare che Federico sia colui che ideò e realizzò lo spazio culturale necessario alla nascita della poesia siciliana imprimendole, non con le sue composizioni, ma con la sua personalità e il suo prestigio, una identità straordinaria e ben riconoscibile. Altri nomi suggestivi per gli storici spiccano nella cerchia siciliana dei poeti: i d'Aquino e in particolare Rinaldo, lodato da Dante e forse fratello del futuro santo, il teologo e filosofo Tommaso, Pier delle Vigne e il figlio di Federico, Enzo re di Sardegna.

Pier delle Vigne, protonotaio di Federico e fino al 1247 giudice della Magna Curia, vittima delle calunnie di corte fu accecato e morì in un carcere toscano forse suicida. Dante che lo conosceva bene attraverso i suoi scritti epistolari – Brunetto Latini ne aveva tradotti alcuni dei più significativi – nel Canto XIII dell'*Inferno*, usando la stessa sapienza retorica di cui Pier delle Vigne era maestro ammirato, rende omaggio a un uomo che egli ritiene innocente dalle calunnie di corte e terribilmente colpevole invece per il suo gesto suicida: «l'animo mio per disdegnoso gusto credendo col morir fuggir disdegno ingiusto fece me contra me giusto». Pier delle Vigne si palesa a Dante come «colui che tenne ambo le chiavi del cor di Federigo», sempre fedele al suo re e abbattuto soltanto dall'invidia dei cortigiani. Lontano da questa infernale immagine – Piero è come gli altri suicidi ridotto a un arbusto con i rami grondanti scuro sangue – risuonano le sue stanze d'amore. «Amore in cui disio ho e speranza di voi, bella, m'ha dato guiderdone e guardomi infinché vegna allegranza pur aspettando bon tempo e stagione...». E nella *Descriptio virtutum rosae et violae* Pier delle Vigne aveva sfoggiato tutto il suo stile ricco di metafore, parallelismi, allitterazioni e figure per lodare la terza sposa del suo ben amato signore, la regina Isabella d'Inghilterra.

Tristissima è pure la fine di un altro poeta, Enzo figlio di Federico, vicario imperiale, catturato nel 1249 dai bolognesi durante la battaglia di Fossalta. In quella drammatica occasione Federico scrive ai vincitori una lettera emozionante dove riflette, certo memore di Boezio, sulla «fortuna che ora abbassa gli uomini ora li eleva» e ammonisce i nemici che avevano imprigionato il suo bello e carissimo figlio a non insuperbire per il momento prospero e vittorioso. E subito dopo ricorda loro con orgoglio che lui è «Federico ovunque vincitore» e li minaccia qualora disobbediscano agli «ordini della sua potenza» di lanciare contro Bologna un grande esercito. Conclude dicendo che se i bolognesi rifiutano di ridargli il figlio Enzo «trascineranno la loro onta in eterno». Sembra che i cittadini di Bologna abbiano risposto che «spesse volte accade che un piccolo cane catturi un cinghiale»: si tennero Enzo ad umiliazione del loro nemico rifiutando un immenso tesoro di argento e qualsiasi altro scambio.

Dopo ben ventitré anni di prigionia a Bologna, Enzo muore in carcere. Un carcere non durissimo e forse ancora addolcito da speranze di libertà durante l'anno in cui suo padre l'imperatore era vivo. È leggenda quella che parla di una gabbia di ferro in cui i bolognesi lo avrebbero tenuto segregato: Enzo era ospitato in una grande sala dove leggeva, scriveva, cantava e riceveva visite di amici e di belle donne, una sala naturalmente ben chiusa da catenacci durante la notte. Ebbe in quegli anni, da una dama amata in prigione, due figlie naturali.

Ma sempre più melanconico e povero negli ultimi tempi non gli rimaneva che poetare e cantare e non solamente d'amore: «Va cansonetta mia salutami Toscana quella che è sovrana in cui regna tutta cortesia. E vanne in Puglia piana la magna Capitana là dove è il mio core notte e dia...».

Nel Salento era viva sotto Federico II un'altra meno nota e sicuramente meno originale cultura poetica: la poesia in lingua greca connessa alla tradizione bizantina, ricca di immagini bibliche e liturgiche, incoraggiata come quella siciliana dal clima e dallo stile di corte e del sovrano. Una poesia non latina che si trasformò in poesia antilatina, ossia antiromana e antipapale, e che si ispirava pienamente al programma politico federiciano. A differenza di quelli della scuola siciliana, i poeti come Giovanni Grasso e Giorgio di Gallipoli raccoglievano e sviluppavano con enfasi e impeto i temi politici e civili, dal tema della *renovatio imperii* alla lode del sovrano, all'invettiva contro le città ribelli e fedifraghe come la «crudelissima» Parma. Federico imperatore era celebrato con espressioni enfatiche tipiche della letteratura bizantina. Così scriveva Giorgio di Gallipoli, funzionario di corte e letterato: «Il principe è potente e tre volte beato, Federico il sovrano, bagliore di fuoco il cui arco è di bronzo e il cui dardo è folgore che brucia da parte a parte i nemici. Il nome di Federico è luce sfavillante che apre la strada alla gloria e tiene al suo servizio la terra, il mare e la volta del cielo».

I CASTELLI

Scrive Federico nel *Liber augustalis*, *De guerra non movenda*: «Sarà punito con la morte quel conte barone o cavaliere che muoverà guerra al regno... i suoi beni e i suoi castelli saranno confiscati». La pace passa anche attraverso l'annullamento delle forze antagoniste che attaccano subdolamente il *corpus* del regno dall'interno del territorio. Forze ribelli che si concentrano nelle rocche e nei castelli che vanno perciò o distrutti o reintegrati nel demanio: «Stabiliamo che tutti i castelli, le fortezze, le mura e le opere di difesa che dalla morte di re Guglielmo sono state costruite in quelle città e in quei luoghi e che non sono in mano nostra vengano consegnate ai nostri messi per essere abbattute». Così era del resto già stato stabilito dieci anni prima nelle Assise di Capua.

Il castello è il centro concreto che irraggia un potere nascosto e protetto dalle mura, è al limite inaccessibile e esclusivo, è difesa o possibile organizzazione della rivolta, chiuso in se stesso anche visivamente nel paesaggio del regno. Federico nella sua adolescenza aveva ben sperimentato la forza oscura e faziosa dei potenti locali, normanni o tedeschi, che miravano ad annullare o negare l'efficacia della presenza regale e da là, dalle loro mura turrite, si muovevano per abbatterla. Nell'anno delle *Costituzioni melfitane* (1231) aveva scritto che «l'imperatore (e il re) è in ogni luogo» e quindi deve essere anche nei castelli, orgogliosa opera sua dopo che gli altri edifici qualificati tutti come «sedi del nemico» fossero stati abbattuti.

Diciamo subito che alcuni castelli dell'imperatore erano luoghi eccellenti, e celebrano ancor oggi con un impatto visivo straordinario le idee fondamentali della sua regalità.

Costruire o restaurare un castello comportava però grandi spese e tuttavia, anche quando è costretto dalla guerra permanente a far fronte a pesantissime uscite, Federico non trascura questa voce nel suo difficile bilancio. A Foggia nel 1240 ascolta preoccupato il quadro che gli fanno i funzionari di Puglia: interi edifici normanni abbandonati sono a cielo aperto, ma egli esorta a metter mano per ripararli subito senza stravaganze e andando al sodo. Così avviene a Gioia del Colle e Bari, per esempio.

Se si guarda alle date, pochi però sono nel regno i castelli voluti espressamente da Federico risalenti a prima del 1228: viene naturale chiedersi se «non solo forme e strutture dei singoli castelli ma l'idea stessa di costruirli sia sorta da quanto l'imperatore aveva visto nel regno di Gerusalemme» (Cadei 1994). L'idea non era nata allora (i suoi avi normanni avevano costruito molti castelli), ma certo si rafforzò dopo la crociata. Dobbiamo tuttavia ricordare che gli anni di relativa pace in cui Federico poté dedicarsi al suo regno siciliano furono meno di dieci, appunto quelli che vanno dal 1231 al 1239, fine definitiva della precaria concordia con il papato.

L'influenza della architettura dei castelli crociati e dell'arte degli edifici islamici sull'opera di Federico sembra oggi innegabile. Nei domini crociati il castello era l'unico rimedio possibile alla scarsità degli uomini, coloni o soldati che fossero. Bisognava allora fortificare tutto il possibile, isolare in modo imponente e sicuro nello spazio vuoto e desertico non solo le truppe e i signori, ma anche i mulini, gli edifici per immagazzinare i viveri, le scorte delle armi e le macchine militari.

Ma è anche vero che la cultura delle crociate era nota a Federico ben prima di toccare il suolo della Terrasanta; dobbiamo quindi tener presente altri aspetti: notizie, informazioni sollecitate con insistenza e ottenute con alti compensi, mastri e persino modesti tagliapietra «orientali» che vivevano nelle corti europee e più in particolare alla corte di Federico. E anche storie, poesie, leggende, disegni e *mirabilia* d'Oltremare rappresentate nei codici e ammirate nella cerchia della corte, raccontate nelle piazze, senza parlare dell'importante presenza nelle regioni costiere e nei porti del regno di Federico – a Brindisi, a Barletta, a Trani, a Messina, a Palermo e così via – di quei formidabili costruttori e intellettuali che erano gli uomini degli Ordini religiosi cavallereschi che operavano in Terrasanta.

L'interesse scientifico vero e proprio era preparato dall'attrazione istintiva e dalla curiosità dell'imperatore verso quelle forme e quegli stili: un'attitudine dove aveva grande importanza anche l'*imprinting* ricevuto nell'infanzia vissuta in Sicilia. Quei castelli Federico li aveva potuti dunque immaginare anche prima di vederli e visitarli in Terrasanta, eminenti nel paesaggio brullo e dorato e insieme quasi celati, durante i pochi intensi mesi della crociata.

Il modello più straordinario, che per fortuna ci resta intatto nella sua maestosa nudità, è quello razionale e incombente – qualcuno dice cupo e minaccioso – di Castel del Monte nell'Alta Murgia. Lo si è visto e chiamato in molti modi: il Fiore di Pietra, la Stella della Murgia, la corona di Puglia; è stato paragonato a un cristallo tagliato con precisione, a una forma simbolica ricca di significati esoterici, a un mausoleo, a un osservatorio degli astri, a una solitaria e altera residenza di caccia. Innegabile il contrasto evidente fra «l'assoluta razionalità costruttiva e concettuale dell'edificio e quella che pare l'indubbia inutilità sul piano pratico e funzionale» (Cardini 2000) di una costruzione così imponente ma isolata dal contesto delle strade della Murgia, senza scuderie, senza cucine e forse senza neppure una cappella.

Ma è l'intero castello ad apparire un luogo sacro, una scena preparata al rito. La pianta la si conosce anche prima di vederla tanto è stata celebrata, disegnata e fotografata: due quadrati concentrici, ruotati di 45 gradi l'uno sull'altro, determinano un ottagono che si ripete agli angoli del corpo centrale in otto torri ottagonali incastrate nel corpo centrale per due lati. Quindi una forma perfetta di cinquantasei facciate, tante quante – nota qualcuno con inquietudine – gli anni che Federico vivrà. All'interno sedici stanze a trapezio, otto su ogni piano, di uguale ampiezza scandiscono uno spazio nudo e geometrico e ai nostri occhi di moderni assolutamente non confortevole ma di rara bellezza.

Nelle torri vi sono tuttavia segni evidenti di abitabilità, vasche in pietra, latrine, condutture per l'acqua, e lo storico suggerisce che potevano essere stati allestiti dagli ingegneri di corte (come avverrà a Vittoria sotto le mura di Parma) edifici e strutture in legno, poi scomparsi, per i servizi, gli animali e le cucine, un *backstage* volante della vita di una piccola corte, giustamente non ospitato nel centro di pietra, sacrale e puro. Chi ideò Castel del Monte? Alcuni elementi importanti – le volte ad esempio – rimandano all'arte e allo stile delle chiese dei cistercensi, i monaci sempre vicini all'imperatore: forse furono i loro maestri costruttori a tradurre in realtà un disegno e un progetto voluto da Federico. Non lo sappiamo. Altri elementi, la decorazione policroma degli interni e i mosaici, parlano di una maestranza araba; evidente e voluta è pure l'ispirazione all'antichità classica, congeniale al titolo imperiale: tutto il complesso è la chiara manifestazione di un potere sovrano che si impone come massimo e «pieno».

L'enigma stilisticamente affascinante, un enigma più apparente che reale, è la struttura ottagonale del castello. La domanda più impropria che si può fare a questo proposito è: l'ottagono è un simbolo? La risposta è complessa.

Conviene prendere il discorso alla larga e esaminare lo statuto dell'architettura nei secoli medievali. La posizione di questa arte nel quadro del sapere scandito nell'alternativa tra arti liberali e arti meccaniche è ambivalente. Le prime sono superiori non perché, come nell'antichità, siano degne di un uomo «libero», ossia di un uomo che per vivere non ha bisogno di lavorare, ma perché, in quanto discipline dell'anima non contaminate dalla materia, «liberano» ed elevano l'uomo (Adelardo di Bath). Sono arti della mente e del linguaggio, come ad esempio la logica, oppure arti del numero, come la matematica (aritmetica, geometria, musica e astronomia). Le arti meccaniche (o adulterine) sono inferiori perché contaminate dalla materia nella quale hanno necessità di esprimersi e, per simmetria, gli uomini medievali ne contavano sette al pari delle arti liberali.

Fra le arti meccaniche, accanto alla tessitura, alla navigazione, all'agricoltura, e alla medicina ad esempio, c'è anche l'arte della costruzione che – dice Ugo di San Vittore – si «vale di opere murarie o di legno» e al pari delle arti sorelle ha come scopo la difesa dell'uomo «nato a differenza degli altri animali nudo e inerme». Questo l'aspetto duramente materiale e funzionale della architettura che però non è il solo né il principale.

Già nel canone di Vitruvio, nell'arte della costruzione la *ratiocinatio* (la prospettiva teorica e matematica) è superiore alla *fabrica* (il sapere pratico della costruzione). Ma nell'architettura medievale cristiana c'è qualcosa di più: il modello dell'artista è massimo e incondizionato nella sua volontà, è Dio, quell'«elegante architetto», secondo la definizione di Alano di Lilla, che costruisce il creato come un palazzo armonizzando la varietà delle cose secondo le leggi dei numeri da lui stesso poste nell'universo al momento della creazione, usando il compasso, come aveva detto Boezio. Nei *Proverbi* (VIII, 27) leggiamo che «la Sapienza è presente quando Dio traccia un cerchio sulla faccia dell'abisso».

La proporzione entra nell'arte della costruzione in modo forte e lampante, fin dalle origini del pensiero estetico cristiano, con Agostino («la sproporzione in un edificio offende la vista»): al pari della musica l'architettura è fondata sul numero, nonostante il differente statuto epistemologico delle due discipline (la musica è infatti un'arte liberale): musica e architettura sono «sorelle» e specchio della divina armonia. È il rapporto o proporzione geometrica fra le parti dunque a dotare le forme architettoniche di una qualità che trascende il mondo delle immagini e attribuisce all'arte della costruzione la capacità di diventare una guida intellettuale che porta l'anima dalle semplici percezioni visive alla verità divina, dalla vista degli accordi perfetti alla pura intelligenza degli stessi.

«La bellezza di una chiesa è anticipazione della bellezza celeste», scrive Sigieri di Saint-Denis. E Tommaso d'Aquino, riassumendo nitidamente una riflessione che percorse molti secoli, metterà la *proportio* accanto alla *claritas* come dimensione fondamentale della bellezza divina e di quell'opera che nasce dalla mente dell'*artifex* umano.

L'ottagono, come altre figure geometriche (il quadrato, il triangolo e i numeri quattro, tre, otto, sette, quaranta e altri), non sono simboli isolati di qualcosa di ineffabile e trascendente, comunicato in modo esoterico, ma fanno parte tutti insieme e nelle loro mutue relazioni del linguaggio dell'aritmetica e della geometria. Linguaggio più «naturale» dei diversi linguaggi umani, linguaggio permanente e profondo scritto nelle cose dal «dito di Dio» e quindi linguaggio comprensibile a tutti gli uomini. Per questo l'architettura è il libro anche di coloro che non sanno leggere.

L'ottagono è una delle parole di questo linguaggio matematico divino. Linguaggio più chiaro e insistito negli edifici religiosi, ma linguaggio presente anche nelle costruzioni civili di quei laici che come Federico possedevano un senso così alto della sacralità del loro ruolo. Anche se forse nessun sovrano come Federico aveva una idea così limpida e forte dell'origine sacra del suo potere e forse nessun castello, residenza o fortezza, lo esprimeva in un modo così affascinante e nitido come Castel del Monte.

Ottagonali erano i santi battisteri, poligoni risultanti da un cerchio e un quadrato concentrici: Gregorio di Nissa chiama l'ottagono «un cerchio con otto angoli» e afferma che la fondazione di ogni chiesa è fondazione di un nuovo cosmo. E ancora teniamo presente che l'ottagono significa il Dio-Uomo, il Cristo, proprio perché risultato dal cerchio, forma perfetta divina, e dal quadrato, forma dell'uomo, e rimanda alla resurrezione, come scriveva Ambrogio nel *Commento al Vangelo di Luca*. Per questo «il carattere intermedio dell'ottagono tra il quadrato e il cerchio si adattava anche a significare il rito del battesimo, rito iniziatico di passaggio dalla condizione dell'uomo soggetto al peccato originale a quella di uomo libero e nuovo» (Cardini 2000).

L'ottagono dunque nei suoi significati è presente come struttura dominante in non pochi edifici medievali, non tutti religiosi, ma tutti appartenenti a quel contesto culturale il cui linguaggio è comune: basiliche perdute come quella di Antiochia di cui parla Eusebio nella *Vita Costantini*, o come l'Anastasis, la basilica della Resurrezione di Gerusalemme della quale i pellegrini, di ritorno dalla Terrasanta, raccontavano meraviglie. Là a Gerusalemme sorgeva anche la splendida moschea di 'Omar, creduta dai cristiani il *Templum Domini*, dalla pianta ottagonale, che anche Federico aveva ammirato. «Nella memoria dei pellegrini la rotonda dell'Anastasis e l'ottagono della moschea di 'Omar... tendevano a fondersi» (Cardini 2000). In terra europea altri edifici ribadivano la singolare trasparenza semantica dell'ottagono – a Ravenna la cappella San Vitale, la cappella Palatina ad Aquisgrana – e poi altri disseminati nell'Europa cristiana, a Pisa, a Roma, a Northampton, a Tomar, a Cambridge, a Brindisi... Il linguaggio era quello comune che affondava le sue radici nella cultura precristiana, era passato attraverso l'arte bizantina ed era stato comunicato in questo modo all'Islam e al cristianesimo occidentale: l'ottagono era una forma geometrica privilegiata – ma significativa al pari di altre figure costruite secondo le regole delle proporzioni – all'interno del discorso «naturale» (antico e cristiano) della matematica, scienza di ciò che appartiene al mondo soprasensibile.

Fuori dall'ambito strettamente religioso istituzionale, ma all'interno della stessa semantica sacrale, ecco altre tracce dell'otta-

Il regno di Sicilia.

gono: la corona imperiale del X secolo, la Reichskrone, conservata oggi a Vienna, formata da otto placche d'oro ornate di gemme; il lampadario in rame dorato dono del Barbarossa alla cappella Palatina, simile a una cinta di mura scandita da otto torri, quasi un modello di Castel del Monte; le torri cilindriche all'esterno e ottagonali all'interno di Castel Ursino a Catania; la torre ottagonale del castello di Cosenza; i prismi ottagonali dei basamenti e della parte inferiore delle due torri circolari della porta trionfale di Capua iniziata quando Federico non era ancora assillato dalla ribellione del figlio Enrico e dagli enormi problemi economici che si faranno pressanti qualche anno dopo. Qui, come a Castel del Monte, si intrecciavano al motivo dell'ottagono i riferimenti all'antichità imperiale, come il busto – di cui oggi, dopo le distruzioni settecentesche, ci resta solo un povero calco in gesso – dell'imperatore seduto e paludato come i suoi «antenati» romani. Sulla porta di Capua i segni di uno stile di restaurazione classica nella struttura romanico-gotica sono più evidenti che altrove, ma ricordiamo che elementi di un linguaggio che si rifaceva volutamente alla *romanitas* imperiale non erano mai stati assenti nella terra dominata dai normanni: i leoni della cattedrale di Trani sono soltanto uno degli esempi.

Castel del Monte, che per alcuni storici moderni è diventato irresistibilmente l'immagine di un sogno disegnato da una sapienza esoterica, fatalmente destinato a rappresentare un enigma o l'*involucrum* di una verità altissima, doveva essere per Federico un *castrum*, come lo stesso imperatore scrive nel gennaio del 1240 al giustiziere di Capitanata, Riccardo da Montefuscolo: «Vogliamo che per quanto riguarda il *castrum* che intendiamo costruire presso Santa Maria del Monte, sia fatto da te immediatamente l'*actractum*, anche se non è nella tua giurisdizione, e ti incarichiamo di prepararlo senza indugio con calce, pietre e ogni altro materiale adatto».

È una lettera che contiene due termini interessanti: uno dei due almeno è problematico, quell'*actractum*. È il basamento che prepara il terreno o il terrazzo di copertura? Nel 1240 – questo è certo – Federico aveva già dato precisi ordini a proposito dei lavori, forse già avanzati: l'edificio doveva essere un *castrum*, non una *domus*, residenza, non un *solacium*, dimora di riposo e svago. Il *castrum* aveva caratteristiche di sede politica e anche militare.

Impossibile dire se Federico ci abbia abitato. Possiamo solo immaginare che l'imperatore abbia cavalcato a caccia nella boscaglia che doveva estendersi sotto le mura o che in quelle sale abbia scritto pagine del suo *De arte venandi cum avibus*.

Tristemente sicuro è invece che, dopo la morte dell'imperatore, Castel del Monte divenne un carcere, anche se non dotato di vere celle: il figlio di Federico II, il biondo e gentile Manfredi, vi fece rinchiudere due funzionari ribelli, poi accecati e uccisi sul posto.

Molti anni dopo nel Castel del Monte Carlo d'Angiò imprigionò i figli dello stesso Manfredi. E probabilmente non fu un caso.

III.

FORTUNA

LA LEGGE E IL SOVRANO

Quella di Federico II, di Innocenzo III, di Filippo Augusto e dei comuni è una età «dominata da una dimensione rinnovata del diritto» (Quaglioni 1995) e non solo: lo studio delle leggi e l'analisi del linguaggio giuridico, la costruzione di una terminologia scientifica concorrono a formare uno dei modelli teorici prevalenti nel campo sempre più allargato e complesso dei saperi del tempo. L'*utrumque ius* più che una teoria bipolare tipica del clima di contesa e opposizione, allude piuttosto a una *concordantia* di elementi geneticamenti diversi e tuttavia ritrovabili nello stesso codice di Giustiniano, nelle fonti vive e molteplici del diritto contemporaneo e anche nelle norme emananti dai due sommi poteri, il *sacerdotium* e l'*imperium*.

Questa è l'età – ricordiamolo – dei «maestri della glossa», che in massima parte si erano formati a Bologna: molti di loro guardano al *Corpus* delle leggi di Giustiniano come a un documento perenne, recuperato dopo oltre cinque secoli, dal quale si promettevano di far scaturire la nuova scienza giuridica. Sono Azzone, Accursio, Odofredo, ma anche i meridionali Carlo di Tocco, Roffredo Beneventano e Benedetto d'Isernia. Non solo dunque maestri bolognesi, d'origine o di scuola: del resto l'Italia era disseminata di centri di studio del diritto, a Modena, a Cremona, a Vicenza, ad Arezzo, a Padova, a Vercelli e a Roma, ad esempio. E, naturalmente, c'erano i maestri illustri dell'università di Federico II a Napoli.

Le ricerche hanno messo in luce l'esistenza di due filoni di pensiero all'interno delle scuole di diritto fiorenti proprio fra l'ultimo decennio del secolo XII e i primi vent'anni del XIII: alcuni maestri giudicavano che il loro compito dovesse essere concentrato sullo sforzo di intendere il senso totale del *Corpus*, ricostruendone l'architettura anche attraverso lo strumento della logica, *disciplina disciplinarum*, in un *interplay* fertile per entrambi i saperi. L'altra corrente della dottrina giuridica era attenta anche al diritto feudale, che faceva parte della vita collettiva con un peso oramai difficile da ignorare e presentava le *quaestiones de facto emergentes*, i quesiti nati da situazioni di fatto (Bellomo 1993).

Un punto, tuttavia, non è mai messo in discussione nei dibattiti, nelle controversie e anche nelle più concrete e dure opposizioni: il principio della sacralità dell'origine del potere sancita dal testo paolino, *omnis potestas est a Deo*; esso costituisce la garanzia della stabilità della legge senza la quale qualsiasi contrasto e persino qualsiasi mutamento diverrebbero impossibili. Le leggi variano dunque all'interno della legge, meglio della Legge, che già Giovanni di Salisbury nel suo *Policraticus* – testo di grande interesse perché precedente alla riscoperta dell'Aristotele politico in Occidente e quindi quasi immune dalla sua influenza – indica come il massimo quadro normativo delle istituzioni.

Nel testo di Giovanni sono contenute affermazioni apparentemente contrastanti ma in realtà dinamicamente connesse e significative di una nuova vitalità della riflessione politico-giuridica. «L'autorità del principe dipende dall'autorità delle leggi e il sottomettere il suo governo a queste è cosa più alta del semplice comando. Egli è libero di agire in tutto ciò che non contrasta la equità della giustizia». Si precisano quindi due poli non in opposizione, ma agenti in un rapporto dialettico: il sovrano è la Legge. È vero tuttavia che il principe è *legibus solutus*. Che significa questa espressione nel contesto dell'analisi dell'autore? Osserva il Kantorowicz (1988) leggendo Giovanni di Salisbury che «il principe non è un essere umano nel vero senso della parola... Egli è la perfezione (o legge *animata*) e in un senso giuridico nuovo è la stessa idea della giustizia vincolata alla legge da considerarsi il fine stesso della legge. Il sovrano – scrive Giovanni – è l'immagine della divinità».

Il sovrano ha acquistato dunque una definizione precisa e teorica al di là delle analisi di etica collettiva caratteristiche dei secoli altomedievali, una dimensione di potere che non tiene conto della biografia, delle qualità del principe e neppure delle situazioni nelle quali governa, ma che lo colloca come un modello teorico alla pari delle grandi idee politiche che si svilupperanno nei tempi moderni. La legge non solo non è legata alla volontà politica del principe, o peggio al suo capriccio, ma neppure emana dalla sua figura.

Molte di queste idee sono presenti nell'immagine che Federico di Svevia offre e vuole offrire con forza ai suoi sudditi e ai grandi dell'Europa, alleati e avversari.

La più alta rappresentazione del potere sovrano unita a una serie di importanti informazioni sull'esercizio del potere nel regno di Sicilia, realtà splendida e amata e insieme laboratorio per le idee imperiali, è contenuta nel testo delle *Costituzioni melfitane* alle quali lo stesso imperatore dà significativamente il titolo di *Liber augustalis*. Il nome di Cesare Augusto infatti, oltre che esplicita rivendicazione della qualità del titolo imperiale, richiama i grandi personaggi storici del passato: Giulio Cesare, uno dei riferimenti del testo anche se non il principale, Ottaviano Augusto e l'imperatore Giustiniano. L'*incipit* recita con orgoglio: *Federico secondo imperatore per sempre Cesare Augusto dei Romani sovrano d'Italia di Sicilia e di Gerusalemme felice vincitore e trionfatore*.

Le leggi di Federico promulgate a Melfi presentano due aspetti divergenti che giustificano le letture opposte – a mio parere entrambe fondate e entrambe parziali – fatte da alcuni studiosi: lo straordinario documento è bifronte e se da un lato, soprattutto nel proemio, offre una rappresentazione chiara del pensiero politico-giuridico di Federico e degli intellettuali della sua corte (Pier delle Vigne davanti agli altri), dall'altro è indubbiamente il seguito del programma giuridico avviato dagli Altavilla per il governo di un regno concreto, la Sicilia, che rispetto ai regni dell'Europa aveva problemi assai caratteristici. All'interno delle duecento norme che tengono conto non solo dei codici romani, ma anche delle fonti canoniche, feudali e di alcune «consuetudini» radicate nel costume germanico e italico, non è sempre facile leggere un progetto unitario e «alto». Ma questo non può essere ridotto d'altra parte a «un pio desiderio», a una immaginazione troppo simpatetica, a un tipico *wishful thinking* degli storici (come sostiene David Abulafia 1992), anche se è vero che l'attenzione dell'imperatore alla contingenza di quella situazione, alla concretezza dei diversi problemi affrontati è innegabile e quantitativamente preponderante. E come poteva essere altrimenti da parte di un sovrano che era sì «filosofo», ma innanzitutto re al massimo grado e di quel regno?

C'è dunque un profilo nitido nel disegno del *Liber augustalis*? Qual è? Ricordiamo che Federico legifera da imperatore e il suo progetto, pur indirizzato a un regno singolo («la più preziosa eredità della nostra maestà»), è imbevuto di idee alte e «magnanime» nel senso medievale del termine.

Fermiamoci su alcune dichiarazioni che rientrano per certi aspetti nel quadro del pensiero politico medievale, con un risalto tuttavia particolare: sono infatti scritte da un sovrano nell'esercizio delle sue funzioni. Quell'umanità che i teologi e i filosofi dell'epoca dichiaravano *lapsa*, ossia l'umanità un tempo edenica ma oramai depotenziata dal peccato originale nella volontà e nell'intelletto e incline di conseguenza – per la debolezza impressa dal bisogno – alla competizione e alla violenza, è formata da popoli che hanno necessità del governo di un principe: «i sovrani sono stati creati dalla necessità delle cose e dalla provvidenza divina». Federico è *imago Dei*:

> la macchina del mondo [la terminologia è stoica] ricevette forma dalla provvidenza divina che impresse nella materia primordiale le immagini prime delle cose al fine di attuare l'ottima natura originale. Colui che tutto aveva previsto stabilì di mettere a capo di tutte le creature al di sotto del cielo della luna la più degna, l'uomo, formato a Sua immagine e somiglianza, elevato a un grado appena inferiore allo stato di un angelo... incoronandolo con un diadema d'onore e di gloria.

L'imperatore realizza con pienezza e rappresenta l'immagine di questo glorioso signore del mondo, *imago Dei* ma anche recupero dell'immagine esemplare di Adamo. Se Innocenzo III era risalito a Melchisedec per l'idea del suo regno sacerdotale, Federico si rifà al primo uomo e al suo dominio sul mondo.

Si tratta di una restaurazione che si attua attraverso la giustizia, idea al centro sia del cosmo medievale nelle sue proporzioni naturali, sia delle relazioni che compongono l'ordine etico e politico: la giustizia non è soltanto la prima delle funzioni del sovrano, ma appartiene alla sua stessa ragion d'essere o essenza definitoria. Se si vuole è un *proprium* della sua persona intesa come *corpus* politico.

Il regno stesso è in funzione della giustizia che ristabilisce l'ordine del mondo infranto dalla Caduta e realizza la legge naturale divina (fonte della giustizia è Dio, aveva scritto Agostino), un pensiero questo rovesciato rispetto alla prospettiva moderna per cui la giustizia è in funzione dello stato.

L'ambivalenza, che non è equivocità ma principio consapevole della teoria teologico-politica, è palese nella dichiarazione introduttiva di Federico («Della giustizia Cesare è padre e figlio, Signore e servo»), seguita dall'invocazione della presenza divina sull'impegno che avverte non solo importante ma pesantemente immane. Federico era *pater legis* e la giustizia *mater iuris*: alla base sta questa concentrazione di metafore che genera il paradosso di un sovrano *maior et minor se ipso*, mediatore della giustizia. Sono espressioni che hanno un precedente nel linguaggio ecclesiastico, dove il vescovo è definito *filius et pater ecclesiae*, o liturgico, dove la Vergine Maria si dichiara «madre e figlia di suo figlio».

«L'imperiale teologia del governo – nota il Kantorowicz (1988) – non dipendeva però più dall'idea di una regalità cristocentrica... ma dal diritto romano e la sua funzione duale discendeva dalla *lex regia*, a cui i Quiriti si rifacevano per conferire al principe l'*imperium*». Che il quadro di riferimento sia questo può confermarlo un passo di una lettera dello stesso Federico al senato romano: «Ci riconosciamo obbligati in base al diritto civile sebbene la nostra maestà imperiale sia libera da qualsiasi legge e tuttavia non posta al di sopra della ragione madre di ogni diritto». Il principe dunque è *legibus solutus* ma contemporaneamente *ratione alligatus*. Ma da chi dipende la lettura e l'interpretazione della ragione? Già sotto Federico II la ragione scenderà di qualche gradino e farà nella concretezza della prassi di governo alcuni passi verso la trasformazione in strumento di governo (*ratio regis et patriae*), conservando però nella teologia politica imperiale la statura di una dea e il ruolo di manifestazione della Natura.

Attraverso la doppia funzione del principe – scrive Federico – «noi vogliamo restituire al Dio vivente raddoppiate le monete che ci ha affidato e offriamo con il culto della giustizia e l'istituzione del diritto la nostra voce a Gesù Cristo al quale dobbiamo tutto ciò che è venuto in nostro possesso». Il diritto come linguaggio della ragione oltre che sacra restaurazione di uno stato di pace edenica.

Altrettanto significativa e solenne la conclusione, sempre di alto tono teorico:

La nostra comunità accetterà in lode e gloria di nostro Signore l'opera iniziata con la speranza del favore divino e condotta a termine sulla scorta della Sua grazia. Essa porta l'iscrizione del nome di Augusto perché vuol essere omaggio all'eccellenza della sua dignità regale. Grati dunque accogliete o popoli queste leggi e valetevene all'interno e al di fuori dei tribunali... Dalla vittoria del nuovo re fluirà nuova giustizia.

Colpisce, come in altri grandi del suo tempo (Tommaso d'Aquino per esempio), la frequenza e la pregnanza del termine «nuovo». Ci può essere qualcosa di nuovo all'interno di un sapere e una virtù per definizione eterna e immutabile come la giustizia? Antica è la dura necessità in cui versa l'umanità e antichi sono i suoi mali dopo la Caduta, nuova deve essere la risposta del sovrano che guarda anche al mutare delle cose nei tempi:

Nulla togliamo alla dignità dei precedenti sovrani se secondo le caratteristiche dei nuovi tempi generiamo dal nostro seno nuovi diritti e per nuovi mali provvediamo a nuove medicine. La necessità del ministero esige infatti che l'augusta autorità imperiale trovi con il mutare delle cose – quando sembra chiaro che gli antichi diritti degli uomini non bastano più a sradicare i vizi e a promuovere le virtù – ogni giorno nuovi consigli, premiando la virtù e sconfiggendo il vizio sotto il martello costante delle pene.

Il carattere eclettico delle norme melfitane è stato notato e qualche volta in senso negativo, ma è un eclettismo che rispecchia in concreto la molteplice realtà siciliana, dove i sudditi normanni (o «franchi») si mescolano ai tedeschi, agli arabi e agli ebrei, una società composita per etnia e tradizione, che contribuisce a ispirare al legislatore un'attenzione particolare a un principio che a noi moderni sembra così scontato, ma tale allora non era: l'eguaglianza dei diversi sudditi davanti alla legge.

Desideriamo porre termine a una ambiguità o meglio a negazione della legge [*iniuria*] propria dei Franchi nelle cause civili e penali. Vogliamo che i nostri sudditi sappiano che noi pesiamo sulla bilancia il diritto di ciascuno alla giustizia e che stabiliamo che nessuna distinzione deve essere fatta tra le persone nei tribunali... siano esse franche o longobarde o romane.

Anche i saraceni e gli ebrei sono pari di fronte alla legge: «non vogliamo che essi se innocenti vengano perseguitati perché appunto sono ebrei o saraceni», dichiara Federico, che rileva come «le vessazioni dei cristiani contro di loro siano state finora enormi». La compattezza giuridica del regno ha la predominanza sulle differenze (per esempio le *nationes* o la religione dei sudditi).

Sulla stessa linea, l'altra novità presente nelle *Melfitane*: l'iniziativa dell'offeso divenuto querelante non è più indispensabile nel promuovere il procedimento contro il colpevole nei delitti capitali. Questo punto, dopo secoli di giurisprudenza in cui l'accusa era il primo passo necessario a metter in moto il corso della giustizia riparatrice, è davvero notevole. Ecco un elemento sufficiente – scrive un glossatore – per affermare che «questa legge contiene un nuovo diritto» e non è detto che ciò che appare ai nostri occhi un positivo segno di un'autonomia del diritto dello stato o *regnum* non sembrasse all'opposto ai contemporanei di Federico un atto di tirannide. Tiranno in questa prospettiva tradizionale doveva infatti apparire il principe che agiva di sua iniziativa, o meglio in forza della legge del *regnum*, senza attendere la querela dell'offeso. Anche qui le cose sono più complicate di quel che potrebbero apparire a prima vista. Va ricordato che il precedente teorico stava nella giurisdizione ecclesiastica: era stato infatti Innocenzo III ad introdurre nella disciplina giuridica l'inquisizione rivolta a punire ogni offesa alla religione, come era esemplarmente l'eresia perseguita anche in assenza di querelanti.

«Gli eretici vogliono lacerare le vesti divine»: essere contro l'identità cristiana nelle forme riconosciute dalla istituzione è essere non solo contro Dio ma contro l'umanità. A giudizio dei sovrani (non solo di Federico II) l'eretico, cataro, patarino o altro, è dunque un ribelle sociale e va perseguito se persiste nell'errore fino alla pena capitale. Agli occhi di Federico, che pure ammette e riconosce la molteplicità delle fedi nel suo regno siciliano abitato anche da ebrei e musulmani, il cristiano che non si sottomette al credo romano e dissente è un traditore dell'ordine divino che il sovrano impersona nel suo regno: implicitamente l'eretico è qualcuno che potrebbe minare con il suo dissenso l'autorità del re che è tale *gratia Dei*. Federico infatti contro gli eretici agisce non come il braccio secolare attivato su richiesta del pontefice, ma in modo autonomo, perché la sua come quella del papa è una *plena potestas* che non necessita di alcun mandato. Questo è senz'altro uno fra i tratti più espliciti e forti del *corpus* melfitano.

La giustizia di Federico è amministrata dai suoi ufficiali e opporsi a loro è considerato un «sacrilegio», segno evidente di una linea teorica forte che dalla fonte divina del potere si propaga ai funzionari passando per il mandato sovrano. La figura normanna del giustiziere – del quale si sottolinea nel testo la parentela con l'idea e la parola giustizia – è conservata nelle leggi di Federico e sembra naturale che l'imperatore pensasse per questa carica, alla quale affidava la vitalità, la funzionalità e la compattezza del suo regno, a coloro che, legati a lui per formazione culturale e interessi, uscivano dalla università fondata a Napoli.

Non avvenne così e fra le cause dell'insuccesso ricordiamo che allo *Studium* napoletano la vita accademica non fu mai molto intensa e vivace: i giustizieri continuarono a uscire in massima parte dalle grandi famiglie che verosimilmente avevano più a cuore i loro interessi che quelli della corona.

Ma il disegno di Federico rimane comunque importante: era la compattezza del corpo del regno ad assicurare la piena fiducia del sovrano e a garantire il fluire della sua autorità dal capo nelle varie membra.

Nel *Decameron* (Novella X dell'VIII giorno) Boccaccio descrive le procedure vigenti alla dogana (il termine deriva dall'arabo *divan*) del porto di Palermo, modello nel regno siciliano della organizzazione fiscale sul commercio marittimo: i mercanti scaricano le loro merci nel fondaco nel quale sta la dogana «tenuta dal signore di quella terra», dove sono registrati i beni depositati che qui vengono conservati in sicurezza. Una percentuale stabilita per legge sul loro valore sarà versata come tassa ai doganieri. Nel quadro del Boccaccio non mancano cenni alla corruzione (ladri, ricattatori e prostitute si aggirano nel porto giorno e notte) che nasce in questo vivace mondo di affari, ma è indubbio che le misure prese da Federico per rimpinguare il fisco attingendo dalla attività dei porti del regno erano state studiate con saggezza. In ogni città della costa e nei centri di confine erano stabiliti i fondaci statali così che chiunque voleva introdurre nel regno merci era obbligato a depositarle in questi magazzini sotto la sorveglianza dei funzionari pagando le tariffe stabilite.

Le guerre al Nord, il pellegrinaggio armato in Terrasanta e la stessa grande estensione dei domini di Federico, prosciugavano le casse del sovrano che mirava, come del resto facevano tutti i re dell'epoca, non a una crescita globale ma a realizzare il massimo profitto dalle attività agricole e di commercio.

A Bisanzio, in Europa e nella stessa Sicilia degli avi normanni si applicava il monopolio al sale, al ferro, alla canapa e alla pece – utili ai bisogni della flotta imperiale – e ad altri prodotti del territorio, come la tintura per i tessuti di seta. Il sale, prodotto prima anche dai proprietari privati delle saline, dal 1231 passò al regno e il prezzo fu unico su tutto il territorio. Il consumo di sale che portava ricchezza alla corona era connesso con la cura del bestiame che macellato e trattato veniva venduto anche fuori dal regno. Altra merce pregiata erano i cavalli, soprattutto quelli addestrati alla battaglia e destinati alle truppe imperiali.

L'industria della seta era stata introdotta in Sicilia da re Ruggero che aveva portato a Palermo da Tebe e Corinto setaioli fatti prigionieri durante una spedizione militare: in breve tempo la seta delle manifatture di Palermo acquistò grande fama in Europa. La coltivazione della canna da zucchero, praticata da molto tempo nel Vicino Oriente, era condotta con tecnologie migliori e più alta produttività che nel regno di Federico, il quale chiese a Riccardo Filangeri, suo rappresentante a Gerusalemme, di inviargli due specialisti per migliorare la coltivazione declinata dopo l'espulsione degli arabi che l'avevano introdotta nell'isola.

Assistiamo insomma con meraviglia – non potrebbe essere altrimenti – Federico occuparsi in quei pochi anni di pace non solo a un progetto su larga scala come è quello della legislazione, ma anche a diverse e molteplici attività e opportunità per il regno siciliano. È logico pensare che l'imperatore disponesse realmente di una ottima *équipe* di funzionari dalle varie competenze, il che non toglie merito al suo attivismo e all'intelligenza del progetto generale.

Un altro esempio: nelle *Costituzioni* di Melfi il legislatore dichiarava che le miniere erano un dono di Dio alla terra del regno e pertanto lo sfruttamento doveva essere riservato al solo ministro divino, il re. Dichiarazione certo che giovava all'interesse del sovrano, ma che dimostra anche una chiara consapevolezza che tale ricchezza non era illimitata.

Federico nei pochi anni dedicati alle cure intense del regno prestò grande attenzione al commercio e ai mercanti. Quelli genovesi, sebbene delusi da Federico nelle loro speranze, conservarono interesse per i mercati siciliani dove avevano investito somme ingenti. Ma erano soprattutto i veneziani ad essere guardati con attenzione dal sovrano, che li voleva esportatori «di quelle cose che hanno la loro origine nel regno» e decretava che chiunque facesse affari con loro era esente dal pagamento della tassa al sovrano. L'intesa tuttavia durò soltanto fino al 1245, quando i veneziani passarono dalla parte del papa e cercarono di impadronirsi dei porti pugliesi.

Fra le «cose generate dalla terra siciliana» c'era il grano e Federico non era solo il re ma anche il massimo proprietario in questo settore: oltre alle terre della corona amministrate direttamente, molte masserie gestite dai monaci cistercensi erano controllate dai funzionari imperiali. Il largo raggio dello sguardo di Federico, pari alla ampiezza dei suoi domini, si spingeva anche ai mercanti provenzali, che furono gratificati di privilegi, e naturalmente ai pisani, che avevano avuto un trattamento di favore in Terrasanta al tempo della crociata ed erano da sempre alleati dell'imperatore. Eppure la politica commerciale dello Svevo non è sembrata ad alcuni storici, a paragone con quella degli altri sovrani europei e anche dei suoi avi normanni, così vivace, lungimirante e flessibile: i vantaggi elargiti da Federico ai mercanti sembrano dettati dalle circostanze, discontinui e forse anche poco accorti. I re europei dell'epoca mostravano ben altro atteggiamento nei confronti dei mercanti del Nord che avevano ricchezze liquide e promettevano alleanze interessanti.

Anche se nelle intenzioni di Federico una rete di sapiente attenzione economica doveva avvolgere i suoi domini meridionali dando compattezza e progettualità al regno, i suoi rapporti bellicosi e comunque difficili o conflittuali con il Nord gli imponevano un percorso meno lineare e troppo condizionato dall'idea politica dell'altezza incomparabile del suo dominio.

Segni preoccupanti si cominciarono a scorgere ben presto nel quadro generale dell'economia del regno: la popolazione, e con essa le braccia lavorative, che aumentava nell'Italia settentrionale e in tutta Europa, era invece diminuita nei domini di Federico, che doveva esortare e premiare i contadini che allevavano il bestiame o seminavano grano in Puglia come in Sicilia per battere i produttori concorrenti. L'Africa settentrionale fu costretta ad acquistare da Federico il grano delle sue terre pagandolo in oro sahariano.

A coronare gli interventi nella legislazione e nella cura del regno in quegli anni di relativa pace o meglio di sospensione del conflitto fino ad allora permanente, Federico nel 1232 creò la sua moneta d'oro puro (20,5 carati) che pesava 5,28 grammi, chiamata augustale, che lo rappresentava secondo il classico modello romano celebrandolo come Cesare al compimento vittorioso di una grande impresa guerresca. Immagine e scrittura, circolando sulla moneta, avrebbero rafforzato la popolarità di Federico che forse a questo scopo nel 1248 concede alla città di Tortona il diritto di battere la moneta augustale. La novità era stata preparata da un accumulo di lingotti d'oro pagati a cominciare dagli anni Venti dai sultani tunisini, dai veneziani e da altri mercanti, e immagazzinati nella tesoreria della corona. L'augustale, seguito dal genovino, fu la prima moneta aurea della penisola italiana, una emissione prestigiosa che continuò anche dopo la morte di Federico per opera di altri re. Recava sul retto l'immagine dell'imperatore rappresentato in modo classico alla romana e sul verso l'aquila con la testa di lato e le ali spiegate. Era l'uccello imperiale simbolo caro agli svevi, ma ben lontano dall'essere simbolo anticristiano: Dante lo chiama «santo segno».

La scritta «Cesare Augusto Imperatore dei Romani» dimostrava con chiarezza ancora una volta quale fosse il titolo preferito da Federico anche quando agiva come sovrano di Sicilia.

IL TRADIMENTO DEL FIGLIO

All'inizio del 1234 al convegno di Boppard l'atteggiamento del re dei Romani, Enrico, figlio primogenito di Federico II, assume la precisa fisionomia di una ribellione contro il padre.

Ma fin dal 1230, anno della riappacificazione di Federico con il pontefice Gregorio IX, era palese che la situazione in Germania e in Italia richiedeva dopo dieci anni di assenza l'attenzione e la cura dell'imperatore e anche urgentemente. L'uomo che aveva rappresentato per cinque anni Federico nelle terre dell'impero era stato l'arcivescovo di Colonia Engelberto: l'alleanza con i signori ecclesiastici, più di una volta forte sostegno degli imperatori nei periodi critici, si era mostrata più importante e opportuna di quella con i principi laici e con le città nel rinsaldare il clima di fedeltà verso un sovrano sovente lontano per anni.

Non abbiamo una precisa idea di quanto Federico abbia seguito le vicende, gli interessi e i contrasti che si sviluppavano al Nord negli anni di assenza. Nel 1225, dopo l'assassinio del vescovo Engelberto, l'imperatore aveva lasciato passare alcuni mesi prima di nominare reggente Ludovico conte di Baviera, ma nel contempo aveva rafforzato i legami con la nobiltà laica dando in sposa a Enrico Margherita, figlia del duca d'Austria. Molto presto Enrico entra in conflitto con il suocero e anche con il duca di Baviera, varcando i confini del dominio di Ludovico. Federico è lontano, in Oriente, impegnato in quella crociata tutta sua e premuto dalla ostilità tenace del pontefice: a Enrico re dei Romani – allora poco più che ventenne – pare quello il momento opportuno per mostrare con energia la sua autonomia dal padre.

Nel biennio 1228-1229 l'attivismo del re dei Romani diventa anche troppo energico risultando infine controproducente e l'isolamento di Enrico diviene sempre più evidente: la nobiltà e anche molti principi ecclesiastici allontanati dalla sala del potere sono sostituiti in parte dai *ministeriales* degli svevi trasformati in consiglieri.

Tutto ciò era in contrasto con l'orientamento impresso da Federico II alla politica tedesca anni prima. Enrico, costretto dal suo crescente isolamento, nel 1231 a Worms acconsente alle richieste dei principi che rivendicano la signoria sulle città: la *Constitutio in favorem principum* restaura i privilegi dei signori e soffoca il progetto delle *libertates* comunali in analogia alle *Costituzioni melfitane* promulgate nel regno di Sicilia. La situazione tuttavia nei due domini dell'imperatore era strutturalmente diversa: in Germania i grandi feudatari mantenevano anche il privilegio di battere moneta, in Sicilia il solo sovrano *plenissimus* ne aveva la potestà. E questo è solo un esempio.

Ma l'imperatore in quell'anno vuole la pacificazione e non vede – di fatto non potrebbe forse ancora vedere chiaramente – nel comportamento del figlio Enrico un'opposizione decisa al suo potere: la dieta convocata a Ravenna sembra avere per scopo il chiarimento delle difficoltà da affrontare e la pace. Temendo l'arrivo delle forze tedesche e sospettando che il disegno imperiale sia punitivo nei loro confronti, i lombardi bloccano i valichi alpini: in risposta Federico decreta il bando imperiale a Milano e ai suoi sostenitori, ma fa un passo in favore di Enrico – che forse per paura del padre o forse perché oggettivamente impedito dal blocco lombardo non raggiunge Ravenna – e rimanda la dieta alla primavera spostandola ad Aquileia, una sede più facilmente raggiungibile dal Nord.

E ad Aquileia in primavera il padre rimprovera al figlio – così sembra dal testo del giuramento che Enrico presterà – la concreta usurpazione dei suoi poteri e lo sperpero di quei diritti che il re dei Romani, trascurando l'interesse generale dell'impero, aveva trasferito ai suoi seguaci *ministeriales*. Con la dichiarazione resa da Enrico al padre si chiude per il momento il contrasto, ma è difficile immaginare che il figlio, messo da parte e ridotto in sostanza a semplice esecutore della linea politica del solo imperatore, possa non covare rancori.

Da qui ha inizio la tragedia.

Nel convegno di Boppard due anni dopo, nel 1234, Enrico raccoglie intorno a sé i *ministeriales* e i sudditi privilegiati dalle sue concessioni, insieme ad alcuni vescovi, quelli di Augusta, Worms e Würzburg e all'abate di Fulda. Il malcontento verso Enrico cresce invece fra gli appartenenti all'alta nobiltà, come il principe Ottone di Baviera.

Qual era allora l'atteggiamento del pontefice, lontano ma non troppo, indebolito ma non troppo dal suo esilio da Roma, conseguenza questo del vano tentativo di eccitare i cittadini dell'Urbe contro Federico? Sembra che Gregorio IX, saggiamente, non abbia voluto contribuire in quei momenti ad aumentare le difficoltà dell'imperatore, preso com'era anche lui da altri problemi, come la diffusione delle eresie in Lombardia e in Germania. L'armistizio fra papa e imperatore sembrava dunque tenere ancora, ma sulla scena politica l'altro personaggio, Enrico re dei Romani, poteva complicare il rapporto fra i due.

E appunto al di là delle Alpi la lotta contro l'eresia – che per noi moderni rappresenta il dissenso, per il pontefice Gregorio IX brutalmente l'«errore da estirpare» – viene condotta con accanimento dall'inquisitore domenicano Corrado di Marburgo, che aumenta la pressione arrivando a dichiarare eretici e a condannare al rogo dopo una semplice denunzia e senza prove molti borghesi delle città renane e poi addirittura alcuni nobili, usurpando i compiti dei vescovi. D'accordo con i principi tedeschi Enrico decide di fermare la furia del domenicano e invia una lettera di protesta a Gregorio IX. La lettera arriva al pontefice, che furente la strappa, contemporaneamente alla notizia dell'assassinio di Corrado di Marburgo: il momento diventa quindi per Federico difficilissimo da affrontare. Ma non impossibile, e un errore del giovane Enrico spiana la strada all'imperatore.

Sul finire del 1234 l'incauto re dei Romani si allea con i comuni della Lega Lombarda, nemici da sempre dell'imperatore. Federico, appresa la notizia, coglie l'occasione – si poteva non pensarlo? – e presenta al pontefice, allora a Rieti, la domanda di scomunica contro Enrico. Da quel momento Federico per Enrico è l'imperatore e non più il padre.

Gregorio IX acconsente forse troppo in fretta, cadendo in quella che è quasi una trappola: scomunicando Enrico, il papa diventa infatti nemico dell'alleanza lombarda. L'imperatore, ottenuta la scomunica del primogenito, parte per la Germania insieme al figlio Corrado di sette anni, senza un vero esercito ma con un seguito pittoresco e sfolgorante, animali esotici, carri pieni d'oro e di seta, vassalli in ricche vesti, cavalli bianchi e maestosi o neri e scattanti, deciso ad annientare la rivolta. Ermanno di Salza, Gran Maestro dell'Ordine teutonico, persuade Enrico alla resa e la notizia del prossimo arrivo di Federico fa il resto risolvendo prepotentemente la questione.

Federico, nel 1235, è un personaggio di grande fama, è colui che è andato in Oriente a prendersi Gerusalemme dove è stato incoronato, è il sovrano pieno e potente del suo regno solare e lontano, e in più abilissimo ed efficace nel rappresentare al mondo la sua eccezionalità. Del suo arrivo i cronisti tedeschi scrivono un resoconto strepitoso: Federico avanza con un seguito scintillante di carri dorati e di dignitari vestiti di porpora e porta con sé leopardi, cammelli, scimmie tenute al guinzaglio da servitori dalla pelle nera. Ancora una volta, e con più sfarzo di quarant'anni prima quando suo padre Enrico VI ritornava in Germania dal regno degli Altavilla, l'imperatore rappresenta con evidenza ai suoi sudditi oltralpe lo splendore delle terre del Sud immaginato a lungo, raccontato dai pellegrini che erano stati nel regno di Sicilia e in Oriente e dai soldati che erano tornati dalla solare Palermo...

Il figlio si getta a terra davanti al cavallo bianco dell'imperatore che entra nel castello di Wimpfen, ma Federico senza parlargli e senza guardarlo lo fa allontanare. Enrico lo segue, ma è già serrato nel ruolo di prigioniero, fino a Worms: lì è gettato in prigione dove canta, da vero figlio di Federico, e piange. Il giudizio si tiene dopo pochi giorni: solo su Enrico si abbatte la vendetta dell'imperatore che, mostrandosi invece generoso con i partigiani del ribelle, non inasprisce i dissidi interni alle differenti forze tedesche. Inviato in Puglia, Enrico resta in carcere sei anni, poi durante un trasferimento da una prigione all'altra, temendo il peggio o forse semplicemente stanco di vivere e senza più speranze, si butta con il suo cavallo da una rupe uccidendosi.

Federico vuole che da morto con splendida evidenza Enrico ridiventi suo figlio e davanti al popolo il re di Roma: vestito di abiti d'oro e d'argento ricamati con aquile imperiali, Enrico è sepolto con austera ma alta solennità nel duomo di Cosenza. Il funerale viene celebrato in presenza dell'imperatore.

Nella lettera ai nobili siciliani Federico annuncia senza entrare nei particolari l'avvenuta morte del figlio e scrive sobriamente che «la morte del primogenito infligge un dolore nel cuore del padre superiore all'austera condanna inflittagli» aggiungendo che «le lacrime che nascono dal profondo del suo animo» sono temperate solo dal ricordo dei torti inflitti all'impero da Enrico e quindi dalla necessità della giustizia che l'imperatore ha dovuto esercitare anche verso il suo amato figlio. Ancora ritorna nelle sue parole il richiamo politico a due grandi tradizioni del passato, la biblica e la romana.

Non siamo né i primi né gli ultimi che sono stati offesi dai loro figli ribelli eppure abbiamo pianto sul loro sepolcro. Tre giorni pianse Davide il suo primogenito Assalonne e anche Cesare, il primo Cesare, non trattenne le lacrime mosse da tenerezza paterna davanti alle ceneri del genero Pompeo che aveva insidiato la felicità e l'anima del suocero.

L'anno del giudizio di Enrico figlio di Costanza d'Aragona, il 1235, è anche l'anno del terzo matrimonio dell'imperatore, vedovo oramai da tempo. E anche questa volta è il pontefice a scegliere per lui, quarantenne, la sposa: un'altra Isabella, figlia di Giovanni Senza Terra e sorella di Enrico III di Inghilterra, una principessa che ha vent'anni meno di Federico. Con queste nozze lo Svevo si avvicina al regno inglese, da sempre nemico dei francesi grandi alleati dello Staufen, scompigliando gli equilibri delle alleanze. Il cronista inglese narra nei particolari la cerimonia di fidanzamento avvenuta in Inghilterra prima della partenza di Isabella che lascia Londra con la sua ricca dote, un po' casalinga ai nostri occhi e «superflua secondo i molti presenti che la salutarono», una dote fatta anche di pentole d'argento, di coperte e guanciali foderati di seta.

Dal nuovo matrimonio Federico si aspetta il terzo figlio maschio (il primogenito Enrico era oramai, dopo la condanna, lontano dalla successione al trono, e Corrado era ancora un bambino). Come sempre assistito dai consigli dei suoi astrologi, avrà tre anni dopo un maschio venuto alla luce proprio nella settimana successiva alla vittoria (il «trionfo») di Cortenuova. È quel secondo Enrico «concepito sotto felice stella e nato con lo splendido presagio della vittoria». Così scriveva allora suo padre Federico che vedeva già il nuovo erede «garantire all'impero rinnovato le virtù felici della pace e della giustizia tanto desiderate». Pace e giustizia...

A soli quindici anni, due anni dopo la scomparsa dell'imperatore, Enrico, il figlio di Isabella d'Inghilterra morirà, di morte violenta, forse per ordine del suo fratellastro Corrado re dei Romani. Enrico figlio di Costanza allora, nel 1252, dormiva da tempo nel suo sepolcro di porfido nel duomo di Cosenza e lo stesso Corrado, quattro anni dopo la morte del padre Federico, sarà ucciso nel regno di Sicilia dalle febbri del Sud o forse – dice una leggenda – assassinato da Manfredi, l'amato figlio illegittimo dell'imperatore, che poi lo fa gettare in mare. La leggenda a volte dice con le sue invenzioni molte cose vere sulla realtà profonda: la «voluttà del potere» (*libido dominandi*, così la chiamava Agostino) con il suo seguito orrendo di odi, paure e rancori, si annida anche all'interno della famiglia i cui membri parlano e spesso anche agiscono in pubblico in nome della giustizia e della pace.

IL RITORNO DELL'ANTICO CONFLITTO

Quando Federico nell'agosto del 1235 scrive al pontefice – il suo terzogenito Enrico, figlio di Isabella d'Inghilterra, non è ancora nato – di essere pronto per una spedizione contro i nemici lombardi è soprattutto mosso dalla convinzione che Milano e i suoi alleati siano colpevoli di aver sostenuto la ribellione del figlio. Papa Gregorio, da qualche anno suo alleato, è perplesso: in quel momento si adopera per una conclusione pacifica del contrasto, non approva la decisione dell'imperatore e non apprezza molto probabilmente il consiglio contenuto nella lettera di Federico (dato a lui, al vicario di Cristo!) di colpire i lombardi con la scomunica.

Per il momento Gregorio IX sceglie il ruolo del grande arbitro di pace e propone a Federico di inviare a Roma, per il dicembre 1235, un ambasciatore per tentare un accordo. L'imperatore felicemente sceglie a rappresentarlo ancora una volta Ermanno di Salza, Gran Maestro dei Teutonici, gradito al pontefice e per lui uomo di tutta fiducia, come il passato aveva dimostrato. Ma i lombardi si oppongono ad ogni trattativa e rafforzano la loro alleanza anti-imperiale.

Al Nord Federico poteva contare sull'alleanza di qualche città: su Cremona, sulla fida Verona, dove dominava il formidabile Ezzelino da Romano, ma non, naturalmente, su Ferrara, Vicenza e Treviso, dove era signore Azzo d'Este, rivale del da Romano. Fra gli storici Azzo d'Este raccoglie giudizi più favorevoli e simpatetici per la sua scelta di campo a favore della causa dei lombardi contro l'imperatore, mentre Ezzelino passa alla storia anche troppo presto come quel perfido e sanguinario signore, quel «tiranno» che diventerà nella realtà anni dopo. In effetti entrambi, Azzo d'Este e Ezzelino da Romano, possedevano ambizioni analoghe mirando, è verosimile, al dominio su gran parte della Val Padana e in quegli anni facevano la guerra «come andava fatta», senza molti scrupoli.

L'anno seguente, il 1236, si apre con alcuni successi di Azzo d'Este, ma ben presto l'intervento delle truppe imperiali al fianco di Ezzelino porta Vicenza, punto strategico importantissimo e città ricca e fiorente, alla sconfitta dopo una resistenza valorosa ma inutile. È un evento rilevante e Federico non lo sottovaluta. La forza di Ezzelino, d'ora in avanti stimatissimo generale dell'imperatore, si abbatte sulla città: Federico la frena ritenendo che sia sufficiente l'incendio, mentre le truppe del signore italiano vorrebbero il sacco e la distruzione totale pietra dopo pietra.

Al proposito c'è un aneddoto raccolto dai cronisti: Federico dopo la vittoria, passeggiando con Ezzelino nella campagna fuori le mura, suggerisce con un solo gesto e poche parole al nuovo alleato il metodo migliore per affermare saldamente la sua autorità: taglia con la spada i fili d'erba più lunghi del prato. «Così dovrai fare», gli dice e allude ai cittadini di Vicenza più eminenti; è un consiglio che Ezzelino seguirà sempre con entusiasmo negli anni futuri.

Federico si è oramai stanziato al Nord e nei suoi programmi la pace diventa più lontana: è costretto a muovere guerra.

Nel 1236 Gregorio, vescovo di Palestrina e inviato del papa in Lombardia, riesce a trasferire il favore dei cittadini di Piacenza al campo papale e lombardo: Federico interpreta giustamente queste mosse del rappresentante del pontefice come segnali di una svolta nella già precaria intesa con Gregorio IX. Come sempre, si rivolge con una lettera ai sovrani di Europa denunciando la nuova situazione: il suo dovere è muover guerra ai milanesi che ospitano focolai eretici sfidando l'autorità sacra dell'impero e (anche) della chiesa. Una nuova crociata a Gerusalemme ai suoi occhi deve essere preceduta da una pulizia interna al territorio italico del suo impero. Gli eretici sono pericolosi quanto e forse più degli infedeli. Tutte idee che rientrano in pieno nella sua dottrina sul potere sacro dell'imperatore.

Il pontefice risponde prontamente ricordando a Federico che Carlo Magno e altri regnanti sono stati incoronati imperatori dal pontefice ed espone argomentazioni, anche queste ampiamente note e già sostenute da papi precedenti, che si possono riassumere nella dichiarazione che il papa può, anzi deve, intervenire an-

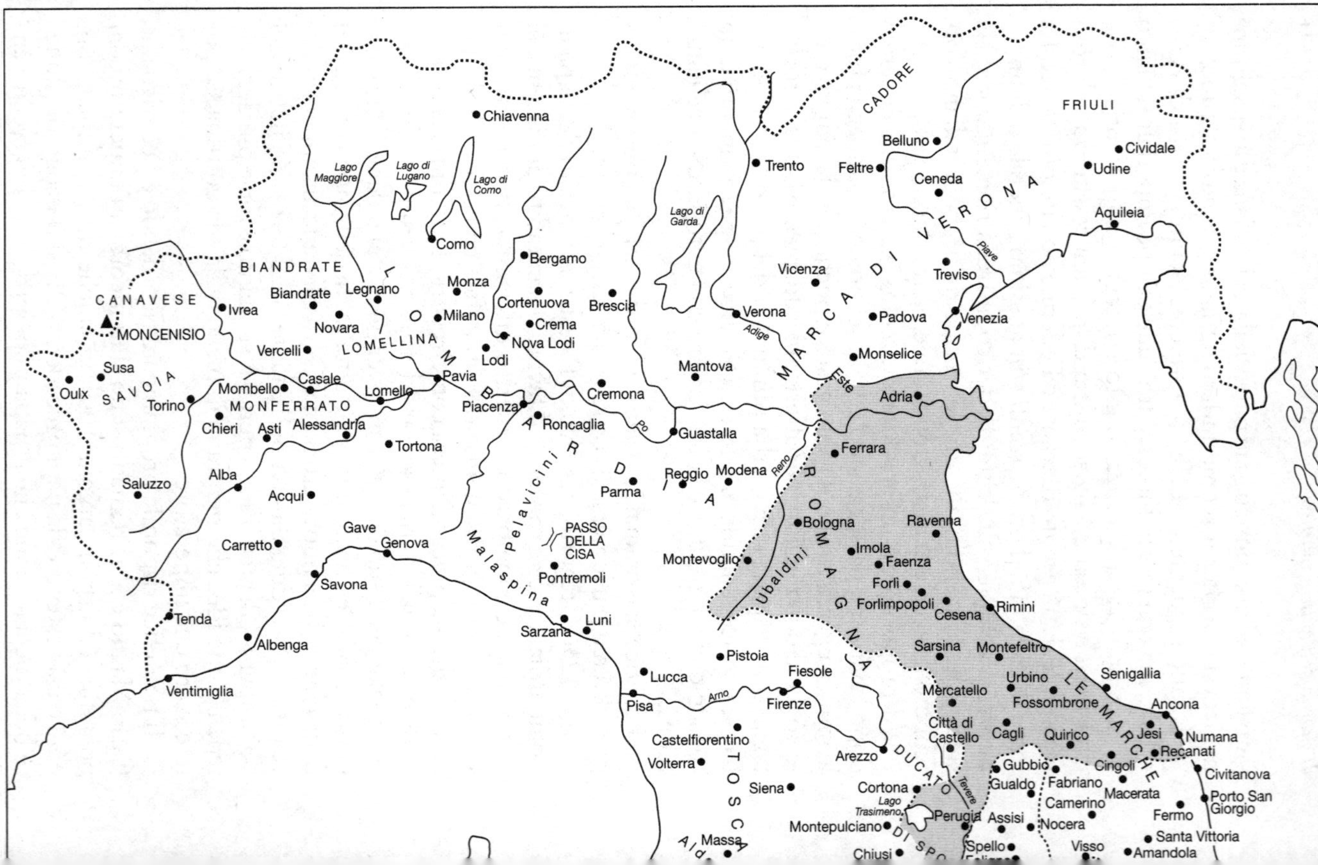

FRIULI
CADORE
Cividale
Udine
Aquileia
Belluno
Feltre
Ceneda
MARCA DI VERONA
Piave
Treviso
Venezia
Padova
Monselice
Vicenza
Trento
Verona
Adige
Este
Adria
Lago di Garda
Mantova
Chiavenna
Lago Maggiore
Lago di Lugano
Lago di Como
Como
Bergamo
Brescia
Monza
Milano
Cortenuova
Crema
Nova Lodi
Lodi
BIANDRATE
Biandrate
Legnano
Novara
Vercelli
LOMELLINA
LOMBARDIA
CANAVESE
Ivrea
MONCENISIO
Susa
Oulx
SAVOIA
Torino
Mombello
Casale
Lomello
Pavia
MONFERRATO
Chieri
Asti
Alessandria
Piacenza
Roncaglia
Cremona
Po
Guastalla
Tortona
Saluzzo
Alba
Acqui
Carretto
Gave
Genova
Savona
Tenda
Albenga
Ventimiglia
Pelavicini
Malaspina
PASSO DELLA CISA
Pontremoli
Sarzana
Luni
Parma
Reggio
Modena
Reno
Ferrara
ROMAGNA
Bologna
Ubaldini
Montevoglio
Imola
Faenza
Forlì
Forlimpopoli
Ravenna
Cesena
Rimini
Sarsina
Montefeltro
Pistoia
Lucca
Pisa
Arno
Firenze
Fiesole
Castelfiorentino
Volterra
Siena
TOSCA
Massa
Ald
Arezzo
Cortona
Lago Trasimeno
Montepulciano
Chiusi
DUCATO DI SPO
Perugia
Tevere
Città di Castello
Mercatello
Urbino
Fossombrone
Cagli
Quirico
Gubbio
Gualdo
Fabriano
Camerino
Nocera
Assisi
Spello
Visso
Senigallia
LE MARCHE
Ancona
Jesi
Numana
Recanati
Cingoli
Macerata
Civitanova
Porto San Giorgio
Fermo
Santa Vittoria
Amandola

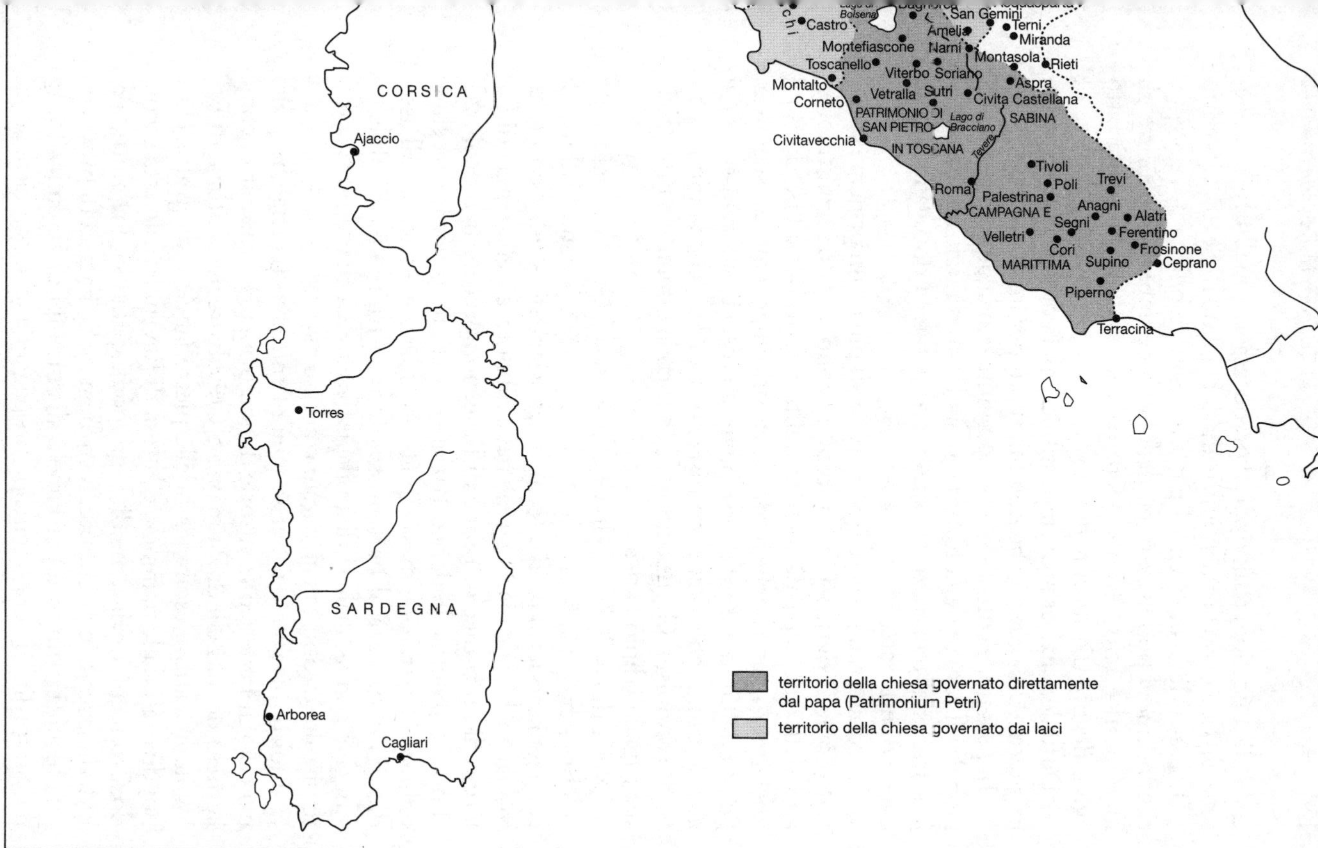

L'Italia centrale e settentrionale nel XIII secolo.

che nelle questioni temporali. Il predecessore più illustre che aveva scelto lo stesso nome pontificale di Ugolino di Segni, Gregorio VII, aveva dichiarato che il papa poteva «stabilire nuove leggi e riunire nuovi popoli, servirsi delle insegne imperiali, deporre gli imperatori e sciogliere i soggetti dal giuramento di fedeltà fatto agli indegni» (*Dictatus papae*).

Difficile, anzi oramai impossibile per Federico non scendere in guerra. Una guerra che non finirà più per lui.

In passato le vittorie le aveva ottenute con la diplomazia (la ragione) e il favore della fortuna, ossia le circostanze improvvise o maturate nel tempo, ma le sue doti di stratega dovevano ancora essere dimostrate.

In questo campo ci si aspetterebbe di più da un principe scienziato come Federico. Gli storici non hanno trovato segni straordinari delle sue capacità tecnico-militari tanto decantate dai suoi poeti e cortigiani: poche furono le vittorie importanti conseguite in guerra dall'imperatore e forse più numerosi gli esiti catastrofici di alcune campagne. Del resto bisogna ricordare che la più importante conquista, Gerusalemme, Federico la ottenne sfruttando la sua capacità diplomatica.

Nella dinastia degli Altavilla, Roberto il Guiscardo era stato celebre per la sua frenetica attività militare sostenuta dall'uso di congegni moderni uniti a tecniche classiche di assedio: così testimonia anche la conservazione nella biblioteca della reggia di Palermo di un codice di Erone di Bisanzio trascritto nel secolo XI. Il nonno paterno Federico Barbarossa era noto per le macchine militari e le strategie messe in atto a Milano e a Crema. All'assedio di questa città, il Barbarossa «fece costruire una mirabile testuggine con la quale si riempiva il fossato e fece costruire la torre più alta e robusta che nessuno avesse mai visto».

Inoltre bisogna dar per scontata l'enfasi cortigiana che esalta nel caso di Federico II vittorie di non primaria importanza come la presa dei castelli di Piumazzo e Crevalcore nei dintorni di Bologna, investiti e «sommersi dalle pietre lanciate dai trabucchi e poi divorati dalle fiamme», e la resa di Ravenna realizzata secondo alcuni con deviazione di fiumi, ponti gettati in due giorni, paludi disseccate in poche ore. Ricordiamo che Faenza fu presa con una tecnica primitiva, per fame e alcuni colpi di autentica fortuna. Straordinaria era semmai la propaganda, che ampliava anche ogni piccolo successo dell'imperatore davanti a tutta la platea europea: ma ciò apparteneva alla politica di un grande *dominus* e alla abilità della sua cancelleria, non alla strategia militare.

L'incontro con Ezzelino e il successo ottenuto a Vicenza inducono Federico a pensare con ottimismo a una conclusione favorevole e veloce della campagna contro i lombardi. Rassicurato, l'imperatore progetta la partenza per l'Austria dove lega a sé con benefici notevoli i Grandi Elettori che designano Corrado, figlio di Isabella di Gerusalemme, come suo successore e futuro imperatore (il primogenito Enrico ancora vivo e in carcere era un potenziale rivale del fratellastro). Era una procedura mai vista prima che prefigurava una successione ereditaria. In tutte queste manovre coronate da successo, il pontefice non poteva non sentirsi estromesso da una scena (la ratifica della scelta e l'incoronazione dell'imperatore) che riteneva gli spettasse in modo assoluto, e offeso radicalmente nelle sue pretese di *plenitudo potestatis*.

Ad aumentare il nervosismo della situazione c'era anche l'avvicinarsi della scadenza (dieci anni dal 1229) del trattato di Gerusalemme, quando Federico aveva ottenuto senza colpo ferire la Città Santa dall'accordo con al-Kāmil: ciò dava in mano al pontefice un'altra arma, la solita richiesta a Federico di una vera crociata, che si combinava molto bene con il desiderio di estromettere e tener lontano l'imperatore dalla scena italiana. La tensione era alimentata anche dalle voci, gonfiate ad arte ma certamente non del tutto inventate, degli eccidi compiuti contro i lombardi dall'alleato di Federico, Ezzelino, che dissacrava chiese, radeva al suolo mura e edifici e distruggeva famiglie non risparmiando neppure le donne e i bambini.

I nemici si fronteggiavano: Federico, affiancato da Ezzelino e dalla fedele Cremona, con i suoi armati rinforzati da un contingente degli odiatissimi saraceni di Lucera, e alla parte opposta i lombardi. Sullo sfondo, ma potentissimo in linea di principio, il papa che nell'autunno del 1237 ritornava a pronunciarsi con forza (anche se alcuni interpretano il suo scritto solo come un documento destinato agli archivi) sul problema della liberazione di Gerusalemme, impresa che Federico nella prospettiva e nell'interesse della Curia romana avrebbe dovuto anteporre a quella che non era altro che una vendetta personale contro i lombardi.

Per allargare il nostro sguardo alla scena europea e comprendere meglio le ragioni di una guerra che non era di territorio, ma possedeva un aspetto simbolico fortissimo, ricordiamo sul tema dell'opposizione Federico-pontefice le lettere scritte al papa dal re d'Inghilterra e da quello d'Ungheria. Béla, sovrano d'Ungheria, aveva tacciato con decisione i lombardi di malvagità e arroganza accusandoli di sollevare il pretesto della crociata in Terrasanta per indurre il papa a far guerra a Federico e aveva indicato a tutti i fedeli dei regni europei il pericolo di uno scontro diretto fra i due massimi poteri della cristianità. I lombardi ribelli al potere imperiale erano visti dai regnanti – ed era naturale – come qualcosa di pericoloso che minacciava le fondamenta dell'ordine della convivenza cristiana. Federico riprende subito il tema dell'impero come garanzia universale di pace:

> Più che mai oggi il mondo intero respira nello spirito dell'impero così che se questo diventa debole anche il mondo si indebolisce mentre se l'impero si rafforza il mondo prospera... L'impero deve pienamente mirare alla pace e alla giustizia fra i popoli perché è come uno specchio davanti agli occhi di tutte le autorità della terra.

Ma si avvicina, facendo risalire la ruota della fortuna di Federico, un grande giorno per l'imperatore, quello della vittoria di Cortenuova. Una battaglia non prevista come quella avvenuta ventidue anni prima a Bouvines che aveva di colpo messo in luce e in alto la fortuna del ventenne Federico. Tutto per merito del re di Francia Filippo Augusto.

All'inizio dell'autunno dell'anno 1237 Federico è a Cremona, dove lo raggiungono forze di diversa provenienza, esemplari della vasta complessità del suo dominio: ai duemila cavalieri tedeschi e ai settemila arcieri saraceni si aggiungono altri cavalieri dalla Puglia e dalla Sicilia, oltre alle milizie delle città come Cremona fedeli a Federico e oltre a Ezzelino, con il suo composito ma temibilissimo esercito. In tutto si calcolano circa dodicimila uomini.

Al primo di ottobre si arrende Mantova e, quindici giorni dopo, la fortezza di Montichiari vicino a Brescia, mentre il territorio intorno è messo a ferro e fuoco. Prima della fine del mese gli eserciti nemici pongono le tende vicino a Pontevico sull'Oglio, separati solo da una palude. Il fiume sta alle spalle delle truppe imperiali e Cremona a tre, quattro ore di marcia al massimo.

Erano giornate difficili per entrambi i contendenti. Le piogge dell'autunno avanzato avevano imbevuto il molle terreno lombardo: la cavalleria di Federico si muoveva male, ma anche i carri (e il Carroccio!) dei lombardi erano lenti.

L'iniziativa di rompere lo stallo è di Federico: mentre i lombardi stanno fermi al di là del fiume, l'imperatore passa con le sue truppe alcuni ponti e, subito dietro di sé, li distrugge; poi invia le fanterie a Cremona e risale il fiume in senso inverso. I lombardi allarmati osservano da lontano: sembra a loro che l'intento di Federico sia di riparare nell'amica Cremona per passare i mesi invernali imminenti. Per raggiungere Milano, come suggerisce oramai la stagione fredda dalle giornate brevi, le truppe lombarde devono attraversare il fiume: Federico le aspetta. Appena riceve la notizia che i nemici, attraversato il fiume presso Pontoglio, si sono accampati, la decisione è presa. È il mattino del 27 novembre quando i cavalieri tedeschi inviati innanzi dall'imperatore piombano a Cortenuova sui lombardi che si raccolgono intorno al Carroccio, il simbolo del comune milanese.

Le giornate alla fine di novembre sono fredde e nebbiose ed è già quasi buio quando Federico con la sua cavalleria arriva nel luogo di quella che non è ancora una battaglia ma ben presto lo diviene. I soldati della Lega resistono, ma a notte fonda cercando di trascinarsi dietro il Carroccio tentano la fuga verso Milano. Vengono raggiunti. È una conclusione dolorosa e umiliante per i lombardi, che impantanati nel fango sono massacrati dagli imperiali: Federico scriverà al cognato inglese che i morti nell'esercito nemico sono stati diecimila, un numero troppo simbolico per essere vero. Tuttavia la carneficina fu grande ed è certo che la Lega fu colpita ampiamente e nel profondo: il Carroccio era perduto e il podestà di Milano, Pietro Tiepolo, figlio del doge di Venezia, era stato fatto prigioniero.

Era così importante quel Carroccio che molte, quasi tutte le città comunali in Italia possedevano? La forma ci è descritta da alcuni autori come Salimbene da Parma e Giovanni Villani e illustrata in miniature: il Carroccio è un carro tirato da buoi tipico delle popolazioni barbariche (dei longobardi e dei franchi per esempio) che assume nell'XI secolo a Milano forza di simbolo della identità cittadina e diventa segno delle rivendicazioni di *libertates*, probabilmente per la prima volta per iniziativa dell'arcivescovo Ariberto d'Intimiano. Dipinto a colori vivaci, reca l'immagine del santo protettore della città e il gonfalone: a Milano il santo è Ambrogio e la bandiera è quella bianca rossocrociata. Il Carroccio in tempo di pace era ospitato nella cattedrale e portato all'aperto in battaglia solo in occasione di scontri importanti percepiti come vitali per la città, come accadde nel 1237 contro Federico II.

Le *libertates* rivendicate e simboleggiate dal Carroccio erano alla base dell'identità del comune: quando un gruppo sociale, cittadino o rurale, sottraeva alla potestà superiore (re o imperatore) alcune funzioni politiche di autogoverno, queste generavano l'istituzione adatta a svolgerle. Si tratta di una libertà riconosciuta che all'interno della città si traduce in una uguaglianza dei diritti dei cittadini e in una larga partecipazione alle forme della vita politica, per esempio la scelta di chi è destinato a ricoprire le cariche pubbliche più rilevanti o la promulgazione delle norme che regolano la vita comunitaria. Quest'ultimo aspetto del comune ha un rilievo particolare, anzi è una vera novità, se pensiamo che nei secoli medievali gli uomini che vivevano nello stesso spazio politico erano caratterizzati da condizioni giuridiche e da opportunità e diritti assai diversi.

La vittoria di Cortenuova viene celebrata a Cremona con una processione di trionfo: sfila il Carroccio, disadorno e con gli evidenti e dolorosi segni della sconfitta, trainato da un elefante sormontato da una torre con le sfavillanti insegne imperiali. Pietro Tiepolo, podestà di Milano, sfila anche lui in catene in mezzo a una folla di prigionieri. Nel trionfo si mescolano diverse emozioni: la più evidente è la gioia e soprattutto il sollievo dei cittadini di Cremona per la sconfitta dei milanesi, l'esultanza di Federico che detta una scenografia improntata allo stile dei trionfi romani e la disperazione incredula degli sconfitti. Le trombe annunciano il trionfo del *Divus Caesar Augustus*: agli antichi imperatori e a Roma Federico pensava in quel giorno.

L'imperatore invia il simbolo delle *libertates* comunali a Roma, sede esemplare dell'impero e, secondo Salimbene, i romani lo bruciano in odio a Federico. Ma in realtà le cose non andarono così: i cittadini dell'Urbe accolsero trionfalmente il Carroccio e lo esposero in Campidoglio, come ricorda ancor oggi una epigrafe, «a memoria della trionfale strage di Milano dopo la quale l'imperatore mosso dal suo amore per Roma decise di inviarle il carro dei vinti».

Ma perché frate Salimbene nella sua cronaca riporta una versione errata? Bisogna tener conto del *wishful thinking* di Salimbene, che lo induceva a credere che mai i romani potessero esaltare un imperatore da lui considerato l'Anticristo. Ma a sua parziale discolpa bisogna anche ricordare che altre testimonianze ci parlano con evidenza del fatto che non tutta la cittadinanza romana era stata pronta ad accogliere trionfalmente la vittoria di Federico.

Una vera lettera-proclama dell'imperatore accompagnava il dono del Carroccio ai cittadini e al senato di Roma:

> Ora voi vedete che il trionfo è di necessità condotto alla sua origine naturale e noi non potremmo levar alto il decoro imperiale senza innalzare l'onore della città che noi riconosciamo origine dell'impero... Noi guardiamo alla memoria degli antichi Cesari ai quali il senato e il popolo romano decretarono il trionfo e l'alloro per le gloriose gesta compiute... Sotto le vittoriose insegne vi destiniamo, vinta Milano, il Carroccio di quel comune che è il capo della fazione d'Italia come preda e spoglia del nemico...

La vittoria doveva portare «la pace al popolo» e a lui, Federico, «la gloria».

La realtà in cui si muoveva Federico in quel momento era meno altisonante del suo proclama ai romani. L'appoggio su cui l'imperatore doveva e poteva contare era nel concreto il favore della nobiltà romana (per esempio le casate dei Colonna e dei Frangipane), dalla quale aveva comperato alcuni territori in città restituendoli poi agli ex proprietari come feudi con vantaggio evidente di entrambi i contraenti. Una operazione che Federico aveva iniziato anni prima per ingraziarsi gli aristocratici romani mediante esenzioni fiscali e donazioni periodiche, qualcosa insomma di molto solido, ben valutabile e naturalmente apprezzato oltre e più delle magnifiche dichiarazioni di omaggio alla «Felix Roma compartecipe della sua gloria».

Osserviamo qualcos'altro di concreto nel contesto della vittoria a Cortenuova: Federico era oramai impantanato nelle lotte e nei dissidi italiani in un contesto dal quale tuttavia traeva le sue alleanze e molte delle sue possibilità. Città e signori, salvo alcuni fedelissimi come Cremona ed Ezzelino da Romano da un lato e dall'altro il comune di Milano, erano pronti in ogni momento a passare da un campo all'altro: la guerra era ed era sempre stata soprattutto per le città una guerra di conquista del territorio o delle vie del commercio, una contesa interna a un'area alla quale profondamente appartenevano. Gli esempi di Piacenza e Venezia lo dimostrano.

Ma su Ezzelino da Romano signore della Marca e la sua guerra conviene invece fermarci un poco.

EZZELINO IL SIGNORE DELLA GUERRA

Federico II e Ezzelino erano coetanei, accomunati da interessi e ambizioni in un contesto bellicoso che stabilì per anni fra loro una tenace solidarietà politica. Furono entrambi individuati come obiettivi privilegiati dalla polemica violenta della corte pontificia che mirava a colpire non solo l'avversario ma anche l'uomo, definito miscredente, tiranno e assetato di sangue. E le analogie fra i due personaggi non finiscono qui.

Entrambi, come del resto quasi tutti i signori d'Europa, nutrivano fiducia nella astrologia. Alla corte dei da Romano i sapienti di questa disciplina così seguita erano trattati splendidamente – raccontano i cronisti – e non soltanto gli astrologi di casa, veronesi e padovani, ma persino un saraceno di nome Paolo che veniva da Baghdad. Consigliavano il signore della Marca Ezzelino, che era non solo un appassionato di astrologia ma anche un esperto che, pare, imponeva le sue interpretazioni ai cortigiani terrorizzati. A riferirlo sono i cronisti che raccontano della paura che Ezzelino incuteva abitualmente a coloro che abitavano nella sua stessa corte e persino ai familiari e a quelli che pure si ritenevano suoi amici: Ezzelino era un «uomo selvaggio, feroce e asociale che non arretrava davanti a nessuna legge, al senso religioso, alle regole di nobiltà, non aveva pietà per le donne e i bambini anche della sua famiglia». E tuttavia onorava, forse anche più di altri potenti, le «leggi degli astri».

Ma che cosa non funzionò si domandano due cronisti, l'anonimo autore del *Chronicon parmense* e Rolandino da Padova, quando nell'ultima campagna Ezzelino, che si era rivolto come sempre prima di una impresa ai suoi astrologi, fu sconfitto e trovò la morte? Il cronista non intende lasciar travolgere l'astrologia nel disastro del tiranno: lo scacco delle previsioni gli sembra piuttosto dovuto a un incidente tecnico o a un sapere imperfetto.

Rolandino, sempre avverso a Ezzelino e propenso ad attribuirgli il peggio, facendo sfoggio di un sapere approfondito distingue fra giudizio ed *electio*: il primo è una predizione secca di un evento, in conflitto dunque con il libero arbitrio, mentre l'*electio* si limita a indicare per l'inizio di un'opera il giorno e l'ora più favorevoli. Anche la *electio* è una operazione che si fonda sul sapere astrologico perché stabilita attraverso la relazione tra il pianeta che presiede alla natura dell'impresa e quello della *nativitas* di chi vuole affrontarla. La *electio* consiglia il momento adatto (e indica quello invece sfavorevole) sia per le piccole cose quotidiane (il taglio dei capelli o delle unghie ad esempio), sia per quelle importanti come l'inizio di una battaglia.

Lo stesso Alberto Magno nello *Speculum astronomiae* afferma che il libero arbitrio non è soppresso dalla *electio* che si limita a indicare il momento più favorevole per una azione promuovendo la possibilità di compiere una scelta più meditata e consapevole. La *electio* è insomma un atto intellettivo attraverso il quale l'uomo può evitare il male avvantaggiandosi con lo studio delle situazioni, come avviene per ogni altro tipo di conoscenza. Ma è appunto chi fa le previsioni (*electiones*) che deve essere ritenuto responsabile dell'esito negativo di ciò che viene intrapreso sulla base del suo consiglio.

Fu il cronista Rolandino da Padova, all'inizio simpatetico con il da Romano, a crearne un ritratto esemplare di tiranno feroce e maniacale teso ad un successo rapido e violento.

L'ascesa della famiglia da Romano che culmina in Ezzelino, l'alleato di Federico II, era iniziata in quel contesto che emerge con contorni oramai nitidi nel XII secolo: le città di Verona, Padova, Vicenza e Treviso si organizzano in comuni e si contrappongono l'un l'altra in un gioco duro e violento mosso da interessi che non potevano che essere contrastanti: il controllo delle vie di acqua e di terra per il commercio e l'egemonia sui grossi centri rurali come Bassano e Marostica. Nel trattato di pace di Fontaniva del 1147 la famiglia dei da Romano è indicata come protagonista insieme ai consoli delle altre città venete e rappresenta Treviso, che non era ancora comune e non aveva quindi rappresentanti istituzionali delegati a parlare in suo nome. In quegli anni è attivo

Ezzelino I distintosi nella lotta contro il Barbarossa ma poi riammesso con la pace di Costanza (1183) «in plenitudinem gratiae» dall'imperatore.

Gli succede il figlio Ezzelino II che, secondo l'espressione di Rolandino da Padova, già dal 1187 «teneva curia» a Bassano, divenuta la base operativa della famiglia, inserita in un contesto di inimicizia fra Vicenza e Padova. Ezzelino II inizia una politica spregiudicata che sfrutta le variabili alleanze con le *partes* cittadine entrando così nel contesto di una più ampia lotta di potere. Con il «perfido» Ezzelino III, pari al padre e al nonno per capacità militari e politiche, la famiglia da Romano abbandona la sua politica anti-sveva, o meglio anti-imperiale, e viene coinvolta da Federico II in una lotta ben più estesa e complessa di quella fra i comuni e fra le fazioni che laceravano le città al loro interno.

E qui bisogna fare un salto di immaginazione per «vedere» lo squilibrio impressionante fra il quadro della politica di potere della famiglia stretto nell'ambito regionale e quello immane, ma certamente astratto e sfuggente a definirsi, della potenza imperiale che fa da sfondo al rapporto fra Ezzelino e Federico di Svevia. E occorre anche resistere al fascino sottile della teoria dello «specchio», suggerita da singolari analogie fra i due personaggi secondo la quale in Ezzelino si ritrovano il comportamento e le attitudini dell'imperatore rimpicciolite ma rese più concrete e evidenti dal quadro e dai contrasti entro i quali il signore italiano agisce. Ezzelino III già al suo esordio era quel mostro crudele e assetato di sangue del quale parlano i cronisti ispirati dalla parte pontificia, dalle solite inimicizie locali, dagli ordini mendicanti, quel tiranno estremo che calpestava ogni libertà? O meglio: Ezzelino era solo questo?

Perfidus Ecerinus: l'espressione ricorre sovente nei documenti e negli statuti di Padova, Treviso e Vicenza, quando si parla del dominio di Ezzelino da Romano (mentre è assente a Verona dove si verificò una certa convergenza di azione e interessi fra il tiranno e il «potentissimo popolo»).

L'azione di Ezzelino va osservata nel contesto delle differenti città dove esercitò il suo dominio e il suo controllo. A Padova, per esempio, è innegabile che Ezzelino compresse fortemente la *libertas* comunale e i corpi professionali della città, riducendoli a docili strumenti del suo autocratico esercizio di potere, ma è anche vero che questa lunga azione non fu cieca, non annullò la vitalità economica della città e neppure creò un ceto nuovo ribaltando quelli tradizionali, che continuarono a vivere e combattersi. Certo, ad ascoltare e a prender per buono il giudizio di Salimbene da Parma, Ezzelino fu l'esatto rovescio del Bene e il contrario di un personaggio a lui contemporaneo, Francesco d'Assisi, il Bene assoluto. Ezzelino era il Male assoluto e «per narrare tutte le sue crudeltà ci vorrebbe un grande libro».

L'altro cronista, Rolandino da Padova, fissa nell'anno 1249 l'acme della tirannide di Ezzelino, quando vennero alla luce «la rabbia, la malignità, il furore e il veleno» nascosti fino allora nei suoi disegni, e la ferocia, la più sanguinaria e deliberata, esplose brutale. Fu l'anno in cui Ezzelino, scomunicato e travolto dalla rottura oramai irreparabile fra imperatore e papa, messo alle corde, giunse a una totale esasperazione della sua strategia. Nella tensione politica oramai altissima Ezzelino scopriva congiure anche fra coloro che gli erano stati più vicini e nemici che non esitava a decapitare. Congiure reali e qualche volta immaginate. E scoperchiate con violenza e demolite anche attraverso la delazione sistematica e organizzata con tale ferocia da arrivare a «distruggere – è ancora Rolandino che scrive – insieme ai nemici anche gli amici».

Da quell'anno, il 1249, Ezzelino corrisponde in pieno al ritratto fattogli dagli avversari già in precedenza: carceri di massa come le famigerate Zilie di Padova, da dove ogni giorno carri pieni di cadaveri uscivano diretti alle fosse comuni, porte della città sbarrate e sorvegliate a tutte le ore, esecuzioni senza nessuna garanzia di un equo processo, beni dei nemici incamerati. Il clero era perseguitato e spogliato di tutto e veniva perseguita la demolizione sistematica delle grandi famiglie. Federico II muore nel 1250, un anno dopo la grande svolta di Ezzelino, che gli sopravvive di nove anni: la sua tirannide sembra essersi nutrita in quel periodo solo di male senza ragione.

Furono i veneziani alleati del papa a scatenare per primi la campagna finale contro il «perfido e iniquo tiranno... il persecutore della fede cristiana» e un anno dopo la sua morte a ordinare la strage che abbatté tutta la famiglia: «Alberico il fratello di Ezzelino e i suoi figli dovevano essere appesi alla coda di un cavallo, trascinati per tutta la città e poi impiccati per la gola». Le donne, madri, spose e figlie – si intimava – dovevano essere bruciate.

Ma durante gli anni dell'alleanza con Federico e della grande espansione territoriale, la fisionomia del vicario e genero dell'imperatore (aveva sposata la figlia Selvaggia) non era ancora stata cancellata da quella del feroce tiranno e altri tratti di *virtute* e intelligenza politica rimanevano evidenti.

Ezzelino era vissuto in una terra «gioiosa» e ricca d'arte ed è proprio Rolandino da Padova, il cronista nemico, a ricordarcelo: «morti i due fratelli [Ezzelino e Alberico] tacquero gli strumenti di musica e le canzoni d'amore. Dovunque si sentiva solo il triste canto dei penitenti».

SCENE DI GUERRA

Ma l'arte più grande e congeniale praticata dal signore della Marca fu senza dubbio quella della guerra.

Ezzelino si circondò sempre di uomini capaci e fedeli e usò, per raggiungere i suoi scopi, armi e macchine all'avanguardia per quei tempi. «Per recare ad effetto gli occulti pensieri di tirannide voleanci uomini affezzionati a vita e morte alieni da ogni amore di parte, ai quali un cenno fosse legge e il denaro idolo». Chi potevano essere? Innanzitutto le «masnade avite» e poi i mercenari tedeschi e saraceni. Nel 1226, quando in un gelido inverno Ezzelino piombò su Verona, erano con lui gli uomini di Bassano e del Pedemonte con i quali Ezzelino aveva fatto il suo apprendistato di comando fin dalle prime battaglie, quegli stessi che saranno per tutto l'arco della sua violenta signoria – trent'anni – i guerrieri più fidati al suo fianco.

Quanti formavano questo nucleo forte della potenza militare di Ezzelino? All'inizio, quando attaccò veronesi e vicentini sul fiume Brenta, almeno mille. Fidati e destri i componenti di questa élite militare erano temuti e ingiuriati dai nemici (segno questo della loro temibile capacità): erano, come diceva il legato pontificio, «ribaldi a soldo che arrivavano dai selvaggi villaggi del Pedemonte, nudi, affamati e inermi». Inermi (ossia armati alla meno peggio), nudi (ossia senza risorse) e di conseguenza «avidissimi» e terribili, è verosimile; ma si deve credere che il legame più saldo con queste «masnade» fosse fondato sul rapporto personale con la famiglia dei da Romano e non semplicemente sul denaro.

Di mercenari veri e propri era invece composto il contingente di lombardi, pugliesi e tedeschi che ingrossarono le fila dell'esercito di Ezzelino dopo la sua allenza con l'imperatore Federico e la conquista di Vicenza nel 1236, soldati destinati per la loro abilità di tiratori con l'arco a difesa delle mura e dei castelli conquistati. Persone visibilmente estranee al territorio, tanto che un cronista annota che «tutta la Marchia sembra oramai piena di tedeschi e Saraceni». Un aspetto questo che non doveva essere insignificante in quella lotta: le crociate non erano lontane nel ricordo di coloro che vi avevano partecipato e nell'immaginario tenuto vivo dalle storie narrate sulle epiche vicende in Terrasanta. Che nell'esercito di Ezzelino ci fossero realmente dei saraceni spiega in parte anche il fatto che coloro che combattevano contro il signore da Romano portassero il segno della croce proprio come in una guerra contro gli infedeli. I saraceni non venivano fatti prigionieri quando erano sconfitti, venivano tutti uccisi e «come animali bruti o cani rabbiosi macellati».

Quanto ai tedeschi, segno tangibile dell'alleanza e dell'amicizia dell'imperatore che glieli aveva messi vicini, Ezzelino se ne fidava completamente e si muoveva solo in loro compagnia, cavalcando in mezzo a loro. Del resto erano cari anche al suo potente alleato Federico, che affermava: «Per cavalieri vogliamo soltanto i tedeschi nella cui esperienza di guerra confidiamo completamente». Agli abitanti delle città e delle campagne assalite da Ezzelino, i tedeschi erano naturalmente odiosissimi perché nemici e in più stranieri: «sono stupidissimi uomini – scriveva il cronista – che hanno venduto la loro anima e il loro corpo per denaro affrontando anche la scomunica».

Ma tedeschi, saraceni e uomini del Pedemonte erano comunque solo una parte dell'esercito lanciato da Ezzelino alla conquista. Il grosso era formato dai cittadini dei comuni conquistati, prima nemici e poi, attraverso un capolavoro sottile di diplomazia e intimidazione, resi alleati fidati del vincitore. Alla battaglia di Cortenuova nel 1237 «Ezzelino in qualità di comandante imperiale partecipa a capo di truppe padovane, trevisane, vicentine, veronesi, mantovane e trentine» (Settia 1992), un esercito reso compatto militarmente mediante una intelligente azione di bilanciamento anche delle inimicizie fra le città. Una attenta valutazione della posizione e delle relazioni che correvano fra gli uomini del suo esercito, Ezzelino la mostrò anche in altre occasioni fuori dal combattimento, come durante la dieta imperiale del 1245 a Verona, quando per bilanciare la presenza dei tedeschi chiamò per controllare la città alcuni gruppi formati ciascuno da una ventina di uomini scelti a rotazione fra padovani, vicentini e pedemontani.

Una così accorta politica è stata considerata da alcuni storici un tentativo di andar oltre ai ristretti confini delle municipalità in modo palese, forse persino un esperimento prematuro, comunque una *forma mentis* e una strategia evidente anche nell'abbandono del Carroccio simbolo del patriottismo cittadino. Il suo uso sarà ripristinato solo dopo la morte di Ezzelino.

C'era nel far guerra di Ezzelino un elemento che appariva ai contemporanei temibilissimo, una capacità particolare di usare i mezzi tecnologici, soprattutto quelle *machinae* da lancio che avevano cominciato a progredire divenendo più efficienti già nella seconda metà del secolo XII: fra queste, i trabucchi, strumenti da getto già utilizzati da Ezzelino per esempio a Este nel 1213. I proiettili lanciati erano micidiali, massi e pietre del peso di milleduecento libbre, dice il cronista forse con qualche esagerazione. A volte la sola minaccia di impiegare i trabucchi bastava a risolvere a proprio favore la situazione. All'origine e quindi al seguito dei trabucchi e di altri congegni per i complicatissimi trasporti delle macchine stava una nuova figura professionale che si avviava a diventare protagonista nelle vicende di guerra, il mastro ingegnere. Tutto ciò arricchiva sinistramente l'immagine del tiranno che si doveva circondare di sapienti dalle abilità speciali, contesi e ben pagati: anni dopo la fine di Ezzelino, il comune di Vicenza requisì alla famiglia da Romano «una casa lunga e murata» sulla quale aleggiava cupa la fama di servire da deposito delle «orribili macchine per prendere città e castelli».

Riflettere sui documenti che ci parlano delle strategie e degli armamenti usati da questo dinamico e composito esercito guidato da Ezzelino, ci rende consapevoli anche dei mutamenti avvenuti in quegli ultimi secoli «medievali» nelle armi e nella guerra. Nell'immaginario comune la spada è ancora l'arma vincente del cavaliere, l'arma che può risolvere la battaglia e talvolta la guerra. Ma come dimenticare che re Riccardo Cuor di Leone, campione di cavalleria regale, era stato ucciso sotto le mura di un castello francese da una freccia scagliata da un mediocre ma fortunato assediante e che, per ritornare alla nostra storia, nel 1204, Pistore, vescovo di Vicenza, mentre stava «fermo e disarmato a cavallo nell'acqua sotto le mura del castello di Torrebelvicino» fu colpito a morte dalla freccia di un assediante? Pochi in effetti valutavano correttamente la lunga gittata delle balestre e degli archi, i cavalieri soprattutto, che orgogliosi delle loro armi non si curavano sprezzantemente delle nuove attrezzature usate da uomini più umili di loro ma oramai abilissimi. I cavalieri restavano comunque padroni del combattimento in campo aperto, non solo per la superiorità dell'armamento e per l'addestramento che durava tutta una vita, ma anche per il grande prestigio sociale, la fama dovuta all'egemonia culturale di secoli.

Nell'immaginario, il cavaliere era e sarà ancora al centro della scena di guerra per secoli, con la sua spada dall'elsa dorata, la lancia e la mazza e, a difesa, l'elmo, lo scudo e l'usbergo col cappuccio che lo difendeva dalla testa ai piedi, che in quegli anni però cedeva il posto alla *panceria*, più leggera e corta e compatta e tecnologicamente più adatta a riparare dalle frecce.

«Splendente nelle sue armi lucenti issato sul suo destriero, allegro, forte e gioioso sta in campo e brilla di virile bellezza...», così appare il cavaliere seguito dal suo scudiero con la bandiera, le spade e i coltelli. Lui solo è chiamato *miles*, il guerriero. Dal XIII secolo il ceto dei cavalieri si impoverisce: lo minacciano il suo stesso stile di vita che lo obbliga a indebitarsi... l'avanzare dei ceti mercantili che approfittano del suo disagio, il polverizzarsi dei patrimoni di lignaggio... la perdita di valore delle vecchie rendite basate sui censi (Cardini 1982). Un fenomeno diffuso e generalizzato: le strade, le corti europee e i campi di battaglia sono affollati di uomini disponibili e preparati alle avventure di guerra e pronti a tutto.

Un po' al di sotto del cavaliere c'è il berroviere (*berroarius*), un cavaliere di seconda categoria, dotato di armatura più leggera, impiegato soprattutto nelle rapide incursioni e razzie. E poi naturalmente vengono i più umili, i fanti, con lancia e spada, fasciati nel giubbone di combattimento imbottito, protetti dallo scudo: sono il popolo, mobilitato volente o nolente alla guerra di difesa, più comprensibile, o di conquista, per ragioni spesso ignote ai più.

I fanti provenivano dallo strato più povero del popolo e, combattendo, assolvevano a volte a una specie di *corvée*, ma a volte erano anche gente di posizione ancora più precaria, emarginata o, peggio, «delinquenti di ogni specie» che miravano a campare con i resti dei saccheggi. È naturale che con il crescere dei comuni la figura del fante si trasformi: una consapevolezza maggiore di appartenere a quella parte che lotta per le proprie *libertates*, a una realtà dotata di una forte identità da difendere, talvolta, anzi sovente, mossa a scendere in guerra per la sopravvivenza stessa della città, rendeva più efficace e più convinta la partecipazione alla battaglia. I fanti combattevano soprattutto a difesa delle mura e del territorio usando la lanzalonga o picca, schierati dietro il palvese, grande scudo rettangolare, quasi un muro mobile e compatto che appariva una barriera invalicabile al nemico che attaccava. Qualche storico ha visto dietro questo modo nuovo di far guerra una perdita dello spirito ferocemente ludico dello scontro cavalleresco: i borghesi e il popolino delle città combattevano con rabbia per uccidere e per vincere, per risolvere una questione reale e contingente. Ma c'è stato realmente un tempo, come qualcuno pensa, in cui «nei freddi inverni i castelli dei signori erano colmi di noia e si aspettava il ritorno del dolce tempo di primavera in cui gli amori sarebbero tornati a sbocciare e in cui di nuovo si sarebbe saliti a cavallo» (Cardini 1982)?

I fanti erano comunque una élite (Settia 1992): la maggior parte dei combattenti a piedi era gente senza reddito che non possedeva neppure un'arma eppure era tenuta come gli altri più fortunati a prestare servizio militare.

I *carriatores* e i *bubulci* erano reclutati fra povera e avida gente e dovevano fornire buoi e carri nel corso delle campagne di guerra ma anche portare con sé asce, zappe e falci che potevano al momento servire da rustiche armi di offesa. I guastatori erano per armamento e stato vicini a quest'ultimi: armati alla bell'e meglio facevano terra bruciata intorno agli obiettivi da assaltare, città o castelli, distruggevano ponti, spianavano i fossati. Più in basso e più terribili stavano i *latrones* e gli *aggressores*, bande di irregolari destinati a operazioni di saccheggio, gente che non si curava della pietà e dell'onore, veri predatori famelici, scrive il solito Rolandino. In fondo, erano questi ultimi a rappresentare con più verità dei cavalieri e anche del popolo che combatteva a piedi il vero volto della guerra di quei secoli, un volto avido e feroce, che si mascherava e decorava di valori nobili, civili e religiosi.

SCOMUNICATO

Il giorno è solenne e pieno di presagi anche nella liturgia: è la domenica delle Palme del 1239. Gregorio IX, nonostante l'opposizione di alcuni cardinali e l'invito alla cautela di altri, scaglia su Federico la scomunica. L'accusa è di essersi impadronito di alcuni territori della chiesa, di aver impedito ai ministri papali di muoversi liberamente, di aver ostacolato la conversione di un principe tunisino al cristianesimo: tutto ciò riguarda nella sostanza il rapporto di Federico con la chiesa di Roma ed è condensato ed esemplificato nelle parole del pontefice con la citazione di avvenimenti oggettivamente non rilevanti. L'unico elemento che spicca nel quadro delle accuse è la denuncia del comportamento di Federico verso il clero siciliano, le gravose tasse imposte, la confisca di alcune proprietà, e la sua intrusione sobillatrice nella città di Roma contro lo stesso pontefice. Con i suoi atti irrispettosi o peggio ostili verso la istituzione ecclesiastica, Federico aveva mostrato secondo il papa anche la sua irreligiosità. Questa era sul piano spirituale l'accusa che doveva amplificare e sostenere lo scontro antico *in rebus temporalibus*, nelle cose del mondo terreno.

Il papa invia in tutte le corti europee ambasciatori a render nota la bolla di scomunica, mentre nel regno di Sicilia Federico proibisce l'applicazione dell'interdetto papale agli uffici divini. La scomunica scagliata dal papa mostrava anche troppo bene ai sovrani europei i possibili pericoli di un intervento papale *in temporalibus*, ossia negli affari dei regni europei: aspetto che Federico non tralascia di sottolineare. «Quando un incendio divampa vicino a voi dovete affrettarvi a inondare la vostra stessa casa di acqua».

Luigi IX di Francia non si mostra disponibile a lasciarsi sottomettere dalle grida romane e fa notare chiaramente al papa sia che le sue pressioni su Federico sono state troppo pesanti ed estreme sia che una scomunica comminata dal concilio sarebbe stata più corretta e efficace. Quanto a Enrico III d'Inghilterra, cognato di Federico, possiamo immaginare che il comportamento di Gregorio IX lo allarmi non poco come sovrano, ma di fatto la prudenza la vince sul legame di parentela e l'alleanza con l'imperatore. Una prudenza che Federico rimprovererà con decisione.

La linea difensiva dell'imperatore è contenuta prima in un discorso tenuto a Padova dove denuncia l'ingiustizia del gravissimo attacco, ma soprattutto nella lettera ai sovrani stesa da Pier delle Vigne dove Federico è paragonato al Cristo fra i farisei. «Essi dissero: attacchiamolo e mostriamo le nostre frecce pronte a colpire, colpire e ferire così che ferito egli cada e cada senza potersi risollevare. Il suo è un sogno vuoto».

Lo scontro oramai è asprissimo e non conoscerà più tregua per Federico; nell'ottica di Roma egli è un «osceno mostro» mai visto prima, mezzo pantera, orso, lupo e persino scorpione; è un apostata, un infedele che si è preso gioco dei dogmi cristiani e ha condotto una vita apertamente immorale vivendo in un continuo scandaloso adulterio.

C'è qualcosa d'altro: Gregorio accusa Federico di aver definito «impostori» i tre fondatori delle religioni del Libro, Mosè, Gesù e Maometto. Accusa questa che è molto probabilmente una fantasia, o meglio la citazione di un *topos* che circolava fra i musulmani già due secoli prima. L'imperatore comunque smentisce l'immagine (che nata in ambiente clericale ebbe fortuna in seguito anche fra gli estimatori di un Federico laico, irridente ed epicureo) in un successivo proclama dove si dichiara devoto cristiano, elogia Mosè che ha donato le Leggi divine al popolo di Israele mentre afferma di essere convinto che Maometto era nemico di Dio e condannato perciò all'inferno.

Dopo la certamente sofferta decisione di non sfruttare la vittoria di Cortenuova e di lasciar perdere l'assedio di Milano, troppo solidamente protetta, Federico ritorna al Sud dove Jesi, la sua città natale, è di nuovo terra dell'impero per merito del figlio Enzo suo vicario in Italia. Anche se lo sarà ancora per pochi anni.

Non era solo una ragione affettiva quella che rallegrava Federico: Jesi era ai confini settentrionali del regno siciliano e vicino alle terre pontificie. Il giorno di Natale e quello del suo compleanno, il 26 dicembre, Federico li trascorre a Pisa, sicuro centro ghibellino.

Federico accarezzava in quei giorni il sogno di entrare trionfalmente in Roma e farne la capitale del suo impero? Può essere. Ma questa per il pontefice era una partita che non poteva perdere: nel nuovo anno Gregorio lancia al popolo romano e all'Europa cristiana un nuovo proclama pieno di *pathos* nel contesto di una memorabile processione che da San Giovanni in Laterano giunge fino alla tomba di san Pietro in Vaticano. Il centro teorico del discorso è la salvaguardia della *libertas* della chiesa. Bisognava difendere la capitale cristiana dalle armi dell'invasore, l'imperatore, con una «guerra per la fede» che avrebbe dato ai partecipanti molti meriti e prometteva a chi moriva combattendo la felicità in paradiso. Se Federico fosse entrato con le armi in Roma davanti al mondo cristiano, dopo queste dichiarazioni e il consenso non unanime ma largo dei cittadini romani alle posizioni del pontefice, sarebbe stato inchiodato definitivamente all'immagine di nemico della chiesa: Federico sceglie di temporeggiare e cerca l'accordo con i cardinali, fra i quali conta alcuni simpatizzanti come Giovanni Colonna, accusato dal papa di proporsi come intermediario di un'umiliante pace, almeno secondo la versione di Matteo da Parigi.

Si diffondeva intanto a Roma l'idea di un concilio generale al quale le due parti avrebbero presentato il loro *cahier des doléances*: ma chi avrebbe giudicato sulla verità? I due contendenti avevano entrambi rappresentanti alla Curia e fra i vescovi: il quesito era importante ma teoricamente irrisolvibile, perché papa e imperatore, secondo le dottrine delle due opposte potestà, erano speculari quanto a *plenitudo* e ampiezza.

Quando Gregorio IX annuncia per la Pasqua del 1241 il sinodo, Federico rifiuta di garantire la sicurezza di coloro che si recano a Roma per quella occasione e – fatto ancor più grave – proibisce ai suoi sudditi siciliani e tedeschi di partecipare al concilio. La minaccia dell'imperatore è reale. Coloro che partendo dalla Lombardia e dalla Germania si imbarcano sulle navi genovesi che spiegano vele bianche con la croce rossa (segno della fede dei viaggiatori nella causa del papa) sono assaliti dall'ammiraglio pisano Ansaldo de' Mari, sopraffatti e in gran parte massacrati o fatti prigionieri. Chi era giudicato nemico di Federico non poteva certamente sperare nel suo perdono: era, qualsiasi fosse il suo rango, un nemico e un ostaggio.

Nella Curia romana alcuni cardinali, fra i quali il futuro nemico di Federico Sinibaldo de' Fieschi (diverrà papa con il nome di Innocenzo IV) e Rainiero di Viterbo, nutrono una crescente ostilità verso l'imperatore. Guerra aperta, dunque. Anche al Nord, dove Federico ha perduto Ravenna, Bologna resiste mentre Faenza è presa per fame e poi perdonata magnanimamente dall'imperatore. L'ostinazione di Federico nell'assedio di Faenza, durato sei mesi, si spiega con la posizione della città che sta sulla strada verso il sud.

Ma l'accerchiamento a Roma e al pontefice sembra diventare almeno momentaneamente inutile, quando il vecchio papa Gregorio muore nella caldissima estate romana di quell'anno.

Seguono tempi (due anni) confusi, dove è difficile scorgere una linea precisa di comportamento e una strategia chiara nei due opposti schieramenti. Una cosa è certa: entrambi sembrano o vorrebbero portare le loro ragioni all'estremo, ma entrambi temono, o sembrano temere, la guerra totale. Mancano in entrambi i campi adeguati finanziamenti e quindi uomini da arruolare.

I cardinali presenti nell'Urbe, premuti e segregati in un edificio molto di più che poco confortevole, guardati a vista da sentinelle e persino minacciati perché si decidano ad eleggere il nuovo pontefice, non riescono a mettersi d'accordo. Fermo e minaccioso, fuori dalla città Federico è però sul punto di rilasciare i due cardinali suoi prigionieri, Giacomo da Palestrina e Nicola da Ostia, per evitare il peggio. Ma neanche un mese dopo l'accordo sul nome del diacono di Santa Sabina, Celestino IV, si è al punto di prima, perché il nuovissimo papa muore improvvisamente. I cardinali rimasti a Roma chiedono all'imperatore di accettare le condizioni per sbloccare la situazione, togliere l'assedio prima di tutto e poi rilasciare Giacomo da Palestrina.

L'Europa, allarmata dal conflitto, aveva trovato un capro espiatorio: a poco a poco cresceva il rimprovero e l'irritazione verso Federico considerato il colpevole dello scandalo di un interregno così lungo, della mancanza del capo nella cristianità.

Forse anche per questo Federico si decide a liberare il cardinale e ritirare le sue truppe dalle campagne intorno a Roma: quasi contemporaneamente, nel mese di giugno del 1243, Sinibaldo de' Fieschi, chiaramente ostile all'imperatore, è eletto papa con il nome di Innocenzo IV. La soluzione del problema era la peggiore che si potesse immaginare per Federico. Ma poteva egli fare qualcos'altro se non congratularsi con l'eletto e dirsi certo che le cose fra i due massimi poteri, fra papa e imperatore, sarebbero migliorate? Difficile se non impossibile dire altro. Pier delle Vigne a capo di un'ambasceria portò le congratulazioni dell'imperatore alla corte papale. Pier delle Vigne, come altre volte, era dunque in quell'anno ancora solidale e vicino al suo sovrano.

ANCORA GUERRA

In Europa la tensione era stata in quegli anni altissima; problemi comuni e interessi particolari si incrociavano drammaticamente in un quadro molto cupo. In Francia il re Luigi IX puntava le energie al compito santo della riconquista di Gerusalemme, caduta nel 1244 nelle mani dei turchi Khwārizmiani non contrastati nella loro impresa da nessuna forza cristiana o musulmana; l'Ungheria attaccata nel 1241 dai tartari era stata messa a ferro e fuoco e il suo esercito di trentamila uomini al comando del duca di Boemia era stato sterminato. Sotto la violenza delle forze mongole la popolazione del regno è ridotta a metà. Anche i principi tedeschi, oramai minacciati, chiedevano l'aiuto di Federico il cui figlio Corrado invitava i suoi alla concordia per riunire le forze e prendere la croce contro i nuovi nemici venuti da lontano.

Lo scenario di guerra si era dilatato e aveva assunto misure spaventose per quella Europa litigiosa e divisa, ma Federico chiamava all'unità la «strapotente Europa imperiale» e si diceva certo che le sue aquile vittoriose avrebbero piegato la superbia del «drago mongolo». Nel suo proclama si rivolgeva alla «Germania fervente nelle armi, alla Francia nutrice della più abile cavalleria, alla Spagna audace, alla feroce Inghilterra ricca di uomini e di navi, alla Dacia forte sul mare, alla indomita Italia, alla Borgogna che non conosce la pace, alla Sicilia, a Cipro e Creta... alla vivace Scozia e alla Norvegia terra di ghiaccio». Mai la cancelleria imperiale aveva sfidato tanto la fantasia e le parole altisonanti erano state così lontane dalla realtà e dallo scopo proposto. Federico sembra saperlo:

Torna alla nostra mente la dolorosa immagine di un avvenimento passato quando mentre compivamo la nostra spedizione a difesa della Terrasanta contro i saraceni che perseguitavano la nostra fede come oggi fanno i tartari, il nostro amatissimo Padre raccolse truppe dai milanesi e dai loro alleati. Mentre noi combattevamo al di là del mare egli con violenza invase il nostro regno di Sicilia e proibì a tutti i fedeli cristiani di aiutarci nella causa di Nostro Signore.

Quella contro i tartari sarebbe stata una guerra mondiale, ossia una guerra dell'Europa contro «quelli venuti da lontano», ignoti fino ad allora.

Il territorio in cui si muovevano ancora cautamente ma con propositi bellicosi i due massimi contendenti, Federico e il nuovo pontefice, era al confronto uno spazio che ci appare minimo. Non bisogna lasciarsi ingannare: non si trattava della contesa per Viterbo, Jesi o Ravenna – scontri di misura relativamente modesta anche se aspri fra le due forze – ma sempre e ancora del conflitto per l'incompatibilità radicale delle due dottrine sulla *potestas plena*, il potere assoluto e universale sugli uomini.

Le difficoltà spingevano all'accordo soprattutto Federico, pieno di debiti, obbligato a imporre nuove tasse, oppresso dalla scomunica: l'imperatore ammette allora di aver agito male contro papa Gregorio e pensa di arrivare a restituire le posizioni occupate o almeno alcune in cambio della assoluzione. Iniziano minuziosi e confusi negoziati e ad un certo punto, nel 1244, nasce la proposta di incontrarsi con Innocenzo IV faccia a faccia a Narni, a nord di Roma. Federico accetta il luogo a lui non favorevole (sarebbe stato meglio un centro a sud di Roma) pur di incontrare il pontefice: lo si direbbe sicuro di perorare con efficacia le sue ragioni e di essere in grado di convincere l'avversario come altre volte era successo.

Ma il pontefice uscito da Roma cambia strada e punta su Civitavecchia, dove si imbarca su una nave della sua città natale, Genova, per dirigersi poi a Lione, città imperiale ma vicina al regno di Francia. Anche Innocenzo IV incontra però, in questa sua fuga dall'Italia, alcune difficoltà: per esempio vincere la resistenza di re Luigi IX a dare il permesso di viaggiare sul suolo francese (di ospitare il papa non si parlava nemmeno). Perché Innocenzo aveva lasciato l'Italia e rifiutato di incontrare Federico?

Matteo da Parigi riporta una voce secondo la quale cento cavalieri di Federico erano nascosti nel bosco lungo la via, pronti a catturare il pontefice. È certo che in qualche misura Innocenzo aveva paura, una paura non improvvisa dal momento che il cambio di meta, Civitavecchia e non Narni, era stato evidentemente programmato.

A Lione il papa annuncia il concilio da tenersi il 24 giugno del 1245; sul tavolo c'è soprattutto il problema Federico, poi la riconquista di Gerusalemme e la minaccia dei tartari. Le intenzioni del pontefice erano chiare. Nelle epistole forsennate di Rainiero cardinale di Viterbo e vicario del papa in Italia, Federico appariva oramai simile alla quarta bestia dell'Apocalisse: l'eretico, l'assassino del papa Gregorio, l'avvelenatore delle sue mogli, lo stupratore delle donne che gli capitavano a tiro.

> È più cane di Erode che a nulla pensava se non a uccidere Cristo... è più crudele di Nerone e più selvaggio di Giuliano l'Apostata perché cerca di distruggere la fede... È simile all'angelo caduto e come Lucifero ha tentato di salire al cielo della chiesa e levare il suo trono fino alle stelle per eguagliare e superare l'Altissimo vicario di Cristo... Quando rimase lungamente vuoto il soglio apostolico il cuore del principe criminale si levò a rovina della chiesa perché volle sedere come Dio stesso sul trono di Dio cercando di eleggersi da se stesso pontefice... Non abbiate pietà per il sacrilego. Gettatelo a terra al cospetto dei re, scacciatelo dal tempio di Dio... Annientate corpo e anima, seme e discendenza di questo babilonese. Possa la Misericordia dimenticarsi di lui.

Taddeo da Sessa, inviato dall'imperatore a Lione al concilio, da amico fedele qual è, descrive Federico con parole opposte a quelle dei nemici: conciliante, pio e pentito. Poi fa la sua grandiosa offerta: Federico avrebbe combattuto a Gerusalemme e anche contro i mongoli. L'imperatore di Bisanzio, seduto al fianco del papa, si suppone ascoltasse tutto ciò con attenzione e favore. All'accusa di Rainiero di assoldare in battaglia mercenari musulmani, Taddeo ribatte con un sofisma: non è forse preferibile versare sangue di infedeli invece che sangue cristiano? All'accusa minore ma di grande effetto a proposito dell'harem che Federico tiene a corte, Taddeo risponde che le donne arabe ospitate nella reggia dell'imperatore sono semplici danzatrici e acrobate, non concubine. L'imperatore, conclude, deve essere ascoltato e aver la possibilità di discolparsi. Sembra di poter dire che Innocenzo di fronte alle offerte presentate da Taddeo da Sessa è in trappola.

E allora fa qualcosa di clamorosamente definitivo: prima che Federico arrivi a Lione per difendere la sua causa, mostrando ancora una volta il suo timore di incontrarlo, vederlo e ascoltarlo, emette la sentenza irrevocabile: formalmente proibisce che da parte dei sudditi gli si presti obbedienza. In sé la cosa era già implicita nella scomunica, ma questa volta si tratta di una solenne deposizione o destituzione sulla linea delle ambizioni del *Dictatus papae*: tutti i sovrani in base alla dottrina della *plenitudo potestatis* erano subordinati al papa. Nella sentenza davanti al concilio (non numeroso e quindi denunciato da Taddeo da Sessa come non ecumenico), fra le eccezioni sollevate dai rappresentanti del re di Francia e di Inghilterra subito messi a tacere, il papa dà lettura delle accuse formali. In sostanza queste ricalcano le astiose espressioni del cardinale Rainiero: Federico era amico dei saraceni e alleato della setta degli Assassini, era un adultero, un sacrilego, non si curava della salvezza dell'anima sua, perseguitava i sacerdoti, non soccorreva i poveri e altre cose ancora... L'imperatore era già sulla via per Lione, a Torino. Senza parole, irato sceglie una delle sue molte corone e, oramai libero perché deposto con infamia, se la pone sul capo minacciando il papa: «Sono stato incudine troppo a lungo battuta, da oggi sarò martello».

La ruota della fortuna scende rapida per Federico, e tuttavia...

Innocenzo IV, nel suo grandioso programma di annullamento di Federico e degli svevi, incontra alcune difficoltà in Germania: sono pochi gli elettori, fra i quali i vescovi di Magonza, Treviri e Colonia, a sostenerlo anche se per l'imperatore l'entusiasmo non è più quello dei tempi prosperi. Comunque la rivolta contro Federico tanto auspicata dal papa non scoppia e con la morte del duca d'Austria, anche questa è inglobata nel dominio imperiale. Un punto per Federico.

Il regno di Sicilia, quello, diviene allora l'obiettivo di Innocenzo, che sogna la realizzazione di un regno, che era formalmente già vassallo di Roma, dove finalmente la religione costituisca la base della struttura politico-giuridica attraverso l'indipendenza degli ecclesiastici dai tribunali secolari (anche nei casi di alto tradimento) e l'abbandono della legislazione normanno-sveva. Ma il clero meridionale non accoglie favorevolmente le idee del papa e molti, non solo Berardo vescovo di Palermo sempre fedele, rimangono al fianco di Federico.

L'inverno del 1247 riporta al nord dalla Sicilia, dove aveva represso una ribellione, l'imperatore che vuole serrare le fila dei suoi incoraggiando i principi tedeschi e chiudere la questione lombarda. La situazione nella Pianura Padana è però oscillante. Il figlio Enzo preme sui guelfi e riconquista Parma, ma si tratta di una vittoria effimera. Sembra incredibile, ma l'imperatore in alcune lettere a Luigi di Francia appare desideroso di pace e spera ancora in un accordo con il papa con la mediazione di alcuni cardinali meno fanatici di Rainiero, tanto che progetta persino di presentarsi a Lione. Promette di partire per la Terrasanta e di rimanerci per sempre purché il pontefice incoroni imperatore Corrado e revochi la scomunica.

Innocenzo rifiuta, aizza gli alleati lombardi e affida al giovane cardinale Ottaviano degli Ubaldini il comando delle sue truppe. Parma, non certo per opera dell'Ubaldini ma per mezzo di regali e privilegi alla parte guelfa, passa al pontefice come alleata della Lega Lombarda: Enzo chiede soccorso urgente al padre imperatore, ma intanto cinge d'assedio la città. E a Parma – come sappiamo – Federico perde la battaglia, il suo prezioso libro sui falconi e uno dei suoi collaboratori più valenti e fedeli, Taddeo da Sessa, e tutto questo forse per amore della caccia. «Un orso ferito e privato dei suoi cuccioli», così lo descrive il malvolente Salimbene. Si ritorna al solito problema che diviene sempre più stringente e ossessivo: una nuova tassa straordinaria viene imposta ai sudditi siciliani senza distinzione di stato, laici e ecclesiastici. Federico in questi ultimi due anni di vita non fa altro che combattere veramente come un orso accerchiato, ma oramai tutto si svolge nell'Italia del Nord. La Sicilia, la pupilla dei suoi domini, era chiamata solo a un aiuto concreto e materiale.

Nella primavera del 1249 due catastrofi si abbattono e molto da vicino sull'imperatore: i bolognesi sbaragliano l'esercito dell'alleata Cremona e fanno prigioniero il figlio, re Enzo, e il logoteta Pier delle Vigne viene accusato di aver tradito Federico.

LA RAGIONE DI PIER DELLE VIGNE

A voi, pio Cesare e non ad altri, torna gloria e onore per avermi tante volte reso glorioso con le vostre lettere... Perciò appunto mi preme di sentirmi glorificato dalla gloria vostra ed esultante dei vostri successi... Nulla mi sta a cuore quanto l'incolumità, la fortuna e l'insigne trionfo di colui dal quale dipendo, senza la cui stima non sono nulla e alla cui ombra vivo esaltato e onorato...

Così scriveva il protonotaio Pier delle Vigne.

Più di vent'anni allora in quei secoli, se andava bene, erano metà di una vita: la collaborazione fra Federico e il suo braccio destro, quasi un *alter ego* per l'imperatore, fu una intesa piena e totale durata, appunto, più di vent'anni. Era stata una straordinaria solidarietà intellettuale e di lavoro o anche un'amicizia solida e leale? Non lo sapremo mai perché i sentimenti secondo lo stile degli scritti di quei secoli sono espressi «alla ribalta» e sotto il velame di discorsi costruiti con arte. Si può quindi immaginare che le parole dicano di più o diversamente dalla invisibile intenzione del cuore.

È certo però che una profonda e rapida comprensione delle intenzioni unite a una innegabile coincidenza di progetti dovevano essere state assolute per più di vent'anni, fino a quel fatale 1249.

Colui che tenne entrambe le chiavi del cuore di Federico, Pier delle Vigne, nel 1225 era stato nominato giudice della Magna Curia (è naturale ritenere Piero insieme a Federico l'autore del *Liber augustalis* del 1231), nel 1239 era divenuto cancelliere della corte imperiale e nel 1247 logoteta (titolo che veniva dalla tradizione bizantina) e «protonotaio dell'aula imperiale», titolo creato per lui. Piero parlava con sapienza retorica riconosciuta da tutti ed efficacia straordinaria a nome del suo sovrano, dando alla teoria del potere di Federico l'espressione più autorevole, efficace ed elegante.

La posizione di Piero e la sua capacità erano riconosciute nel regno: nel 1234 professori e studenti, presentando una richiesta per rinnovare lo *Studium* di Napoli, si rivolgono non a Federico imperatore ma a Pier delle Vigne, «assertore esclusivo della verità». Si tratta della verità politica, quella dei fatti, e della volontà del sovrano. È di Pier delle Vigne la lettera indirizzata ai «docenti in filosofia» della università di Napoli che parla di libri, di quei codici *sermoniales et mathematici* (di logica e di matematica) scritti in greco e in arabo da tradurre e studiare.

Pier delle Vigne – va ricordato – era interessato ai modi e agli stili dell'insegnamento universitario: aveva studiato a Bologna dopo che a Capua, dove fioriva una scuola di *ars dictaminis* influenzata nello stile dalla Curia pontificia. Del resto lo stile della cancelleria papale era già penetrato nella cancelleria dei re normanni con Tommaso vescovo di Reggio.

«Meraviglioso dictatore» lo definisce il Boccaccio e anche «artificioso», espressione di apprezzamento che dice «tutta l'arte di uno stile ricco di biblismi, metafore, parallelismi, uso del climax, allitterazioni, figurazioni, ben compiuto nella maniera del *Contrasto fra la rosa e la viola* scritta per l'imperatrice Isabella d'Inghilterra» (Oldoni 1995).

Piero parla dunque con verità a nome del suo sovrano ma non soltanto. Piero pensa con lui, vede e segue con lui per molti anni lo svolgersi delle idee sul potere imperiale nel sempre drammatico confronto con l'altro potere, anche quando è latente o debole nei fatti, quello del pontefice.

Tutto ciò è ben evidente per esempio nell'enciclica di Piero scritta nel 1239, dopo la scomunica di Gregorio IX, e indirizzata ai sovrani e ai principi d'Europa, dove Federico è assimilato alla figura del Cristo circondato da una turba di farisei, i cortigiani di papa Gregorio IX indicato come indegno vicario. L'anno 1239 era un momento cruciale, ma anche sette anni prima, nella lettera allora scritta direttamente al pontefice, si può ammirare la robustezza teorica del testo al di là dell'eleganza del dire:

Sebbene i due poteri, il sacerdotale e il sacro imperiale appaiano distinti nel loro significato essi posseggono in realtà il medesimo senso proveniendo dalla stessa origine. Entrambi sono infatti poteri stabiliti dalla autorità divina, sono sostenuti dalla stessa grazia divina e potrebbero essere rovinati dalla perdita della nostra fede comune. A noi dunque spetta in concordia di garantire la salute della nostra fede restaurando i diritti della chiesa insieme a quelli dell'impero.

Un equilibrio desiderato, anche progettato, ma le parole celano appena il pericolo della frattura rovinosa che arriverà.

Sulla porta di Capua costruita nel 1234, che reca – l'abbiamo visto – nelle sue fondamenta ottagonali il segno della dottrina e dello stile imperiali, sta la scultura di Federico con i giudici Taddeo da Sessa, ucciso dai cittadini di Parma nel 1247, e Pier delle Vigne. Cent'anni dopo l'edificazione della porta, le tre immagini furono interpretate in chiave religiosa come quella del Cristo affiancato dalla Misericordia e dalla Giustizia, vigilanti il varco che permette il passaggio al regno celeste. Ma nel 1234 si trattava di uomini reali e in particolare di un uomo, Piero, che conosceva il mondo terreno molto bene – la politica, i libri, la Legge, che contribuiva a chiarire e a esporre – e più in basso anche quelle norme non scritte ma potenti, che regolavano il mondo della corte, l'«ospizio» dove correva avida e rapace quella meretrice, l'invidia, «morte comune» dei palazzi del potere.

Quella che porterà Piero incolpevole, secondo Dante ma non solo, alla rovina.

Più di un documento della corte indica in Pier delle Vigne la massima autorità dopo l'imperatore, lo definisce vicario imperiale in analogia al pontefice vicario divino. «Così parlò Federico: 'Pietro amami e pascola il mio gregge'. L'imperatore amante della giustizia intendendo dare a questa fondamenta solidissime la pose su quella roccia affidando a Pietro il complesso delle leggi che guidavano il popolo».

Il notaio della corte imperiale Nicola da Rocca riprende più ampiamente il paragone di Pier delle Vigne con l'apostolo Pietro vicario del Cristo e suo seguace da quando lasciò l'umile mestiere di pescatore. Il paragone va però a tutto favore del Pietro «nato a Capua», perché a differenza dell'apostolo che rinnegò il Signore il terzo giorno, il cancelliere di Federico non tradì mai l'imperatore ma si adoperò sempre nell'applicazione dei «principi della virtù» e nella lotta agli errori.

Il notaio Nicola si occuperà dell'epistolario di Pier delle Vigne preceduto dalla *Eulogia* scritta in onore di Federico: la raccolta fu certamente conosciuta da Dante che riprende il tema della fedeltà del protonotaio al suo sovrano nel Canto XIII dell'*Inferno*. L'*Eulogia* è di fatto un manifesto che si ispira all'antico modello imperiale: Piero richiama i nomi di Giulio Cesare e Ottaviano Augusto e attribuisce a Federico la qualità filosofica di *Forma Boni*, Forma del Bene, che dà ordine al caos e riconcilia gli opposti elementi della natura. Ma ancora una volta la prospettiva più rilevante è quella della sacralità del potere imperiale, per cui si guarda all'imperatore come a un altro Messia «il quale cura che vengano spente le faville del male e che la virtù della sicurezza sia dotata di fondamenta salde mentre con il ferro delle spade si forgeranno i vomeri...». Quale sarà stato il giudizio di Dante su un testo che probabilmente conosceva e che conteneva alcune pretese chiaramente blasfeme o almeno suonava singolarmente arrogante?

Federico e il suo «Pietro»: in un dipinto del palazzo di Napoli raffigurante il tribunale della Magna Curia il primo è «sul trono», il secondo «in cathedra». A presentare Pietro è lo stesso imperatore: «Questo è colui che vi darà le leggi a mio nome, è il giudice Pietro di cognome della Vigna».

Brunetto Latini scriverà che «Oratore è colui che ha appreso bene l'arte che usa nel dire e nello scrivere sopra le questioni. Così fanno i buoni parlatori e dittatori come il maestro Pier delle Vigne...».

Cosa accade dunque nel 1249, un anno prima della morte di Federico?

Dante credeva probabilmente alla versione di Nicola da Rocca che aveva giurato sulla fedeltà e lealtà di Pier delle Vigne; il racconto del cupo e potente Canto XIII dell'*Inferno* lo dimostra. In quel torno d'anni è verosimile che l'imperatore fosse divenuto sospettoso per le difficoltà da affrontare, le perdite di uomini fidati come Taddeo da Sessa, la cronica mancanza di denaro, la congiura della primavera del 1246 organizzata da gente sua, come il vicario imperiale di Toscana e l'amico Orlando de Rossi rapidamente scoperti e giustiziati, ma prima accecati mutilati e trascinati per le strade. Il pontefice Innocenzo IV aveva chiamati i congiurati «atleti del Signore Gesù Cristo». Federico prestava quindi orecchio più sensibile alle voci dei cortigiani, evidentemente invidiosi della fortuna così lunga e prestigiosa del protonotaio.

Fra' Salimbene, certamente non simpatetico, ci dà un quadro malizioso e di basso profilo: Piero aveva accumulato un tesoro attraverso le illecite ricompense per i favori dispensati in quegli anni di amministrazione del regno e Federico, sempre alla ricerca di denaro, voleva impadronirsene. I nemici di Pier delle Vigne avrebbero quindi colto un momento assai opportuno per accusare e sbarazzarsi del grande rivale del quale quasi tutti a corte – è verosimile – erano invidiosi. Ma il racconto di Salimbene è come altre volte più basso e volgare delle vicende e dei personaggi oggetto della sua *Cronica*: «L'imperatore non sapeva conservare la amicizia di nessuno e anzi si vantava di non aver mai ingrassato un porco del quale non avesse avuto poi la sugna. E intendeva dire che non aveva mai innalzato alcuni alla ricchezza e agli onori senza poi vuotargli la borsa...».

È vero comunque che l'imperatore era in quel momento fragile, forse in modo particolare, dopo la sconfitta di Parma e aveva già conosciuto da più di un decennio il tradimento anche attraverso la ribellione del proprio figlio.

Nel gennaio del 1249 a Cremona il protonotaio venne arrestato senza preavviso: sembra che i cittadini cremonesi esultassero alla notizia e volessero persino linciarlo. Pier delle Vigne fu trasferito a Fidenza e poi poco dopo a San Miniato in Toscana. Lì giudicato colpevole di malversazioni e di corruzione fu accecato. L'amarezza della caduta e, se la pensiamo allo stesso modo di Dante, la disperazione per la ingiustizia subita sopraffecero Piero che si uccise fracassandosi la testa contro il muro della cella. «Altri invecchiano con il tempo io per dolore... Ero ricco e amato, chiamato da un umile stato a cose grandi e promosso a imprese altissime».

Alcuni riportano un'altra storia, quasi un *topos* nelle narrazioni a proposito delle rotture tragiche non infrequenti fra i tiranni e i loro collaboratori più vicini: la congiura contro l'imperatore e il tentativo di avvelenamento. Matteo da Parigi contribuisce a diffondere questa versione. L'imperatore malato assumeva alcuni farmaci consigliati dal suo medico, segretamente prezzolato dal pontefice. Federico insospettito lo obbliga a bere metà della pozione: preso dal terrore il dottore finge di versarla a terra incidentalmente. Ma il poco liquido rimasto basta per uccidere alcuni prigionieri confermando l'esistenza della congiura. Sempre secondo Matteo da Parigi, Federico quando è informato del tradimento scoppia in lacrime declamando: «Me infelice colpito fin nell'intimo. Pietro che credevo una roccia ed era la metà dell'anima mia mi ha preparato con l'inganno la morte».

In questa storia, così tragicamente banale che si ripete nei secoli alle corti dei potenti, sarebbe stato coinvolto infatti come ispiratore del tentato avvelenamento Pier delle Vigne che meditava secondo l'opinione di alcuni di passare alla parte avversaria offrendo le sue capacità di giurista e scrittore al pontefice. Comunque siano andate le cose, colpiscono nella tragedia – perché la morte del logoteta imperiale senz'altro fu una tragedia anche per Federico – la familiarità orribile degli eventi, un *déjà vu* almeno per lo storico.

Sette secoli prima di Pier delle Vigne Manlio Severino Boezio, messo in carcere e condannato a morte dal suo re Teodorico che lo aveva innalzato fin dagli anni della gioventù alle più alte cariche del regno e ricoperto di onori, aveva scritto: «Improvvisa incalzata dalle disgrazie è giunta la vecchiaia e prima del tempo il mio capo è coperto di capelli bianchi... Mentre con beni fuggevoli l'infida fortuna mi attraeva a sé, un futuro doloroso si preparava a sommergere la mia vita».

«L'ULTIMO GIORNO DELLA VITA È ANCHE L'ULTIMO DELLA FORTUNA»

In quell'anno così tragico per Federico, la ruota della fortuna si arresta nella sua discesa ancora per qualche attimo e quell'arresto può illudere: l'imperatore può sperare di avere ancora spazio per la sua volontà e la sua ragione guarda ancora avanti. Ha cinquantacinque anni.

L'esercito imperiale infatti registra qualche successo: i pontifici, con a capo il cardinale Pietro Capoccio, sono sbaragliati sul confine nord-orientale del regno di Sicilia; a Cingoli l'arsenale papale cade nelle mani delle truppe imperiali e, una dopo l'altra, le città costiere su fino a Ravenna sono riconquistate o rese inoffensive. In Germania Corrado riprende la sua autorità sulle città renane ribelli, che si erano schierate un anno prima con il rivale Guglielmo di Olanda.

Il papa, visto l'insuccesso della sua offensiva, si prepara a scappare ancora un po' più lontano, a Bordeaux, feudo inglese. C'è poi la fine del sogno crociato di Luigi IX e la sua cattura in Terrasanta che per il pontefice non è certamente una buona notizia: il riscatto chiesto è astronomico, ma la Francia lo avrebbe pagato e il re sarebbe presto tornato sulla scena europea. Tutto ciò non è favorevole ai piani del papa; Innocenzo IV sapeva che al ritorno Luigi non avrebbe approvato l'ostilità continua contro l'imperatore che aveva consumato gran parte delle energie e lacerato il quadro della cristianità europea. Del resto lo scontro fra i due massimi poteri aveva già avuto una parte di responsabilità anche nel fallimento della crociata.

Era ancora possibile un accordo fra le due massime potestà? Il pontefice fa capire che se Federico si fosse presentato senza scorta a Lione alla corte pontificia e avesse riconosciuto i *dictata papae* accettando la resa incondizionata...

Ma Innocenzo di fatto riprende il suo piano di annientamento degli Staufen.

Federico, forte dei successi in Italia e in Germania, da lui interpretati come sintomi di un corso nuovo e favorevole, in quei giorni scriveva che, «per rallegrare non solo coloro che ci sono legati da vincoli di sangue o d'amore ma anche gli amici», la sua «divina maestà con l'appoggio della provvidenza celeste guida e governa tutto l'impero sottomesso in pacifico ordine».

Per Federico tuttavia come per tutti gli uomini, l'«ultimo giorno della vita è anche l'ultimo della fortuna» (Boezio).

Un giorno quasi improvviso, ecco la fine di tutto: una malattia non rara in quelle terre e in quei tempi colpisce Federico mentre caccia con gli amati falconi in Puglia («d'inverno – scrive il Villani – l'imperatore uccellava a Foggia») e i giorni futuri gli sembrano ancora tanti. Una fine improvvisa oppure una conclusione scritta e inevitabile della corsa della ruota della fortuna verso il basso, un movimento prima lento poi di colpo rapido fino all'arresto definitivo?

Quell'ultimo giorno – il 13 dicembre – che il papa crudelmente giudicherà splendido per la cristianità («Si rallegrino il cielo e la terra»), altri lo indicheranno come nefasto: «il giorno in cui il sole della giustizia è tramontato, l'artefice della pace è spirato», così Manfredi scrive al fratello Corrado.

Intorno a Federico, in Puglia a Castel Fiorentino (era quello il luogo «sub flore» di una profezia, si dice, tanto temuta dall'imperatore), erano presenti in molti assieme alle ombre dei collaboratori di tutta una vita – Pier delle Vigne, Taddeo da Sessa – forse anche insieme al ricordo struggente del figlio Enrico, ribelle infelice... C'erano Manfredi, non ancora ventenne, anche lui così amante dei falconi, poi il fedele vescovo di Palermo Berardo che confessa l'imperatore, forse la donna amata in quella stagione, il gran giustiziere Riccardo da Montenero, il medico Giovanni da Procida protagonista in futuro di grandi eventi siciliani, consiglieri e funzionari. Federico, sempre secondo la stessa voce, dichiara un'amnistia per i crimini minori, riduce le tasse del regno, restituisce alla chiesa «fatti salvi l'onore e i diritti dell'impero» ciò di cui si era impadronito. Berardo, vicino a Federico con fedeltà da cinquant'anni, raccoglie il suo pentimento e lo assolve.

Ma Dante lo metterà nel suo *Inferno* accanto ad altri eretici, come Farinata degli Uberti e l'amico Guido Cavalcanti, eretici e epicurei (coloro che «l'anima col corpo morta fanno»). Dante che, voce libera ossia poetica e quindi popolare, è però anche colui che assolve da colpe analoghe il biondo e gentile Manfredi nel *Purgatorio*. Ferito mortalmente in battaglia a Benevento, Manfredi è salvo solo nel giudizio del poeta e attende di ritornare nelle grandi braccia «della bontà infinita» in virtù di un pentimento non manifestato pubblicamente ma vissuto nell'intenzione del cuore, mentre suo padre Federico, pubblicamente assolto sul letto di morte e per il quale pure Dante ha avuto parole di stima, è condannato alle pene infernali. Una svalutazione in Dante del rito e dell'esteriorità a favore dell'intenzione intima e consapevole? Oppure il poeta conosce un'altra versione sulla fine dell'imperatore? La cronaca del Villani ci parla di un assassinio commesso proprio da Manfredi che soffoca il padre con un cuscino e testimonia dunque un Federico che non arriva alla consapevolezza della fine.

Come ogni sovrano anche Federico tre anni prima, dopo aver sventato una grave congiura, aveva pensato a quello che lasciava sulla terra, i figli, le cose. Ai discendenti «deputava un gran numero di gente e d'arme» e mezzi per mantenerli, ma il potere pieno imperiale e regale era tutto per Corrado figlio di Isabella di Gerusalemme, il maggiore dei figli legittimi; Enrico, figlio della principessa inglese (che era stato chiamato Enrico Carlo Ottone fino alla morte del primogenito Enrico figlio di Costanza), avrebbe avuto il trono di Gerusalemme, che doveva però riconquistare, e solo in caso di premorte di Corrado l'eredità di questi. Terzo nel testamento, ma non nel cuore di Federico, veniva l'illegittimo Manfredi, principe di Taranto, al quale era affidato in assenza di Corrado il vicariato del regno amato, la Sicilia.

Nella donazione dell'imperatore erano ricordati anche il nipote Federico, figlio del suicida Enrico, l'illegittimo Federico d'Antiochia e suo figlio Corrado d'Antiochia. Era quello di Federico un testamento minuzioso che mostrava di tener conto ancora una volta della sua discendenza, non sappiamo se con amore ma senz'altro con la consapevolezza dei doveri della sua maestà. Era anche un disegno di ragione politica che si illudeva di dominare il futuro presupponendo la pace, quella che non ci fu mai.

È proprio vero, come racconta Matteo da Parigi, che Federico chiede in morte che il suo ultimo abito sia la tonaca dei cistercensi? Nel sarcofago di porfido della cattedrale di Palermo, Federico scende vestito da re con il mantello rosso di seta ricamato con aquile imperiali.

SCRIVERE UNA VITA

La storia non si snoda
come una catena
di anelli ininterrotta.
In ogni caso
molti anelli non tengono...
La storia non è prodotta
da chi la pensa e neppure
da chi l'ignora...
La storia gratta il fondo
come una rete a strascico
con qualche strappo e più di un pesce sfugge.
Qualche volta s'incontra l'ectoplasma
d'uno scampato e non sembra particolarmente felice.
Ignora di essere fuori, nessuno glien'ha parlato.

Eugenio Montale

Viviamo circondati da moltissime storie, la nostra stessa vita ci appare una storia, ma le storie ci sembrano più significative e interessanti quando le percepiamo insieme, connesse fra loro in un tempo e in uno spazio che si amplia oltre la vita dei singoli in un intreccio sempre più fitto man mano che la nostra conoscenza si fa più precisa e si organizza secondo linee comuni: gli affetti innanzitutto e i legami familiari e sociali, i luoghi abitati e i paesaggi, la condivisione di grandi vicende o di un lavoro, ma anche una guerra oppure una scoperta scientifica che cambia la vita di una generazione, stili di vita, ideali e progetti condivisi... Mi domando se nella percezione più comune e diffusa la storia non consista proprio in questo, prima che essa diventi oggetto dello studio di alcuni uomini più sapienti e perspicaci che scrutano il fondo del mare raschiandolo con una «rete a strascico con qualche strappo».

Una biografia o una autobiografia, la storia di una sola vita, possono sembrare facilmente strette e opache e scriverne pone alcuni problemi se non si ricorre a qualche accorgimento. Inoltre dopo decenni di storia corale, delle idee, della mentalità e delle strutture materiali, sulla biografia o meglio sulla sua – per così dire – legittimità storiografica si sono addensati dubbi e critiche. Un certo disagio è avvertito da chi scrive la vita di un uomo, per quanto eccezionale sia stato e quindi degno di grande attenzione. Anzi, le cose sembrano diventare proprio per questo più complicate. Parliamo di Federico: innegabile la sua forte personalità, ma anche innegabile che le decisioni e le sue idee ci possano apparire sovente originali e rapide e al fondo incomprensibili staccandosi con troppo rilievo e quasi sfasate rispetto al contesto. Il problema posto dalla prospettiva della storia della mentalità – una prospettiva difficile da trascurare anche se molte cose sono cambiate negli ultimi decenni – sembra non accordarsi all'analisi e alla narrazione di una vita singola. Il problema del tempo, ecco, in questo potrebbe stare il distacco: storia della mentalità «significa storia della lentezza della storia» (Le Goff 1992) mentre una vita, quella di Federico II sembra segnalare allo storico la realtà di una iniziativa singolare, veloce, illusoriamente coerente a una identità, e sovente indecifrabile rispetto allo sfondo apparentemente immobile della lunga durata.

Le difficoltà (per qualcuno le «assurdità e le illusioni») della biografia storica sono certamente dovute a più di un motivo: «eccesso» di significato, impossibilità a rappresentare la identità individuale per giunta senza gli strumenti linguistici e le strategie stilistiche del romanzo biografico (come fa Sterne nel suo *Tristram Shandy*), taglio cronologico paradossalmente innaturale perché obbligato dalle due date naturali di ogni vita. I due primi punti sono stati segnalati da Passeron (1981), discussi da più storici e ripresi da Le Goff (1996): «la narrazione biografica può dare l'illusione che nulla di ciò che è narrato è insignificante...»; il personaggio in questione può sembrare predestinato e teso senza incertezze verso il suo destino, il trionfo, il martirio o la disfatta fatale. «La costruzione – diamo la parola ancora al biografo di san Luigi, Le Goff (1996) – della santità del re è segreta, inconsapevole e incerta... a tratti imprevedibile. Il biografo deve tentare di renderne conto».

Oggi sembra fortunatamente svanito un altro pericolo presente invece nelle biografie tradizionali, quella «opposizione fra individuo e società» di cui molti oramai hanno segnalato la insensatezza. La conoscenza della società è necessaria per guardare il costituirsi del personaggio individuale che è d'altra parte anche un ottimo punto di osservazione.

Levi (1989) ha osservato infatti che la biografia può essere un buon punto per verificare il carattere «interstiziale» della libertà degli agenti umani e una prospettiva ideale per osservare in concreto i sistemi normativi in cui non mancano le contraddizioni: «esiste per ogni individuo uno spazio di libertà significativa che trova la sua origine nelle incoerenze dei confini sociali permettendo in tal modo i mutamenti».

Nel caso di Federico II l'eccesso di significato che minaccia la biografia è sottolineato da una caratteristica esplicita del soggetto. Di Federico si deve dire innanzitutto che le fonti ce lo mostrano sempre alla ribalta come un attore. Ogni sua dichiarazione e le dichiarazioni di chi gli sta vicino, come Pier delle Vigne o gli è contrario come Rainiero di Viterbo, lo rappresentano mentre fa o dice qualcosa di spettacolare, memorabile e nel bene o nel male eticamente rilevante: punisce con estrema durezza il figlio infedele, perdona clamorosamente o annienta esemplarmente un nemico, monta in collera in modo evidentemente progettato, si presenta come «sempre vittorioso» anche dopo una battaglia perduta o in lettere altisonanti indirizzate alle corti europee «perseguitato come il Cristo», si dichiara l'esecutore del piano provvidenziale divino, interroga da pari a pari sapienti al di là del mare e dotti della sua corte sui massimi problemi filosofici. Personaggio pubblico, Federico rientra quindi sempre in un ruolo, il medico sapiente e benevolo dei suoi sudditi, l'agnello fra i lupi, il leone ferito, l'orso furente, l'aquila superba, il dragone e l'Anticristo...

O meglio, personaggio quasi sempre pubblico: qualche spiraglio privato e affettivo lo troviamo in alcuni passi del suo *De arte venandi*, dove si legge la passione autentica e vitale per gli «animali alteri», i suoi falconi, la sollecitudine per i compagni di caccia, la tentazione di abbandonarsi all'allegria più semplice assieme a loro come un comune mortale dopo un fortunata giornata di caccia vissuta insieme... Tentazione dichiaratamente frenata dalla consapevolezza del suo altissimo ruolo che non lo abbandona evidentemente mai.

Le sue donne e gli affetti familiari avrebbero potuto dirci di più. Ma sulle prime è silenzio e a proposito dei figli conosciamo soprattutto il dolore, quello dichiarato in modo solenne dopo il suicidio di Enrico, quello sdegnoso e anche esso proclamato ad alta voce quando i bolognesi catturano Enzo. In alcune brevi dichiarazioni si può indovinare un affetto forse speciale e senz'altro solidale verso Manfredi, a cui piaceva come al padre andare a caccia con i falconi, comporre e cantare poesie e, pare, indossare ampi mantelli verdi...

Grande personaggio, Federico non ha avuto la fortuna di avere per le sue imprese un testimone e un biografo «affettivo» ma credibile ed efficace come sarà Joinville per Luigi IX di Francia: per l'imperatore si va da un estremo all'altro, dalle accuse ingiuriose e molteplici ma in fondo generiche di tiranno lussurioso, «turpissimo nel pensiero e nelle azioni», crudele e violento, in breve infame (per esempio: Niccolò da Calvi) ai pettegolezzi e infine agli elogi amici e cortigiani che lo dichiarano dispensatore di misericordia, magnanima Fonte di Sapienza, campione di cortesia, Sole di Giustizia...

La stessa tendenza ritorna in alcune biografie moderne che tendono a dare di Federico un ritratto unitario a tutto tondo improntato a una idea di coerenza estrema, irrealistica e acronica.

Un esempio: il rapporto di Federico con gli ebrei e con i saraceni.

Il regno di Sicilia era oggettivamente e nell'ottica di Federico un regno cristiano: gli ebrei, mercanti, medici e usurai e anche agricoltori – che come «servi della camera reale» godevano della protezione del sovrano e alla corte siciliana potevano essere, come Giacobbe Anatoli, maestri ascoltati e stimatissimi – nelle ordinanze emanate a Messina nel 1221 venivano obbligati a indossare le vesti prescritte che li avrebbero identificati visivamente per le vie della città in forza della normativa del concilio Laterano del 1215 (Canone 68). Era questa una regola applicata e diffusa in altre città e regni e sarebbe stato strano che Federico non l'avesse fatta valere nei suoi domini. D'altra parte la identificazione attraverso l'abito era consueta per molte categorie sociali non solo etniche o religiose nelle città del tempo.

Quando l'imperatore si rivolge con attenzione e stima ai dotti ebrei che vivevano a corte – un piccolo gruppo che si distingueva con evidenza nella folla dei correligionari – non fa qualcosa di contradditorio alla sua linea politica dato il suo interesse innegabile per la scienza. Un interesse primario e sicuramente non decorativo. Federico è uomo, come altri ve ne furono in quei secoli – è bene ricordarlo –, che apprezza la élite dei sapienti al di fuori della loro appartenenza a gruppi. In questo senso l'imperatore e altri uomini del suo tempo erano immuni a mio parere da quei sentimenti che oggi definiamo razzisti: un gruppo di uomini poteva essere per motivi generali o contingenti considerato nemico o comunque pericoloso, ma l'appartenenza al gruppo per nascita o per fede non intaccava il rispetto per la cultura e la sapienza di alcuni fra loro. La cultura era un bene prezioso e come tale quasi sempre riconosciuto nella sua utilità generale: impensabile disprezzarlo e sciocco farne a meno.

Conosciamo comportamenti analoghi in quei secoli: Gilberto Crispino che si intrattiene abitualmente con il suo «amico ebreo» su temi religiosi e filosofici e Pietro Abelardo che discute alla pari, *per modum rationis*, sul Sommo Bene con un «giudeo» e un filosofo musulmano nel suo *Dialogo*.

Quanto al rapporto con i musulmani, il contrasto fra due atteggiamenti di Federico è anche più vistoso. Vediamo Federico interessato, rispettoso e cortese nel confronto dei sapienti musulmani che ospita a corte o manda a cercare e interrogare al di là dei mari come quel maestro sufi, il dotto Ibn Sab'īn al-Haqq che da parte sua lo tratta invece con una certa arrogante disinvoltura. Allo stesso modo Federico apprezza (non può farne a meno, dichiara) l'abilità e la lealtà della sua cavalleria saracena che lo segue anche in Terrasanta. Ma è nota la sua durezza politica contro i saraceni che abitavano nell'isola da tempo, prima dei normanni, e avevano reso così difficile e precaria la sua vita di sovrano bambino e poi adolescente arrivando a allearsi con Marcovaldo von Anweiler. Verso il 1220 la situazione era divenuta insostenibile: Girgenti nel territorio di Agrigento era una roccaforte islamica dove le chiese cristiane erano state distrutte e il vescovo fatto prigioniero. Ma Federico era oramai in grado di affrontare il problema. Il capo dei rivoltosi Ibn Abbad si arrese dopo due mesi di assedio e, sebbene in ginocchio chiedesse perdono, fu preso a calci dallo stesso imperatore che selvaggiamente infuriato lo ferì con i suoi speroni e ordinò la sua impiccagione sulla piazza di Palermo. Poco dopo il re fece prelevare e deportare, in Puglia a Lucera, lontano dai centri della rivolta quasi ventimila saraceni, i più irriducibili, forse il dieci per cento della intera popolazione musulmana.

La città diventò una enclave islamica: Federico impose ai musulmani (che l'avevano imposto a loro volta altrove ai cristiani e agli ebrei) il testatico concedendo loro in cambio la pratica del diritto e della religione islamica e cominciò visibilmente a prediligere quella terra dove fece costruire un importante castello indicato dai suoi avversari come il solito luogo di delizie pericolose all'anima, dotato di harem naturalmente, di giardini e decori sontuosi e esotici. Alcuni storici hanno parlato di tolleranza «illuministica», a proposito dell'atteggiamento di Federico verso i saraceni di Lucera, liberi di professare la loro fede. Ecco un'altra prospettiva storiografica che invade e stravolge la lettura del personaggio e dell'epoca: strumenti di periodizzazione e interpretazione accettati convenzionalmente dagli storici (e utili esclusivamente nel loro lavoro) si sovrappongono all'indagine sulla realtà, diventando a loro volta realtà in cui collocare uomini che vissero di fatto nel loro tempo e non in una categoria storiografica. «La storia non è prodotta da chi la pensa»: Federico non è un principe «rinascimentale» e per quanto possa forse sembrare più strano neppure «medievale» nel senso generico e confuso che il termine ha oramai inevitabilmente assunto.

«Medievale» come Carlo Magno o come Filippo il Bello di Francia?

Il tempo è – penso – il vero problema della biografia: una vita attiva durava al massimo se la fortuna era favorevole poco più di cinquant'anni (e le cose non sono molto cambiate in seguito), un tempo stretto e definito da due date, nascita e morte del protagonista, che da un punto di vista puramente storiografico sono paradossalmente convenzionali o meglio «ingiustificate». E anche un tempo in molti casi troppo breve per cogliere mutamenti significativi nella durata storica.

Rinunciare quindi alla biografia? Penso di no, se la si considera una parte del lavoro storico utile a capire di più attraverso la sempre affascinante analisi di una persona e delle relazioni con il suo mondo. «Un oggetto globalizzante attorno il quale organizzare tutto il campo delle ricerche sui fenomeni sociali, economici, religiosi, culturali» come dichiara Le Goff (1996). Uno strumento per capire di più, dunque, ma senza illusioni: d'altra parte un uomo e lo sforzo che la sua ragione mette in atto per farsi strada negli «interstizi di libertà», nei varchi aperti fra le condizioni di vita a lui date in sorte (questa è la famosa «fortuna» di cui parla Severino Boezio), sono pur sempre la esperienza più irresistibile che possiamo narrare.

Qualche riferimento

Le Goff, J.
1992 *Storia delle idee*, in *Enciclopedia italiana*, Appendice V, Roma, vol. III, pp. 584-594.
1996 *San Luigi*, Torino (ed. orig. 1996).

Levi, G.
1989 *Les usages de la biographie*, «Annales ESC», 6, pp. 1325-1336.

Passeron, J.-Cl.
1981 *Le scénario et le corpus*, in Id., *Le Raisonnement sociologique*, Paris, pp. 185-206.

INTORNO A FEDERICO: UOMINI E IDEE

di Claudio Fiocchi

LE CROCIATE

Ogni manuale di storia medievale possiede un capitolo che tratta delle crociate, ossia quelle spedizioni che ebbero lo scopo di riconquistare e difendere i Luoghi Santi in mano ai musulmani. Ma, come spesso accade quando si parla del passato, il termine con cui oggi designiamo il fenomeno sarebbe risultato oscuro ai protagonisti di allora. Nel latino dei documenti ufficiali dei secoli XI-XIII non si parlava di «crociata», ma di *iter*, *passagium*, *expeditio* o anche *bellum Dei*, specificando la meta e la santità dell'impresa. Si trattava però di termini equivoci: *iter* significava «viaggio», *passagium* poteva essere usato per indicare anche un semplice pellegrinaggio, così come il francese *passage*.

Non esisteva un termine latino specifico per indicare quello che poi è stato chiamato «crociata». Le lingue volgari elaborarono invece dei termini più precisi: *crozeia* in lingua *d'oc*, *croiserie* nella Francia settentrionale, *crozada* in Spagna, *cruciata* e *crociata* in Italia, ma spesso con slittamenti di significato. In Italia, nei primi decenni del XIV secolo, il termine significava anche il denaro raccolto per promuovere la predicazione della crociata (Tyerman 2000). La mancanza di un termine univoco è indice della difficoltà di definire la realtà della crociata e di distinguerla da altri fenomeni simili.

Un problema analogo si presenta a proposito dell'appellativo con cui s'indicavano i partecipanti alla crociata. In prima battuta, i crociati erano definiti *peregrini*, *peregrynes*, *pèlerins*, una denominazione che rimanda evidentemente al pellegrinaggio, un rituale, se non una vera e propria istituzione, che il Medioevo aveva elaborato e disciplinato da tempo, molto prima che le «crociate» avessero luogo. Dopo la terza crociata si diffuse il termine *cru-*

cesignati, ma così potevano essere chiamati anche gli eretici pentiti ai quali la chiesa aveva imposto di vestire la croce.

Tutto questo suggerisce che nel momento in cui l'Occidente avvertì il bisogno di riconquistare Gerusalemme militarmente (dopo un dominio musulmano di centinaia di anni), molti elementi già presenti nella cultura e nella società medievale vennero recuperati e rielaborati.

Prima della crociata: pellegrinaggi, paci di Dio, «vexillum Petri»

Convenzionalmente l'inizio delle crociate viene individuato nel discorso che, nell'ottobre del 1095, papa Urbano II (1088-99) tenne a Clermont, in Alvernia, incitando i nobili ad andare in soccorso dei cristiani d'Oriente, minacciati dall'avanzata dei turchi Selgiuchidi. Questi, provenendo dall'Asia centrale, erano riusciti a estendere il proprio controllo sui territori della Persia, della Siria, dell'Anatolia (ma non dell'Egitto, che era nelle mani della dinastia dei Fatimidi, ai quali i Selgiuchidi avevano però sottratto Siria e Palestina) e dopo la vittoria di Manzikert del 1071, in Armenia, avanzavano verso Bisanzio. Gerusalemme, un tempo appartenuta all'impero romano d'Oriente, era già stata occupata dai musulmani in piena fase di espansione nel 638, restando però meta di pellegrinaggio per i fedeli e conservando una popolazione costituita da appartenenti alle tre religioni del Libro. Ora, in mano ai Selgiuchidi, era forse più difficile e onerosa da raggiungere (sotto i precedenti dominatori musulmani non vi erano stati particolari impedimenti per i pellegrini cristiani) e si parlava di una richiesta d'aiuto da parte dell'imperatore di Bisanzio al papa, in occasione del concilio di Piacenza (marzo 1095).

Tra gli scopi che indussero Urbano a spingere la nobiltà europea alla liberazione di Gerusalemme, vi era l'idea di sottoporre questi aristocratici litigiosi e bellicosi («che combattevano contro fratelli e consanguinei», diceva il pontefice) ad una *peregrinatio paenitentialis*, un pellegrinaggio di penitenza (Flori 2003a).

Il pellegrinaggio era un'usanza molto antica, che nella cultura cristiana si era radicata in profondità caricandosi di ulteriori significati. Già nei primi secoli dell'era cristiana vi erano stati alti prelati, e non solo, che si recavano a visitare i luoghi in cui era vissuto Gesù. Nel VI secolo era ormai una pratica diffusa il viaggio a Gerusalemme, testimoniata da una letteratura che descriveva la geografia dei Luoghi Santi, le cerimonie, gli usi. La presa della città da parte dei musulmani non impedì i pellegrinaggi, che proseguirono per secoli e, durante l'impero di Carlo Magno, si strinsero contatti con il califfo di Baghdad.

Ma Gerusalemme non era ovviamente l'unica meta dei pellegrinaggi e le reliquie da onorare non si trovavano solo in Terrasanta. Nel quadro della generale rinascita economica e sociale che caratterizza l'Europa dalla fine del X secolo, con la ripresa degli spostamenti per ragioni economiche o di studio, il pellegrinaggio conobbe una grande partecipazione. Roma, Mont-Saint-Michel, Santiago de Compostela, Chartres erano tra le principali mete, ma vi erano anche santuari locali di minor prestigio. Se a Gerusalemme era stata custodita la vera croce, che l'imperatore Eraclio nel 630 aveva trasferito a Bisanzio dopo aver ripreso per qualche tempo la Città Santa, occupata dai persiani, alcuni frammenti venivano però staccati per essere usati come reliquie in altri luoghi, come l'asturiana Oviedo, oggetto nel medioevo di un importante pellegrinaggio (Oursel 1998). E inoltre le strade percorse dai pellegrini erano scandite da *stationes*, tappe di sosta, dotate di proprie reliquie.

Molti rischi erano in agguato durante il pellegrinaggio: banditi, animali feroci, intemperie. Il viaggio verso il santuario di Santiago de Compostela era minacciato da un altro pericolo: per raggiungere questo luogo santo della Galizia, nell'estrema costa della Spagna settentrionale, bisognava attraversare un territorio dove cristiani e musulmani (giunti nella penisola iberica secoli prima) si davano battaglia. Recarsi ad un santuario si caricava di un profondo significato: il passaggio attraverso luoghi avversi ed ostili era una metafora del duro percorso di pentimento dell'anima.

Chi erano i pellegrini che intraprendevano questi viaggi? Il termine *peregrinus* veniva usato in molte circostanze nel medioevo. Il pellegrino poteva essere un criminale che scontava un peccato grave, ma il termine poteva anche alludere a studenti, mercanti, predicatori: insomma non indicava una precisa categoria sociale di persone, ma il rapporto dell'uomo con lo spazio. *Peregrini* erano tutti coloro che si spostavano per qualche scopo, ma il pellegrino diretto verso una meta santa godeva di uno statuto giuridico vero e proprio, sancito dal diritto canonico. Era riconoscibile da particolari segni (la croce o la palma per chi andava a Gerusalemme, la croce anche per Roma, la conchiglia per Santiago); la sua persona e i suoi beni erano sacri e protetti dalla chiesa. Il pellegrino aveva qualcosa da chiedere o qualche ragione per la quale ringraziare. Nell'iconografia tradizionale il pellegrino era vestito con uno specifico abbigliamento: fin dalle prime rappresentazioni sono presenti il bastone e la bisaccia, ma col tempo sarà caratteristico il cappello a larghe tese.

Le crociate ebbero inizio proprio come un pellegrinaggio voluto per redimere la nobiltà europea dalle sue guerre fratricide, indirizzando le armi verso un altro compito ben più importante, un pellegrinaggio armato, dunque, per il quale veniva garantita da parte del papa la remissione dei peccati. Fulcherio di Chartres, il cronista più attendibile della prima crociata, sostiene che Urbano, nel suo discorso, invitò esplicitamente ad interrompere gli scontri tra cristiani e a volgere le proprie energie alla liberazione dei Luoghi Santi, oppressi dalla dominazione dei turchi, descritta come oppressiva e crudele. L'arrivo nell'impero d'Oriente di soldati provenienti dalla Francia di per sé non sarebbe stato usualmente motivo di stupore: non era infatti raro che a Bisanzio si assoldassero dei cavalieri occidentali come mercenari per combattere l'avanzata dei turchi. Ma l'appello di Urbano ebbe conseguenze ben più profonde.

Innanzitutto occorre chiedersi la ragione di questa insistenza sul brigantaggio, le guerre private, gli scontri fratricidi. Da tempo, per frenare la ferocia dei cavalieri, venivano proclamate da parte degli alti uomini di chiesa le «paci di Dio» o, successivamente, le «tregue di Dio».

Circa un secolo prima dell'appello di Clermont, i vescovi soprattutto della Francia centrale e meridionale si erano posti il problema di frenare la diffusione dei castelli e delle guerre private che spesso i principi non riuscivano più a controllare. L'esistenza di un ceto di cavalieri cadetti, privi di beni a causa dell'indivisibilità dei feudi tra gli eredi, generava fenomeni di guerra privata e violenza. L'espressione «pace di Dio» indica proprio la risposta che le autorità ecclesiastiche cercarono di dare a queste situazioni drammatiche.

Gli interessi materiali della chiesa erano per altro pesantemente coinvolti perché, come attestano i documenti di vari sinodi (Laprade, Le Puy, Anse, Charroux) tenutisi nell'ultimo ventennio del X secolo, i divieti, gli ammonimenti, gli anatemi si rivolgevano soprattutto a quei signori laici che saccheggiavano i territori e i beni delle chiese, oltre che i beni di poveri come i contadini. A questi tentativi di porre un freno ad una situazione di scontri feudali partecipava anche l'aristocrazia laica, come fece il duca di Aquitania, che convocò nel 1010 un grande concilio.

Nel corso dell'XI secolo la pace di Dio acquistò altre valenze: si disciplinava la guerra individuando le categorie che non dovevano essere coinvolte (contadini, mercanti, uomini di chiesa, e più in generale gli «inermi», cioè coloro che non erano armati) e i periodi in cui lo scontro era interdetto. Insomma, le norme emanate assunsero un carattere più generale. In alcuni casi, come penitenza per la violazione di queste «tregue di Dio», era previsto il pellegrinaggio a Gerusalemme.

È importante notare che i concili e i sinodi convocati per promuovere paci e tregue di Dio non negavano la legittimità della guerra, ma cercavano di disciplinarla, di distinguere tra una guerra giusta e una ingiusta, tra una guerra diretta dalle autorità e una guerra intestina, feudale, spesso estesa ai beni ecclesiastici. La crociata non fu una conseguenza della tregua di Dio, ma vi fu comunque una connessione, come sottolinearono gli stessi cronachisti che riportano l'invito di Urbano II a lottare contro i turchi.

Un altro elemento contribuisce a definire lo sfondo di nascita del movimento crociato: la legittimazione religiosa della guerra. La guerra contro i musulmani era in atto da tempo, e con successo, già prima delle crociate. Nella penisola iberica i potentati cristiani combattevano per allargare i propri confini a spese degli staterelli islamici (e a partecipare a queste guerre erano inviati anche i cavalieri cadetti, privi di ricchezze), ma anche nel Mediterraneo si combattevano varie battaglie sia da parte delle città italiane sia da parte dei normanni, che avevano come scopo un espansionismo a spese dei domini musulmani.

Nella lotta che aveva portato i normanni a divenire signori della Sicilia era già stato sventolato il vessillo di San Pietro. In tutti questi confronti era presente la componente ideologica di uno scontro tra religioni e di una riconquista alla cristianità di territori in mano agli infedeli. L'idea di una guerra santa nel corso dell'XI secolo si presentò dunque più volte. Vittore II (1055-1057) concesse il *vexillum sancti Petri* a chi avrebbe combattuto i saraceni in Tunisia. Alessandro II (1061-1073) sostenne la lotta contro i potentati musulmani nel Nord della Spagna. Gregorio VII (1073-1085) formulò l'idea di una milizia al servizio della chiesa contro i suoi nemici (tra i quali anche il clero simoniaco di Milano), contribuendo alla nascita della figura del *miles Christi*, un soldato di Cristo, armato e belligerante (l'espressione era stata adoperata precedentemente per i martiri). Urbano II spinse il conte di Urgel alla riconquista di Tarragona, da secoli in mani musulmane; i successi normanni nel Sud Italia e dei pisani in Corsica furono interpretati come successi della chiesa di Dio e come un riscatto di queste terre da una schiavitù alla quale erano state condannate dai loro stessi peccati (Flori 2003a).

La prima crociata: la conquista di Gerusalemme

Esisteva un vasto tessuto sociale disposto a recepire il messaggio papale, quale che esso sia stato in realtà, e a marciare verso Gerusalemme. Predicatori, nobiltà diseredata, vagabondi, una folla eterogenea per la quale le parole del pontefice assumevano valori diversi. Mossi vuoi dal desiderio di fare bottino, vuoi da attese di carattere escatologico, vuoi dalla promessa della remissione dei peccati, furono molti a recepire l'idea del *passagium* verso Gerusalemme.

Il messaggio di Urbano, destinato ad aiutare i cristiani d'Oriente e ad alleggerire l'Occidente dalla presenza di cavalieri turbolenti, veniva raccolto da predicatori vaganti che ne incrementavano il peso raccontando di spaventose persecuzioni che i cristiani avrebbero subito in Terrasanta.

Prima ancora che prendessero corpo le spedizioni militari della nobiltà europea, si mossero dunque le folle attratte dai predicatori, tra i quali il più noto fu Pietro l'Eremita nella Francia orientale. Un altro gruppo, tedesco, era guidato da Gualtiero di Passy, detto Senza Averi. Il destino di tali scombiccherate spedizioni fu drammatico: esse saccheggiarono le città delle valli del

Le crociate: I, II e III.

Reno e dell'area danubiana prima di essere fermate con la forza delle armi. Durante i massacri, questi primi «crociati» ebbero di mira soprattutto gli ebrei. Ma ben pochi di loro giunsero in Anatolia (l'imperatore bizantino Alessio Comneno facilitò il passaggio attraverso i suoi territori) e qui, in ogni caso, vennero uccisi dai turchi. Pietro l'Eremita però si salvò perché si trovava presso l'imperatore bizantino a chiedere aiuti. Con i superstiti si unì agli eserciti, ormai arrivati, di quella che è comunemente chiamata la prima crociata (sarebbe tornato in Francia qualche anno dopo, per morire nel monastero di Neufmoûtier, da lui stesso fondato).

La prima crociata ufficiale ebbe inizio nel 1096 e fu guidata dal fior fiore della cavalleria europea: Ugo di Vermandois, fratello del re di Francia, Goffredo di Buglione, conte della Bassa Lorena, e i suoi fratelli, Boemondo d'Altavilla, Raimondo di Saint-Gilles, i conti di Fiandra e di Normandia. Per terra e per mare, giunsero a Costantinopoli. L'Italia fu attraversata lungo due direttrici: un gruppo, sotto la guida di Raimondo di Saint-Gilles e del vicario pontificio Ademaro di Le Puy, attraversò l'Italia settentrionale per arrivare in Istria e proseguire da lì verso Costantinopoli. Un secondo gruppo, a capo del quale vi era Ugo di Vermandois, scese verso Sud, arrivando in Puglia e da qui in Grecia.

L'imperatore, diffidente nei confronti di questi improvvisi alleati, li confinò oltre il Bosforo. Da qui venne ripresa la marcia: la sorpresa dei saraceni, le loro divisioni interne, l'appoggio delle comunità cristiane che abitavano in Anatolia e in Siria, le aspettative e la fede dei crociati furono determinanti per raggiungere Gerusalemme. Nel corso del 1097 fu conquistata innanzitutto Nicea (nei pressi del Bosforo): la città era popolata da cristiani, ma era stata da poco occupata dai turchi. Le divisioni tra questi ultimi e la mancanza di aiuti facilitarono la conquista da parte dei crociati. Poi furono prese Tarso e Alessandretta e si pose sotto assedio Antiochia. La città fu espugnata nel giugno del 1098 da Boemondo d'Altavilla, che se ne dichiarò signore, mentre Baldovino di Boulogne aveva fondato la contea di Edessa. Anche Tancredi d'Altavilla aveva abbandonato il grosso dell'esercito e si era recato in Armenia in cerca di fortuna, senza per altro avere successo. Iniziavano perciò a costituirsi dei principati crociati in Oriente, indipendenti tra loro e rispetto a Bisanzio e alle potenze di provenienza dei condottieri.

Era ormai chiaro che se per l'imperatore bizantino la spedizione dei franco-normanni doveva portare al recupero di territori perduti nella guerra contro i turchi, gli avventurieri occidentali erano spinti dal desiderio di guadagno e di potere personale. Nicea si era salvata dal saccheggio arrendendosi all'imperatore, ma non fu così per Antiochia, vittima di un terribile massacro.

Gerusalemme restava la meta principale della spedizione. La Città Santa venne presa solo nel 1099, da un'armata ormai decimata dalle malattie e grazie al contributo di genovesi appartenenti a una flotta di passaggio, abili nel costruire macchine d'assedio. Anche qui si verificò un massacro della popolazione: in modo paradossale il desiderio di recupero della città simbolo del cristianesimo si univa alle più sanguinarie abitudini belliche.

Portato a termine il compito che i crociati si erano posti, nacque il problema dell'organizzazione politica di Gerusalemme e dei territori che i singoli capi si andavano conquistando. In un primo tempo fu indicato Goffredo di Buglione come *advocatus*, difensore, del Santo Sepolcro, ma ben presto i vincitori si organizzarono in piccoli staterelli, che riproducevano il modello feudale europeo. Nel volgere di qualche decennio s'imposero il regno di Gerusalemme, la contea di Tripoli e il principato di Antiochia e venne conquistata tutta la costa siriaco-libanese. In linea teorica, il re di Gerusalemme (il primo fu Baldovino, fratello di Goffredo di Buglione) era il signore feudale degli altri principi, ma non si riuscì mai a costituire un dominio abbastanza forte da impedire l'autonomia dei feudatari e da limitare il peso delle altre componenti della società che in questi territori andava costituendosi.

La presenza crociata in Terrasanta fu complessivamente breve, dato che durò meno di duecento anni. Essa tuttavia lasciò una certa impronta, importando i criteri dell'architettura militare e civile europea e determinando, per un certo periodo, una società complessa, con elementi diversi, dai franchi ai mercanti italiani, ai membri degli ordini monastico-cavallereschi, oltre che alle genti locali delle diverse confessioni cristiane e ai musulmani. Agli ebrei, in un primo tempo allontanati da Gerusalemme, fu in seguito concesso di tornarvi stabilmente. Nei confronti dei discendenti dei primi crociati, che si andavano orientalizzando nei costumi e che sposavano alle volte donne del posto, gli europei manifestarono profonda diffidenza: li chiamavano sprezzantemente *poulains* (puledri) e li consideravano effemminati e corrotti.

La crociata si costituisce dunque attraverso una sorta di rimpasto di molti elementi preesistenti e prende una direzione imprevedibile: un movimento religioso e materiale, una riconquista e un'invasione, una sequenza di spedizioni attraverso i secoli, carica di significati diversi. Bisogna però ora concentrare l'attenzione su alcune conseguenze dell'avventura, prendendo in considerazione certi protagonisti della vicenda crociata e della presenza degli europei – dei «franchi», come li chiamavano i musulmani – in Terrasanta.

I destini diversi delle città marinare italiane

Tra i protagonisti delle crociate vi furono le città marinare italiane, soprattutto Venezia, Genova e Pisa, anche se si hanno notizie di viaggi di navi di Amalfi in Oriente. Ma la città campana, e così le città della costa pugliese, sottoposte al controllo normanno, non ebbero la possibilità di inserirsi nella battaglia coloniale-commerciale con le altre città.

All'epoca della prima crociata, le città italiane non parteciparono come traghettatrici di soldati. Nelle crociate successive, invece, il ruolo delle flotte di queste città fu fondamentale per il trasporto delle truppe. Già dalla prima impresa, però, si trovarono coinvolte anche nelle vicende politiche e militari, contribuendo agli assedi di Antiochia e Gerusalemme. Fino a quel momento, Venezia, grazie a passati appoggi navali, era in ottimi rapporti con l'impero bizantino e aveva colonie ed empori in molte città: anzi, Venezia era il principale punto di approdo in Occidente delle merci orientali. Ma furono Genova e Pisa, meno potenti della città veneta, a essere coinvolte per prime nella crociata.

La lotta contro i musulmani, o meglio contro i pirati saraceni, faceva parte della loro storia. Le loro battaglie si rivestivano anche di una patina ideologica, quella della lotta in nome di Dio. Prima Genova, poi Pisa e infine Venezia, si lasciarono coinvolgere nelle vicende dei crociati: Genova con due spedizioni, nel 1097 e nel 1099, Pisa nel 1099. I genovesi riportarono in patria anche le reliquie di san Giovanni Battista, prelevate dalla città di Myra. Genova e Pisa avevano meno rapporti con Bisanzio della loro rivale adriatica. I veneziani, invece, intendevano mantenere buone relazioni anche con l'impero d'Oriente e ciò forse frenava la partecipazione, che veniva condizionata dalla presenza di navi bizantine. Solo nel 1100 una spedizione veneziana raggiunse la Palestina, quando oramai le sorti dello scontro erano chiare. I genovesi, negli anni successivi alla presa di Gerusalemme, contribuirono ad espugnare le città della costa (Arzuf, Cesarea, Tortosa, Gibeloth).

I vantaggi dell'appoggio ai crociati erano due, uno a breve e uno a lungo termine. Dai crociati si otteneva il pagamento del trasbordo, ma c'erano anche occasioni per saccheggi e razzie. E dopo si fondavano empori, si ottenevano concessioni dai nascenti piccoli stati cristiani in Oriente per quanto riguardava il commercio. Le città marinare, insomma, non furono tra i promotori delle crociate, ma seppero cogliere l'occasione che si prospettava e sfruttarla nel modo più conveniente possibile.

Nelle varie città espugnate dai crociati, genovesi, veneziani, pisani s'insediarono in modo caratteristico, occupando un quartiere, con un fondaco, un pozzo, una chiesa, magistrati propri. All'interno dei potentati cristiani in Terrasanta essi furono un elemento di ostacolo, perché svolgevano una politica autonoma, o legata agli interessi della madrepatria. Con i rovesci crociati, soprattutto veneziani e genovesi svilupparono particolari politiche: i primi, indirizzandosi alla colonizzazione dell'Egeo, i secondi volgendo l'interesse al Mar Nero. In effetti, vari eventi resero sempre meno interessante da un punto di vista economico la Terrasanta: il potenziamento dei porti del Nilo da parte dei sultani d'Egitto a svantaggio di quelli siriani e palestinesi, e il crescere di importanza della linea carovaniera che aveva come punto terminale Trebisonda, sul Mar Nero. Destino meno fortunato fu quello di Pisa: la città toscana decadde con la sconfitta cristiana perché non aveva trovato vere alternative a differenza delle sue concorrenti.

Nasce una nuova cavalleria

Dopo la conquista di Gerusalemme, l'arrivo dei pellegrini divenne un elemento importante per la difesa dei territori. A proposito delle crociate e soprattutto della difesa della Terrasanta, una delle tante storie nella storia che si possono raccontare riguarda gli ordini monastico-militari. Questi monaci guerrieri rappresentavano una strana figura che univa insieme elementi della vita dell'uomo di preghiera e del guerriero. La funzione dei diversi ordini, i Templari, gli Ospedalieri di san Giovanni e i cavalieri Teutonici era quella di combattere gli infedeli. Erano nati come associazioni di liberi cavalieri che si preoccupavano di difendere il Santo Sepolcro e i pellegrini, ma divennero ordini monastici, caratterizzati dai voti di castità, povertà e obbedienza, nonché da una speciale fedeltà nei confronti del pontefice.

Come si poteva giustificare un'attitudine guerresca in un Ordine monastico? L'Occidente aveva sempre sostenuto, sulla scia di Agostino, il tema della guerra giusta in alcune circostanze, e con Bernardo di Clairvaux si arriva ad esaltare la purezza di questa nuova cavalleria in contrasto con quella secolare. Bernardo era presente al concilio di Troyes (1128) durante il quale venne riconosciuta l'esistenza dell'Ordine templare. Nella sua *Lode della nuova milizia*, dedicata ai «soldati del tempio», i Templari, metteva l'accento sull'esaltazione della vita povera, del sacrificio, più che sulle questioni dei territori controllati dagli europei in Oriente.

Sosteneva Bernardo che uccidere un malfattore non era un illegittimo omicidio, ma un lecito «malicidio»: nella morte del pagano, il cristiano si gloria, perché è Cristo stesso ad essere glorificato, anche se sarebbe stato meglio non uccidere i pagani, bensì indurli a cessare di molestare i fedeli. Bernardo incitava i soldati di Cristo nella loro azione: «Procedete sicuri, soldati, e allontanate con animo intrepido i nemici della Croce di Cristo, sicuri che né la morte né la vita vi separeranno dalla carità di Dio». Il loro destino era chiaro: «Infatti se sono beati coloro che muoiono *nel* Signore, non lo saranno molto di più quelli che muoiono *per* il Signore?».

L'Ordine dei Templari ebbe una storia assai suggestiva. Sorse una ventina di anni dopo la presa di Gerusalemme, con l'assenso di re Baldovino che cercava degli utili strumenti per difendere il neonato regno e che li alloggiò in un'ala del Tempio della Città Santa. L'Ordine crebbe rapidamente grazie ai reclutamenti promossi dal suo fondatore Ugo di Payns in Francia, Spagna e Inghilterra e ben presto si strutturò come un vero e proprio Ordine monastico, con una regola d'ispirazione cistercense, rigidamente strutturato al suo interno e dotato di grandi ricchezze sia in Terrasanta che in Europa. Anzi, proprio una delle ragioni per le quali l'Ordine templare attirò su di sé vaste antipatie fu che, grazie all'ampiezza dei suoi beni (terre, castelli, chiese), poté esercitare una fiorente attività bancaria e di prestito, soprattutto nei confronti dei principi.

Al proprio interno i Templari distinguevano tra cavalieri e sergenti, fratelli rurali e fratelli di mestiere: i primi erano combattenti, i secondi si occupavano delle terre o delle mansioni domestiche. Spesso, in Terrasanta, i Templari assoldavano anche truppe mercenarie con cui difendere le fortezze. Castelli crociati si trovavano in molte parti degli stati cristiani d'Oriente: lungo le strade per Gerusalemme, ma anche non lontano da Antiochia, o a Sud, dove la città di Gaza era una loro fortezza, e tra Acri e Damasco, lungo la via d'accesso al Monte Carmelo, in Palestina. I Templari non persero di vista il loro obiettivo originario: essi si distinsero in numerose battaglie e il loro valore era rinomato. Più volte il Gran Maestro dei Templari venne catturato o ucciso sul campo di battaglia. Erano avversari temuti dai soldati musulmani che li mettevano a morte e non concedevano loro possibilità di riscatto.

Nonostante questo, tra le altre accuse, i Templari vennero spesso indicati come conniventi e amici segreti dei musulmani. In realtà, come avveniva per tutti i cristiani presenti in Terrasanta, una certa contaminazione con i costumi orientali, la conoscenza dell'arabo, l'uso di mercenari islamici erano fatti naturali. Inoltre, negli anni finali dei regni cristiani in Oriente, quando sia questi territori che quelli musulmani erano minacciati dall'avanzata tartara, i Templari, insieme ai veneziani, propendevano per un'alleanza con i mamelucchi, la casta di schiavi-guerrieri di varia origine che ormai governava Egitto e Siria, mentre i genovesi e gli Ospedalieri propendevano per i tartari. Questa posizione sarebbe stata loro rinfacciata all'epoca del processo. Infatti la fine della presenza crociata in Terrasanta e la volontà di re Filippo IV di Francia di impossessarsi delle finanze dei Templari determinarono la fine dell'Ordine.

Dopo la caduta dell'ultima piazzaforte cristiana, San Giovanni d'Acri (1291), in molti chiesero la soppressione dell'Ordine o la sua fusione con gli Ospedalieri. Erano soprattutto gli uomini della corona francese ad insistere, desiderosi di mettere le mani sulle ricchezze dell'Ordine. Il re di Francia Filippo IV il Bello, nel 1307, fece pressioni sul papa Clemente V ottenendo l'apertura di un procedimento giudiziario, ma poi passò direttamente all'arresto dei Templari. Clemente V cedette e accettò in un primo tempo che i processi venissero gestiti dai tribunali diocesani (influenzati dal re) e poi, nel 1312, soppresse l'Ordine.

Ma quale fu il destino dei Templari? Non furono molti quelli che morirono in seguito al processo del 1307-1314: la maggior parte entrò nell'Ordine degli Ospedalieri, altri divennero fuorilegge, altri ancora cercarono di inserirsi nella vita civile, spesso tentando di appropriarsi di qualche bene dell'Ordine e persino sposandosi. La fine dei Templari però non trascinò con sé gli altri ordini monastico-cavallereschi, sebbene la funzione di difesa dei Luoghi Santi fosse venuta meno. I cavalieri Teutonici erano già stati inviati a combattere contro altri pagani, nell'Europa orientale; gli Ospedalieri, che si erano radicati a Rodi, cambiarono più volte sede, finché si stabilirono a Malta, dove esistono tuttora (come Ordine di Malta).

Dalle prime reazioni del mondo musulmano alla perdita di Gerusalemme

Negli anni successivi alla presa di Gerusalemme, continuarono le azioni di conquista: nel 1104 i genovesi espugnarono Cesarea, nel 1107 re Sigurd di Norvegia prese Sidone; veneziani, francesi e tedeschi si impadronirono di Tiro nel 1124.

Nata da un convergere di fattori diversi, la prima crociata mise in moto una serie di importanti conseguenze politiche e militari che determinarono uno stato di guerra in Medio Oriente e un accorrere di forze fresche fino alla scomparsa degli staterelli latini dalle coste del Mediterraneo orientale.

Il succedersi delle crociate non può essere considerato in modo indipendente dalle vicende del mondo islamico. Baghdad, Il Cairo, Damasco erano alla fine dell'XI secolo città più ricche e più belle di quelle dell'Occidente latino. La cultura era più diffusa e la scienza più avanzata. I cronisti musulmani non mancarono di scandalizzarsi raccontando la barbarie della giustizia dei «franchi» e la loro ignoranza.

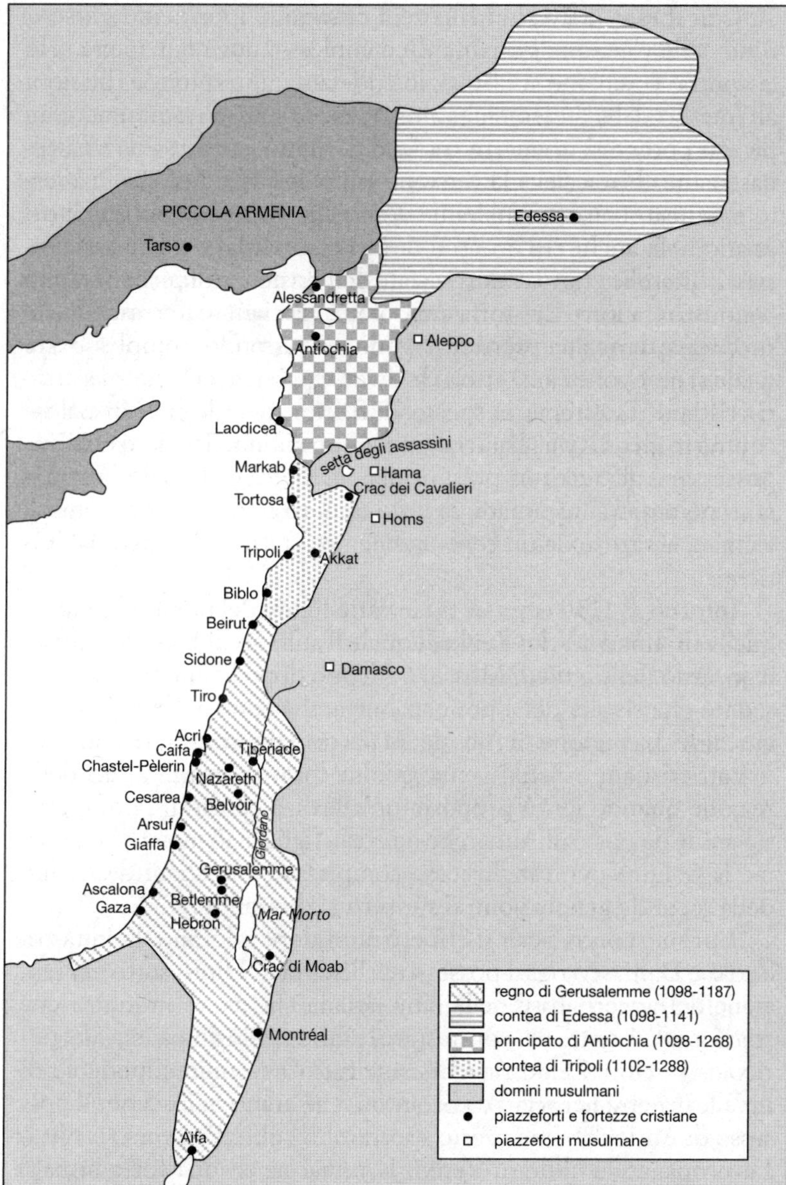

I regni cristiani in Terrasanta dalla fine del secolo XI alla metà del secolo XIII.

Con il loro arrivo in Oriente, i cristiani d'Occidente s'inserirono nelle vicende di un mondo complesso, dove non vi era solo la contrapposizione tra Bisanzio e l'Islam, ma profonde divisioni all'interno della stessa realtà musulmana, spesso frammentata in piccoli potentati in guerra tra loro. L'Egitto era retto da una dinastia che abbracciava la versione sciita dell'Islam ed era in aperto contrasto con i musulmani sunniti che governavano i territori asiatici. Ma anche tra questi ultimi vi erano litigi e rivalità e la Siria e l'Anatolia erano caratterizzate dall'esistenza di piccoli stati in contrasto tra loro. La storia dei domini cristiani in Terrasanta e le successive crociate presuppongono uno sfondo complesso sul quale si muovono tanti attori: le diverse potenze europee; i signori cristiani d'Oltremare, spesso diffidenti quando non in palese contrasto gli uni con gli altri; l'impero bizantino, desideroso di impossessarsi dei territori presi prima dai turchi e poi dai Franchi; i tanti potentati musulmani, in lotta tra loro e con i nuovi scomodi vicini e, a partire da un certo momento, i tartari in arrivo dall'Oriente.

Intorno al 1130 emerse, tra le varie figure del mondo islamico, quella di 'Imad ad-dīn Zenkī al quale il sultano di Baghdad affidò il governo delle città di Mossul e Aleppo dopo l'aiuto prestato nel sedare una rivolta della popolazione araba contro il dominio selgiuchide. La regione di Aleppo, in particolare, confinava con i potentati cristiani e Zenkī venne subito coinvolto negli affari della regione quando gli fu proposta un'alleanza contro il re di Gerusalemme da parte di Alice, che ne era la figlia. Ciò mostra bene come la politica dei franchi fosse complessa e i cristiani d'Oriente della seconda generazione si stessero arabizzando.

I primi scontri però si ebbero anni dopo, durante la lotta tra Zenkī e Damasco per il possesso della città di Hims, sotto la pressione del governatore della città siriana che aveva indotto i cristiani a collaborare nel contrastare le mire espansionistiche del pericoloso vicino. Zenkī riuscì innanzitutto a sventare il pericolo di un'alleanza tra i crociati e i bizantini, che erano in lotta per il possesso di Antiochia, ma presto spostarono l'obiettivo verso la Siria. La propaganda abile di Zenkī, la minaccia di una forte armata proveniente dalla Persia, la contrapposizione tra gli interessi bizantini e quelli crociati, permisero al comandante turco di mantenere la Siria. Poco dopo Zenkī occupò Edessa (1144), che era stata tra i primi potentati cristiani e, trascorsi due anni, morì.

La vicenda delle crociate successive alla prima ebbe dunque il denominatore fondamentale nella riconquista di territori persi (prima Edessa e poi Gerusalemme, come vedremo), ma spesso fu condizionata dalle brame conquistatrici dei suoi protagonisti. Così la seconda crociata (1147-1149) fu bandita dopo la perdita di Edessa: papa Eugenio III inseriva la sconfitta in un disegno della giustizia divina, che aveva voluto punire i peccati dei cristiani. Il pontefice prometteva l'indulgenza dei peccati, la sospensione dei processi e la protezione dei beni a chi fosse divenuto crociato. Fu fondamentale però l'opera di predicazione di Bernardo di Clairvaux, che convinse Luigi VII di Francia e Corrado III di Germania a prendere la croce. I piani del papato prevedevano una crociata solo francese (mentre si pensava ai tedeschi in difesa della chiesa in Italia) e le mosse di Bernardo finivano con l'intralciare il disegno pontificio (Cardini 1993). Durante le sue predicazioni Bernardo ebbe anche modo di difendere gli ebrei, contro i quali predicava un tal Rodolfo, monaco o ex monaco cistercense.

Già gli inizi di questa crociata furono drammatici: i soldati di Corrado vennero massacrati a Dorileo (ottobre 1147). I sopravvissuti si unirono all'esercito di Luigi VII, che era arrivato successivamente a Costantinopoli e a causa dei cattivi rapporti con l'imperatore d'Oriente si era spostato presto in Anatolia. Invece di lottare per riconquistare Edessa, come avrebbe voluto Raimondo, signore di Antiochia, e contro il parere dei cristiani locali, Luigi VII decise di attaccare Damasco, paradossalmente una città che dei cristiani cercava l'amicizia. Ma Corrado III di Germania e Luigi VII di Francia fallirono nell'impresa. Il governatore di Damasco, Unur, aveva chiamato in suo soccorso i principi musulmani della regione e si prospettava l'arrivo di Norandino (Nūr al-dīn), che aveva raccolto l'eredità di Zenkī. Unur, abile nel seminare disaccordo tra i suoi avversari, contrappose gli interessi dei crociati appena arrivati e quelli dei franchi stanziati da tempo.

Le ragioni di questo smacco vennero trovate dai contemporanei nel tradimento: cristiani di Terrasanta e d'Occidente si accusarono reciprocamente, ma denunciarono anche il tradimento dei bizantini. Bernardo attribuì la sconfitta alla scarsa sincerità dei partecipanti, al fatto che mancasse una reale conversione interiore, una lotta contro i propri desideri corrotti prima ancora che contro i nemici della religione cristiana.

Il secondogenito di Zenkī, Norandino, era riuscito a consolidare le conquiste del padre e a occupare Damasco senza colpo ferire, salvandola dall'occupazione franca (ma anche dopo la fine della seconda crociata Damasco aveva chiesto aiuto ai franchi contro Norandino). I generali di Norandino si impadronirono poi anche dell'Egitto in una complessa partita a tre che li vide contrapposti ai Fatimidi, la dinastia che reggeva il paese dal X secolo, e ai cavalieri di Amaury, re di Gerusalemme. Durante questo periodo, l'afflusso dei cavalieri in Oriente però non venne meno: nel 1158 Teodorico di Fiandra contribuì a difendere il *Crac dei cavalieri* (fortezza controllata dagli Ospedalieri) contro Norandino, a testimonianza che si diventava *crucesignati* anche in occasioni diverse dalle grandi campagne proclamate dal papato.

La situazione politica del Medio Oriente andava cambiando. I territori dall'Egitto ad Aleppo furono unificati sotto Saladino (Salāh al-Dīn), figlio del generale di Norandino che aveva espugnato l'Egitto. Intorno al 1183, il Medio Oriente era perciò assai diverso da quando i crociati erano giunti in Terrasanta un secolo prima: ormai le possibilità di espansione sembravano loro precluse e di fronte si trovavano un'unica entità statale e non più piccoli regni in lotta perenne. Fu con Saladino che Gerusalemme tornò nelle mani dei musulmani, nel 1187.

Crociate fallite e crociate popolari tra XII e XIII secolo

Riconquistare Gerusalemme, nuovamente nelle mani dei musulmani, divenne un imperativo politico: quella chiamata terza crociata (1189-1192) coinvolse l'imperatore Federico I Barbarossa di Svevia, Filippo Augusto re di Francia e il re d'Inghilterra, Riccardo Cuor di Leone. Il Barbarossa perse la vita in Cilicia (1190) attraversando un fiume, mentre gli altri due sovrani, giunti più tardi, riuscirono a conquistare San Giovanni d'Acri. Riccardo, inoltre, durante il viaggio si impadronì di Cipro e la affidò alla famiglia dei Lusignano. In seguito, i Lusignano si infeudarono a Enrico VI di Svevia, come fece anche il re di Cilicia: la dinastia sveva estendeva, almeno in linea teorica, il proprio controllo sull'Oriente.

Morto Federico, tornato in Francia Filippo Augusto (per recuperare alcuni feudi di famiglia), Riccardo restò a capo delle armate cristiane. Il difficile clima determinato dalla successione al trono di Gerusalemme (la cui corona era contesa da Guido di Lusignano e da Corrado di Montefeltro), i cattivi consigli dei cristiani di Terrasanta, le notizie che provenivano dall'Inghilterra sull'operato del fratello (Giovanni Senza Terra) indussero Riccardo a cercare una tregua con Saladino (1192), con la quale si riconoscevano i domini cristiani lungo la costa e la libertà di accesso a Gerusalemme per i pellegrini inermi. Pochi anni dopo fu il figlio di Federico, Enrico VI, a voler ripercorrere le orme del padre: ma la malattia lo costrinse a delegare il comando dell'impresa che ebbe comunque un certo successo, portando alla conquista di Sidone e di Beirut (1197). Se la riconquista di Gerusalemme appariva ancora lontana, negli anni finali del XII secolo i domini cristiani in Terrasanta apparivano più ampi e solidi di qualche anno prima.

Il caos che seguì alla morte del Saladino permise il consolidarsi dei potentati europei. Inoltre, al-'Adil, figlio dello scomparso capo musulmano, dopo molte battaglie riuscì a ereditarne il potentato e manifestò una politica di tolleranza verso i cristiani e i loro stati, anche nell'ottica di salvaguardare gli scambi commerciali.

Le difficoltà del mondo islamico posero le condizioni per la quarta crociata, su incitamento di papa Innocenzo III, ma l'obiettivo si trasformò rapidamente da Gerusalemme a Bisanzio, dove all'agonizzante impero venne sostituito un governo fantoccio. In parte fu Venezia a spingere la crociata in un'altra direzione: il suo ruolo di traghettatrice di truppe e i debiti che le armate contraevano verso la flotta le conferivano un ruolo fondamentale nella vicenda, che la città lagunare sfruttò per rinforzare la posizione in Oriente. A ciò si associò il desiderio dei crociati di fare bottino e di crearsi dei feudi. In un primo tempo Venezia chiese l'aiuto dei crociati per impossessarsi di Zara, sulla costa dalmata, in cambio di una dilazione del compenso per il trasporto delle truppe. Ma poi i crociati ricevettero richieste d'aiuto da parte dell'imperatore bizantino Isacco II e di suo figlio Alessio, detronizzati da Alessio III, richieste accettate in cambio di sostegno economico e logistico, nonché della riunione delle due chiese, d'Oriente e d'Occidente. Nelle vicende che seguirono la conquista di Bisanzio e le sommosse popolari, i crociati costituirono l'impero latino, a capo del quale fu posto Baldovino di Fiandra.

Durante il XIII secolo vi furono anche tentativi di crociate organizzate da uomini non armati: nel 1212 una folla di fanciulli guidati da Nicola di Colonia si diresse verso Genova per imbarcarsi per la Terrasanta: alcuni vi riuscirono, altri si mossero in direzione di Roma, altri vennero assoldati nella lotta contro gli albigesi. In Francia un uomo di nome Stefano disse di essere stato incaricato di portare una lettera di Cristo a Filippo Augusto e si diresse verso Parigi, seguito da giovani e adulti. Stefano fu accolto dal re che però in seguito disperse questo gruppo.

Questi eventi suggeriscono di pensare alla crociata non solo come movimento politico o ideologico, ma anche come un fenomeno più puramente religioso e fortemente sentito nella società medievale. È una chiave importante per comprendere la partecipazione alle crociate, ufficiali o no, durante il medioevo e che ragioni puramente economiche non riescono a giustificare, dato l'alto costo del viaggio e i rischi dell'impresa.

Nel corso del XIII secolo la crociata fu sottoposta ad un regime giuridico. Il diritto canonico prese a definire i caratteri specifici di questa impresa, i privilegi, i doveri, il comportamento, l'abbigliamento di chi partiva. L'opera di disciplina da parte del papato era forse stimolata dalle preoccupazioni per movimenti come la «crociata dei fanciulli». Ma attraverso il lavoro dei canonisti e la predicazione di domenicani e francescani la crociata andava costituendo una sua burocrazia e un sistema di raccolta di denaro che urtavano le coscienze di molti.

Già ai primi crociati la chiesa aveva concesso l'indulgenza plenaria per i peccati: proprio la croce rossa che essi indossavano segnalava la disposizione al sacrificio e persino al martirio. Fu Innocenzo III a formalizzare una serie di prassi esistenti precedentemente: egli stabilì l'indulgenza per tutti i peccati confessati per coloro che partivano o «commutavano il proprio servizio delegando altri al proprio posto» (Tyerman 2000). La chiesa garantiva la protezione dei beni dei crociati e particolari privilegi rispetto ai debiti contratti, e stabiliva un'indulgenza proporzionale al contributo economico alle imprese. Innocenzo decise inoltre che solo i sacerdoti autorizzati dal papa potessero concedere la croce e che i mariti potessero prendere la croce anche senza il consenso delle mogli. Ma molti altri aspetti rimasero confusi, soprattutto per quel che riguardava le prerogative e gli obblighi dei crociati, come la possibilità di usare la violenza. L'attività in questo campo di papa Innocenzo fu forse volta soprattutto ad affermare il primato dell'autorità legale del pontefice, ma lo stesso armamentario dottrinale divenne disponibile per un'altra lotta, tutta interna alla cristianità occidentale, quella contro gli eretici.

Dall'effimera riconquista di Gerusalemme all'espulsione dalla Terrasanta

Sotto la spinta del papato fu organizzata una nuova crociata, la quinta (1217-1219), per riconquistare Gerusalemme: ma gli insuccessi militari indussero re Andrea d'Ungheria a tornare in patria, mentre il re di Gerusalemme, Giovanni di Brienne, prese di mira l'Egitto. La tentazione verso l'Egitto era già emersa anni prima, quando il paese era retto dai Fatimidi ed era stato conteso da Norandino e dal re Amaury.

Ora le crociate iniziarono a contemplare altre mete musulmane diverse da Gerusalemme. Giovanni di Brienne, occupata Damietta, si diresse verso Il Cairo, rifiutando di trattare e venendo infine sconfitto. Il delegato pontificio Pelagio, i Templari e gli Ospedalieri si opposero a un accordo che avrebbe riportato subito i cristiani a Gerusalemme, sperando nell'arrivo di Federico II e desiderando conquistare l'Egitto. Ma Federico arrivò anni dopo (sesta crociata) nella situazione paradossale di crociato scomunicato (vd. p. 64) e malvisto dai Templari e Ospedalieri, in quanto amico del sultano al-Kāmil. Eppure riuscì, per via diplomatica, dopo piccoli scontri militari, a riconquistare Gerusalemme, della quale si incoronò re. Teobaldo di Champagne riuscì poi nel 1239 a ampliare i confini del regno di Gerusalemme, ma di lì a poco, nel 1244, Gerusalemme fu presa prima dai turchi Khwārizmiani e poi dal sultano d'Egitto.

Nel frattempo incominciava a profilarsi all'orizzonte un nuovo pericolo per gli stati islamici: i tartari. Il timore dei capi islamici era di essere presi tra due fuochi, i cristiani a Occidente e questi nuovi invasori a Oriente. Le armate di Hülägü dalla Persia si spostarono in Siria determinando sgomento e atteggiamenti diversi: tra i musulmani di Siria alcuni pensavano a un'alleanza con i tartari contro i mamelucchi che governavano l'Egitto e che erano loro nemici; tra i cristiani alcuni (Armenia e Antiochia) si schierarono con i tartari, altri (Acri) erano più favorevoli ai musulmani. Quando i tartari arrivarono in prossimità dell'Egitto, la reazione dei mamelucchi fu efficace e arrivò a liberare Damasco. Alla morte di Hülägü, Baybars, il sultano mamelucco, occupò l'Armenia e Antiochia (1265-1268), colpevoli di alleanza con i tartari. La presenza europea si era ormai ridotta a una serie di città costiere: Acri, Aifa, Sidone, Tiro, Tripoli, Latakia.

Nelle successive crociate si tentò anche la conquista dell'Egitto, come fece nel 1248 Luigi IX di Francia (settima crociata) che fu preso prigioniero e tornò in patria nel 1254. In Francia, nel frattempo, vi era stata la cosiddetta crociata dei pastorelli (1251), guidati da un monaco, chiamato il Maestro d'Ungheria, che marciando su Parigi volevano denunciare la corruzione del clero e la superbia dei cavalieri. Il Maestro affermava di possedere una lettera datagli dalla Vergine Maria e di doversi porre alla guida di una milizia di umili e semplici che sarebbe riuscita, laddove i nobili avevano fallito, a riconquistare la Città Santa. Si ebbero numerosi scontri in varie città della Francia, ma alcuni membri di questa «milizia» giunsero in Terrasanta.

Il sovrano francese ritentò l'avventura nel 1270 (ottava crociata), sbarcando a Tunisi. Tale destinazione era forse dovuta alla volontà di attaccare l'Egitto o di consolidare la presenza francese nel Mediterraneo (il fratello di Luigi era, infatti, re di Sicilia). Ma l'impresa fallì e il re stesso morì a causa della peste. Solo dopo la sua morte arrivarono dei rinforzi dall'Inghilterra, che presto si diressero ad Acri.

Questi ultimi tentativi fallimentari preludevano alla fine della presenza dei franchi in Terrasanta. Nel volgere di pochi anni le città costiere rimaste nelle mani dei cristiani vennero riconquistate dai musulmani o abbandonate dai crociati, fino all'ultima, Acri, che cadde nel 1291. Il timore di un'alleanza con i tartari, il costante pericolo che queste città diventassero teste di ponte per

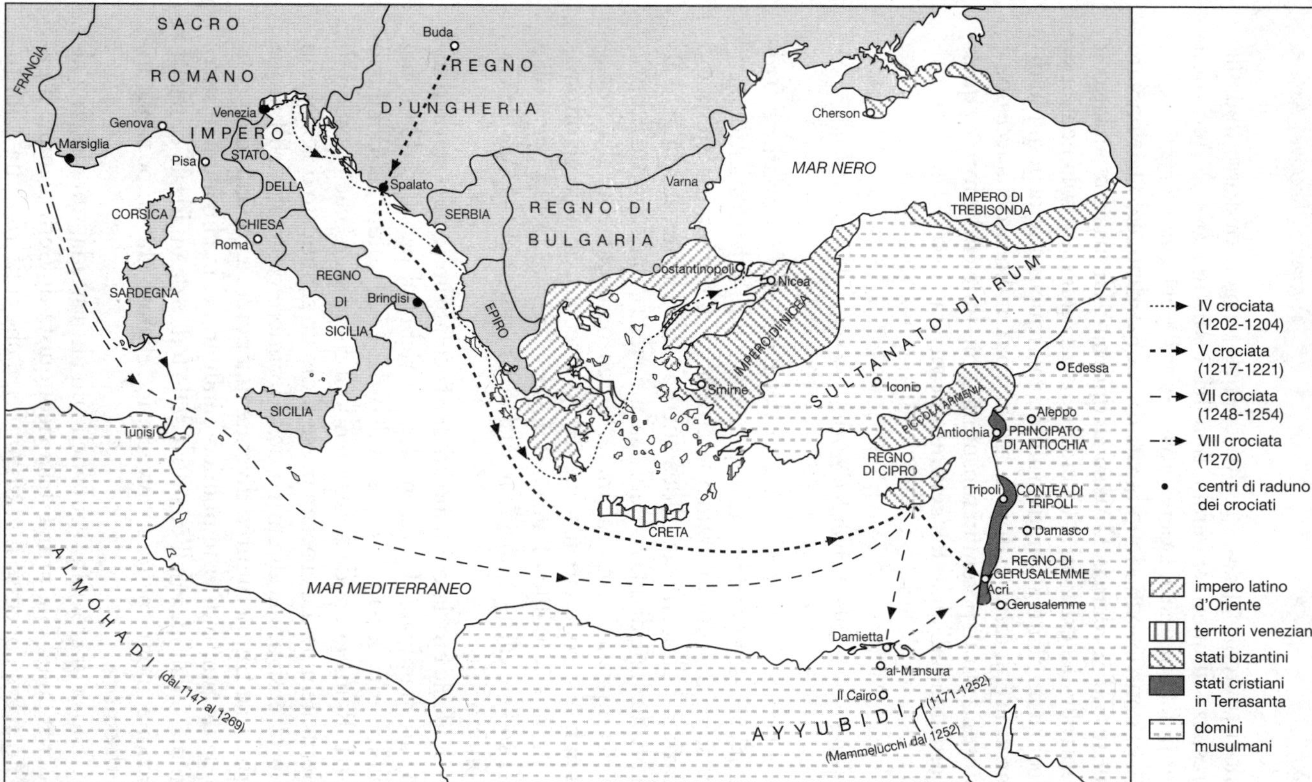

Le crociate: IV, V, VII e VIII.

nuovi sbarchi, l'arrivo di altri crociati suggerì di porre fine alla presenza di questi staterelli, benché, come nel caso di Acri (non per nulla l'ultima a cadere), fossero utili per i commerci.

In conclusione, dopo la vittoria di Saladino, solo la singolare impresa di Federico II riuscì a riportare Gerusalemme sotto il controllo dei cristiani d'Occidente e, in ogni caso, solamente per pochi anni. Tutti i tentativi militari fallirono per le ragioni più diverse: la litigiosità europea, le difficoltà militari del successo, il consolidarsi di potentati musulmani più efficienti e forti di quelli affrontati all'alba dell'avventura crociata.

Evoluzione e deviazione dell'idea di crociata

Durante i decenni terminali del Duecento e i primi del Trecento si assistette a un curioso fenomeno di sdoppiamento: mentre sotto un profilo pratico la crociata era tramontata, sul piano teorico si dimostrava un'idea ancora fertile, tanto da spingere alla produzione di una trattatistica che aveva come soggetto proprio la riconquista di Gerusalemme. Si pensò nuovamente alla crociata in modo concreto alla fine del XIV secolo, quando gli ottomani presero a risalire i Balcani. Due crociate, nel 1396 a Nicopoli e nel 1444 a Varna, finirono in disfatta, mentre nel 1453 cadde Costantinopoli.

L'ideale crociato era morto due secoli prima e ne restavano solo rare fiammate. Le assemblee e i richiami papali caddero nel vuoto: anzi, a partire dal giubileo del 1300 voluto da Bonifacio VIII, Roma era andata assumendo il ruolo sacro che era stato di Gerusalemme. La crociata prese allora un significato diverso: non più offensivo, ma difensivo delle frontiere orientali dell'Europa cristiana. L'impero turco divenne una potenza con cui fare i conti da un punto di vista politico e militare, e, in clima umanistico, animato dall'idea dell'incontro delle fedi e da un ideale di pacificazione, molto meno un avversario religioso che un possibile interlocutore.

L'idea di crociata seguì anche un'altra strada, tutta interna alla cristianità. Già prima della riconquista di Gerusalemme il papato aveva concesso il *vexillum Petri*, che conferiva una coloritura religiosa, a coloro che combattevano i musulmani in Spagna e nel Sud dell'Italia. Ma la crociata divenne ben presto non solo – e forse non tanto – la difesa della Terrasanta, ma la difesa della chiesa contro i suoi nemici in Europa, sia contro gli eretici (come gli albigesi o catari), sia contro i musulmani (nella penisola iberica), sia nel Nord Europa (contro i pagani).

L'insieme di privilegi, indulgenze, prerogative dei crociati che si recavano in Oriente venne esteso a chi combatteva contro i nemici religiosi, ma anche politici della chiesa. Durante tutta la seconda metà del XII secolo, vi furono crociate nel Nord Europa contro la popolazione pagana dei vendi, poi la crociata contro i catari (1208), che abitavano soprattutto nel Sud della Francia e che erano appoggiati dalla nobiltà locale. Per intendere meglio questo uso esteso e anche politico della crociata, si può ricordare la crociata contro Federico II, nel 1238 e nel 1248. E poi quella contro Alberico da Romano, fratello di Ezzelino, lanciata dal cardinale Ubaldini e ricordata dalla *Cronica* di Salimbene da Parma.

Che cosa furono le crociate?

Cercare di cogliere il carattere specifico delle crociate non è facile. La crociata fu un insieme assai complesso di cose, che è difficile ricondurre ad unità. Essa fu una missione di riconquista della Terrasanta, che generò conseguenze importanti e che si pose come ideale e dovere morale e religioso per molti cristiani di diversa estrazione sociale: da questo punto di vista, la crociata era una difesa della cristianità, dei suoi luoghi storici, dei suoi aderenti. Molti partecipanti diventavano *crucisignati* per ragioni religiose, spinti dal desiderio di aderire ad una missione santa, ma nell'impresa crociata c'erano anche occasioni di prestigio e di guadagno.

Secondo Jean Flori (2003a) la crociata, senza dubbio una «guerra santa», presenta alcuni punti di contatto con il *jihad* islamico. La santità dell'impresa stava nella valorizzazione che il papato fece di questa impresa, nell'eccezionalità della meta, Gerusalemme, e nella diffusa attesa escatologica. Le minacce all'impero d'Oriente sembravano incarnare le profezie sull'arrivo dell'Anticristo e la fine dei tempi. Le cronache raccontano poi di prodigi e apparizioni, di una lettera giunta dal cielo nelle mani di Pietro l'Eremita e di altri eventi miracolosi accaduti ai predicatori. L'impresa in Terrasanta si caricava perciò di aspettative e di attese molto maggiori rispetto alle lotte antisaracene che si potevano combattere nella penisola iberica o nel Mediterraneo: la posta in gioco appariva molto più alta e libera da interessi materiali. Sembrava che fosse venuto il momento giusto per riscattare le ingiustizie compiute dai cristiani che Dio aveva voluto punire lasciando la Città Santa nelle mani dei musulmani. Guerra religiosa, la crociata non aveva tuttavia uno scopo di estensione dei territori della cristianità, al contrario del *jihad* islamico, ma di riconquista di un territorio sacro.

Come aiuta tuttavia a ricordare un altro storico delle crociate, Franco Cardini (1972), se gli aspetti di santificazione non vanno accantonati, esistono anche altri elementi da ricordare. Innanzitutto, le crociate s'innestarono su un processo di rinascita economica e sociale dell'Europa, su una serie di energie a disposizione che richiedevano una meta. Questa esplosione di forze coincideva con un arretramento del mondo islamico, che dopo secoli di espansione iniziava a perdere terreno. La crociata diede una direzione ad una parte delle energie militari, economiche e spirituali di cui l'Europa disponeva. D'altra parte, come abbiamo visto, non bisogna dimenticare il carattere non progettuale della prima crociata, la sua nascita episodica e il fatto che attorno ad essa si coagularono esigenze materiali e spirituali senza un disegno preordinato.

Infine la crociata fu, da un'altra prospettiva, anche uno strumento politico del papato, della chiesa intesa come istituzione politica, uno strumento di lotta contro i suoi nemici in Occidente, fossero gruppi religiosi o personaggi politici. Una dimensione della crociata che alcuni tra gli stessi uomini medievali percepirono come estranea agli ideali di liberazione e difesa della Terrasanta.

La coesistenza di queste dimensioni, materiale e spirituale, aristocratica e popolare, penitenziale e guerresca, il rapporto con l'Oriente, il fascino dei personaggi che vi presero parte (i re guerrieri Riccardo Cuor di Leone e Federico Barbarossa, il colto e curioso Federico, predicatori come Pietro l'Eremita), determinano una ricchezza di suggestioni difficilmente eguagliabile.

Per approfondire

Alphandéry, P. - Dupront, A.
1974 *La cristianità e l'idea di crociata*, Bologna (ed. orig. 1954-1959).

Cahen, C.
1986 *Oriente e Occidente ai tempi delle Crociate*, Bologna (ed. orig. 1983).

Capitani, O. - Miethke, J.
1990 (a cura di), *L'attesa della fine dei tempi nel Medioevo*, Bologna.

Cardini, F.
1972 *Il movimento crociato*, Firenze.
1991 *Gerusalemme d'oro, di rame, di luce: pellegrini, crociati, sognatori d'Oriente fra XI e XIV secolo*, Milano.
1993 *Studi sulla storia e sull'idea di crociata*, Roma.

Contamine, P.
1986 *La guerra nel Medioevo*, Bologna (ed. orig. 1980).

Flori, J.
2003a *La guerra santa. La formazione dell'idea di crociata nell'Occidente cristiano*, Bologna (ed. orig. 2001).
2003b *Le crociate*, Bologna (ed. orig. 2001).

Maalouf, A.
1989 *Le crociate viste dagli arabi*, Torino (ed. orig. 1983).

Oursel, R.
1998 *Vie di pellegrinaggi e santuari: da Gerusalemme a Fatima*, Milano (ed. orig. 1997).

Tyerman, C.
2000 *L'invenzione delle crociate*, Torino (ed. orig. 1998).

IL POTERE DEL PAPA
E IL POTERE DELL'IMPERATORE

Quando Innocenzo IV, nel 1245, scomunicò Federico II e lo dichiarò deposto dalla carica imperiale, compì un gesto dal grande valore politico e simbolico, che esprimeva una concezione del rapporto tra il potere del pontefice e il potere dell'imperatore maturata durante i lunghi secoli del papato medievale. Ripercorrere questa storia significa scoprire uno dei capitoli più affascinanti del pensiero politico dell'età di mezzo. Eppure, i problemi che pone sono delle costanti nei paesi in cui è forte la componente religiosa ed esiste una gerarchia sacerdotale che è in grado di incarnarla e di rappresentarla. È, in fondo, la questione del rapporto tra la politica e i custodi (o ritenuti tali) di un sapere teologico-morale che dovrebbe orientare le scelte degli uomini in tutti i campi della loro vita. Nel medioevo latino, quando è scontata l'appartenenza non solo al cristianesimo, ma alla sua versione romana, questo rapporto tra trascendenza e ordine politico (Preterossi 2002) assume toni particolari.

Alle radici dello scontro

Una radice del difficile rapporto tra la chiesa e lo stato sta nella doppia natura del cristiano, che deve camminare per terra, ma guardare verso il cielo, la sua vera patria e il luogo di ritorno. Se l'uomo è un semplice pellegrino sulla terra, se la sua vera patria è quella celeste e non quella terrestre, quale interesse può nutrire nei confronti di questo mondo e delle sue istituzioni?

Per Agostino, vescovo di Ippona, il problema riguardava il rapporto tra i cristiani e l'impero romano. Come scrive nella *Città di Dio*, la storia umana è da un lato il costante terreno di incontro e di scontro tra due città ideali, la città celeste dei giusti, «Gerusalemme», e «Babilonia», la città terrena dei corrotti (ma i membri delle due non sono distinguibili ai nostri occhi); dall'altro è un momento di passaggio verso un destino ultraterreno. In questo quadro, l'autorità politica è necessaria come un male minore, allo scopo di tenere a freno gli ingiusti piuttosto che di permettere agli uomini di realizzare le loro potenzialità.

Lo stato può apparire irrazionale, addirittura malvagio, ma è sensato in un mondo popolato da uomini segnati dal peccato originale, che ha irrimediabilmente reso la loro natura egoista e votata al male. Come si pone il cristiano e come si rapporta la chiesa rispetto alla dimensione mondana e alle sue istituzioni? Il cristiano deve comunque obbedire alle autorità secolari, seguendo il precetto di san Paolo, secondo il quale ogni potere deriva da Dio e opporsi alle autorità significa ribellarsi alla volontà di Dio stesso (*Ep. ai Romani*, XIII, 2). Le istituzioni mondane risultano legittimate dall'uso che fa di esse la provvidenza divina. Quel che esse garantiscono è un ordine instabile, ma preferibile al caos, offrendo una prospettiva di pace e di convivenza tra gli uomini alla quale non può sottrarsi chi appartiene alla città dei giusti.

Perciò i cristiani dovranno obbedire alle leggi civili, a meno che non contrastino con l'insegnamento divino, e persino accettare di svolgere il servizio militare in quelle guerre giuste che hanno la pace come scopo. Nel desolato panorama della storia umana e dei suoi regni, la chiesa resta però la testimonianza di un ordine superiore, di una dimensione che è in grado di svelare il senso delle vicende terrene e di dare ad esse compimento.

La convinzione che la dimensione terrena fosse solo un momento di passaggio verso la vera patria e che il destino ultraterreno dipendesse dal giudizio di un Dio i cui rappresentanti erano ben riconoscibili e attivi in terra, gettava le basi perché vescovi e papi potessero intervenire e influire sulle vicende politiche. Ma nei primi secoli dell'epoca cristiana, il papato mantenne un atteggiamento di non intervento, avocando a sé un ruolo di controllo sulle anime che non era inteso in termini politici.

Alla fine del V secolo, quando ormai alla chiesa romana era stato riconosciuto un primato sulle altre chiese da parte degli imperatori d'Occidente, papa Gelasio (492-496) impostò una distinzione di competenze tra la carica imperiale e quella papale che voleva escludere possibilità di reciproca interferenza. In tal modo i sacerdoti si sarebbero rivolti agli imperatori per le cose terrene, e i sovrani di questo mondo ai papi quando era in gioco la vita eterna. L'esistenza di questi due distinti ambiti sarebbe stata sancita da Cristo stesso per aiutare i fedeli.

La formula «dualista» di Gelasio, in realtà, non poneva i due poteri sullo stesso livello. Quella del papa era un'*auctoritas*, un'autorità, qualcosa di più della *potestas*, del potere del principe, un incarico di maggior responsabilità perché i pontefici avrebbero dovuto rispondere davanti al tribunale di Dio anche degli stessi re. L'uso di queste due diverse parole risulta fondamentale: all'epoca della repubblica romana, infatti, la *potestas* era spettata ai magistrati, l'*auctoritas* era appartenuta invece al senato, al cuore del sistema politico. Usare i due termini in questa contesa, benché ormai si fosse in periodo imperiale, aveva la conseguenza di affermare, accanto alla separazione delle due sfere di competenza, un latente ma innegabile primato, per quanto etico e ontologico, del papato sulla carica imperiale. La tesi di Gelasio restava abbastanza ambigua da poter essere interpretata in direzioni molto diverse, mettendo l'accento sulla sottomissione del papa alle leggi terrene dell'imperatore o, al contrario, evidenziando il dovere di intervento del pontefice proprio per salvare l'anima del principe. E infatti, nei secoli successivi, evocare la distinzione tra i due poteri avrebbe avuto significati politici assai diversi.

Papi e imperatori d'Oriente nell'alto medioevo

Gregorio I (590-604), il grande papa che operò alla fine del VI secolo, si ispirò ad una prospettiva che richiamava quella di Gelasio nella convinzione del ruolo morale dell'autorità pontificia nella correzione delle autorità secolari, senza però che ciò comportasse o presupponesse un'interferenza o una contestazione del potere secolare o della persona che lo incarnava. Gregorio riteneva che l'obbedienza comportasse anche una critica costruttiva. Si trattava, in altre parole, di correggere gli uomini, di indurli alla virtù, di convincerli dell'importanza dell'umiltà, che tende a venire meno quanto più cresce il potere che si esercita. Il papa intendeva il proprio ruolo come quello di un consigliere spirituale, privo del potere di intervenire in senso istituzionale. Il tentativo di Gregorio era definire un ordine politico che prevedesse al proprio interno un particolare segmento di trascendenza (l'autorità sacerdotale) da rispettare, ma a sua volta rispettoso dell'autonomia del potere laico.

Fino alla seconda metà dell'VIII secolo, il referente istituzionale del papato fu l'impero romano d'Oriente. Non solo per ragioni storiche, cioè il fatto che fosse l'ultima eredità dell'antica potenza romana, ma perché le coste italiane e il Sud della penisola restavano sotto il suo controllo. Tuttavia, i conflitti dottrinali con la chiesa orientale, le pretese bizantine di controllo sulla chiesa romana, ma anche l'incapacità di difendere l'Italia dall'assalto longobardo finirono con il logorare i rapporti e ben presto i papi iniziarono a marcare la distanza rispetto a Bisanzio, rifiutando l'obbedienza ai suoi ordini o vietando l'ingresso in Roma dei suoi rappresentanti.

Rispetto all'impero, perciò, la chiesa iniziava a emergere in vari modi come un corpo autonomo, dotato di una sua politica. Tutto ciò divenne palese all'epoca della disputa iconoclastica. Questo scontro riguardò il culto delle icone, delle immagini sacre, ma aveva anche radici sociali e politiche. L'imperatore bizantino Leone III (717-741) sosteneva l'illegittimità del culto delle immagini sacre, sia per ragioni spirituali che per contrastare il potere e l'influenza dei ricchi ordini monastici. Egli, in questo modo, entrava pienamente nel campo delle questioni spirituali. Anzi, legittimava il proprio intervento dichiarandosi «imperatore e sacerdote». Leone cercava di piegare il testo sacro alle esigenze della sua politica, ma così facendo si proclamava legittimo interprete delle Scritture. Ciò appariva insopportabile al papato, perché subordinava il potere spirituale a quello temporale in linea di principio e in linea di fatto. Perciò il pontefice romano Gregorio II (715-731) difese la distinzione di ambiti affermata da Gelasio: compito dei pontefici era occuparsi degli affari spirituali, mentre gli imperatori dovevano badare a quelli temporali senza reciproche intromissioni. Solo in questo modo le verità della fede potevano essere preservate dallo svilimento e dallo strumentale uso politico.

Ciascuno, diceva Gregorio II, deve stare al suo posto. Il «dualismo» di Gelasio veniva perciò riproposto dal pontefice in chiave difensiva. Eppure la ricchezza della chiesa, il possesso di terre (che nel caso specifico facevano gola all'imperatore d'Oriente), determinavano già di per sé un'occasione di scontro e di contesa. In altri termini, la realtà storica della chiesa cattolica, che, benché fosse un'istituzione con fini spirituali, era detentrice e amministratrice di terre, manteneva viva la possibilità di frizioni con il potere temporale.

Il papato e i franchi: un'alleanza difficile

Costretta a cercare appoggio altrove contro i longobardi, ma carica di grande prestigio, la chiesa romana si trovò impelagata negli affari del regno franco, che a quell'epoca era la maggior potenza europea e in ogni caso l'unica alla quale il papato potesse chiedere appoggio contro i longobardi.

All'interno del regno franco, buona parte del potere veniva esercitato dai maggiordomi di palazzo, una sorta di primi ministri, mentre i sovrani erano piuttosto estranei alle vicende politiche. Pipino detto il Breve, maggiordomo all'epoca di Childerico III, pare abbia chiesto al pontefice se fosse giusto che i re dei franchi avessero il titolo di re senza avere l'autorità regia. Papa Zaccaria – sembra – rispose che era preferibile che titolo e potere coincidessero. Il colpo di stato che ne seguì, sancito dalla dieta di Soissons (751), innalzò Pipino alla carica di re.

Va notato che la presa di posizione del papa era necessaria per trovare sostegno nei franchi contro i longobardi, assai minacciosi nei confronti della chiesa romana e dei suoi possessi. Quella che quindi si rivela essere come un'azione diplomatica poté essere interpretata a posteriori come applicazione del principio della dipendenza del potere secolare da quello spirituale, nell'ottica di un potere discendente da Dio al suo rappresentante in terra (il papa), che avrebbe delegato l'esercizio del potere secolare a chi gli fosse parso degno. Zaccaria, inoltre, rispetto ai suoi predecessori, si era prepotentemente allontanato da Bisanzio, contravvenendo alla pratica di chiedere una conferma della propria elezione all'imperatore.

La chiesa in effetti, anche con la successiva incoronazione di Pipino e dei suoi figli e la loro nomina a *patricii Romanorum* (patrizi dei Romani), venne meno alla linea, che era stata esplicitata da Gregorio II, di non interferenza negli affari secolari. Sebbene le manovre fossero volte alla difesa del patrimonio ecclesiastico contro i longobardi, esse inserivano la chiesa in un discorso di tipo istituzionale nel quale sarebbe rimasta coinvolta per tutto il medioevo. La chiesa romana si legava strettamente alla nuova dinastia regnante, ma iniziava anche un rapporto dialettico, come mostrò di lì a qualche decennio il caso dell'incoronazione di Carlo Magno.

Figlio di Pipino, una volta divenuto l'unico erede, Carlo diede vita a un'ampia operazione di espansione dei domini franchi e ad un tentativo di creazione di un edificio culturale e istituzionale per il suo impero.

Al re franco veniva assegnato, da Catulfo (IX sec.), il compito di intervenire nella chiesa per riformarla e difenderla da nemici interni ed esterni. Il sovrano faceva della religione cristiana una ragione ideologica della politica: in suo nome egli sottomise i barbari sassoni, per farli rinsavire e spingerli ad obbedire alla religione cristiana. Carlo si era costruito un ruolo di difensore del cristianesimo, che però gli garantiva una possibilità di intervento nell'istituzione ecclesiastica, come fece in occasione della difesa di Leone III, pontefice eletto tra i dissensi. Leone, minacciato da funzionari della Curia, si rifugiò presso Carlo e qui fu raggiunto comunque dalle accuse di fornicazione e spergiuro. Il fatto che Carlo fosse ritenuto arbitro della vicenda è indicativo del ruolo che andava assumendo rispetto alla cristianità occidentale e al corpo sacerdotale della chiesa romana. L'intera faccenda dell'inchiesta avviata per accertare i crimini del pontefice si risolse a favore di Leone: sia perché vennero accusati di corruzione gli stessi commissari sia per la difficoltà dottrinale di sottoporre a giudizio il papa.

Se, da un lato, si andava prospettando una linea cesaropapista, di controllo cioè del potere politico su quello spirituale, dall'altro, però, gli eventi del dicembre dell'800 misero in luce un tentativo più sottile da parte del papa. La notte di Natale di quell'anno, infatti, Carlo venne incoronato imperatore dal papa. Il gesto era altamente simbolico: metteva in gioco il rapporto con l'impero d'Oriente, che si proclamava erede di quello romano, ma soprattutto la relazione di potere con il pontefice, che si attribuiva il potere di mettere in atto quella che venne poi chiamata la *translatio imperii*, il trasferimento della carica imperiale ai franchi.

Carlo aveva cercato di delineare i compiti dell'imperatore e del papa all'interno di un lavoro comune di espansione e di difesa della cristianità. Ma il gesto del papa poteva indicare la dipendenza del potere imperiale da un'altra autorità. I re franchi e longobardi si erano sempre dichiarati re per volontà di Dio, ma tra questa formula e l'incoronazione papale passava un'ampia differenza: veniva cioè individuato un tramite della volontà divina. Perciò la sacralizzazione del ruolo dell'imperatore ne accresceva da un lato il prestigio e le possibilità d'azione, ma lo riconduceva dall'altro anche all'interno di un ambito nel quale avrebbe potuto facilmente essere insidiato dal primato morale e spirituale del pontefice. Non a caso, un millennio e passa più tardi, Napoleone prenderà da sé la corona imperiale dalle mani del sacerdote proclamando che Dio gliel'aveva data e nessuno avrebbe potuto togliergliela.

Eginardo, il cronista di Carlo Magno, racconta dello stupore dell'imperatore per un'incoronazione inaspettata e della quale forse percepiva i pericolosi risvolti. Carlo, consapevole del valore di gesti simbolici come quello di Leone, cercò di correre ai ripari quando si trattò di incoronare il figlio (813): organizzò la cerimonia ad Aquisgrana e la corona gli fu messa in capo dal padre o se la pose da solo, senza l'intervento del papa.

L'idea di una collaborazione, ma anche di una possibilità di intervento dell'imperatore nelle vicende della chiesa è espressa dalla *Via regia* di Smaragdo, nella quale l'autore consiglia al sovrano, Ludovico il Pio, figlio di Carlo e imperatore dall'814 all'840, di intervenire per purificare la chiesa, quando ne ravveda la necessità.

Tuttavia l'incoronazione da parte del papa diventava sempre più un passo fondamentale, tanto che veniva portata come ragione a favore nella polemica con l'imperatore d'Oriente sulla veridicità del titolo imperiale dei sovrani franchi. In questo modo si costituiva una complessa situazione nella quale il potere laico si percepiva come legittimato attraverso unzione e incoronazione da parte ecclesiastica, ma al contempo deteneva la possibilità di intervenire nella chiesa per la sua purezza. Ai sovrani Sedulio Scoto ricordava che essi erano ministri di Dio e la loro autorità era dovuta alla volontà dell'Altissimo, ponendo così un limite all'autorità regia, individuato nell'obbedienza alla legge e alla volontà divine. Una linea analoga di riflessione era espressa da un importante arcivescovo francese, Incmaro di Reims (805/6-881).

I pensatori politici dell'età carolingia continuarono a mirare ad un equilibrio tra autorità ecclesiastica e autorità temporale nell'ottica gelasiana di una divisione dei compiti e di un primato rispettivamente in ciascun ambito, evocando la necessità di consiglieri giusti e saggi e di organismi consiliari che affiancassero i sovrani nell'operato legislativo. Si potrebbe anche dire che si imponeva l'idea di un ordine politico fondato sulla collaborazione tra l'universalismo temporale dell'impero e l'universalismo spirituale del papato. La funzione anche religiosa dell'impero di difesa e diffusione del cristianesimo e dei suoi valori non si traduceva in sottomissione dell'imperatore al papa (piuttosto in un richiamo all'ordine), ma forniva legittimità al potere politico. Prassi e riflessione fino a questo punto non avevano formulato un'ideale ierocratico di supremazia pontificia, ma un ideale di collaborazione.

Sul terreno restavano formulazioni, come quella di Gelasio, eventi simbolici come la deposizione di Childerico o l'incoronazione di Carlo Magno che potevano prestarsi a trasformare l'ideale di collaborazione in una dottrina della subalternità. Ma sul momento si sviluppò un orientamento opposto, un'ideologia di tipo «cesaropapista», che sottometteva l'autorità pontificia a quella imperiale. Ne fu il segno più chiaro il cosiddetto *Privilegium Othonis* (962), un atto con cui si sancì il diritto dell'imperatore di intervenire nell'elezione del pontefice e persino di indicare la persona del papa.

Lo scontro tra i due universalismi

La stretta collaborazione auspicata e praticata tra sovrani ed ecclesiastici iniziò però, ad un certo punto, a creare qualche «cortocircuito». Gli imperatori avevano favorito l'inclusione di membri della gerarchia ecclesiastica all'interno della nobiltà, affidando loro compiti giurisdizionali. Erano nate perciò delle figure duplici, di vescovi che detenevano anche la carica di conte, o altrove di vescovi che governavano le città.

Questo tradimento della linea di demarcazione che era stata percorsa dai primi papi non deve stupire: in buona parte era una necessità storica. Gli imperatori avevano bisogno di un personale politico capace di amministrare e dotato di prestigio, e diventava perciò una scelta quasi obbligata quella di affidare in molti casi la giurisdizione di città e campagne a uomini di chiesa. La nomina di vescovi e il conferimento loro di poteri comitali divenne sistematica da parte della dinastia degli Ottoni, che regnò in Germania e assurse alla carica imperiale durante il X secolo. In tal modo gli imperatori si assicuravano uno strumento di potere utile per contrastare il potere dei duchi laici.

Ma la doppia appartenenza alla gerarchia ecclesiastica e a quella civile, la duplicità di ambiti di interesse, spirituale e terreno, poneva subito un problema: a quale autorità dovevano fare riferimento i vescovi investiti di compiti civili, il papa o l'imperatore? E chi poteva conferire una carica ecclesiastica, ma dotata di poteri civili? Gli imperatori cercavano di intervenire nella nomina vescovile, considerando di fatto i vescovi alla stregua di funzionari dell'impero, ma il papato ribadiva l'appartenenza dei vescovi al corpo della gerarchia ecclesiastica. È su questo terreno che per la prima volta nel medioevo un papa e un imperatore si scontrarono a viso aperto: Gregorio VII e Enrico IV.

Quando papa Gregorio VII (1073-1085) condannò esplicitamente la prassi dell'investitura di cariche ecclesiastiche ad opera dei laici, rischiò di mettere drasticamente in crisi un sistema di potere e di governo. Ma l'origine di questo atto affondava le radici in un'opera di decenni. Gregorio nella sua azione di riforma era spalleggiato dall'Ordine monastico cluniacense, nato il secolo prima, che denunciava l'anarchia feudale sorta dal disfacimento dell'impero carolingio e lo stato di crisi della politica e della morale. I cluniacensi (dal nome del luogo del loro primo monastero, Cluny, nella regione francese della Borgogna) aspiravano a una riforma della chiesa e si sottraevano al controllo dei vescovi e dei potenti locali, sottoponendosi al giudizio del solo papa. L'appoggio e l'influenza dei Cluniacensi fu fondamentale nel processo che portò alla metà dell'XI secolo ad affrancare l'elezione papale dall'influenza imperiale.

A tutto ciò si aggiungeva il desiderio di mettere in atto una riforma all'interno della chiesa da parte di vari ambienti: troppo spesso le pratiche simoniache (la compravendita di cariche ecclesiastiche) dilagavano, anche a causa delle ampie terre delle quali la chiesa locale disponeva. La volontà da parte dei riformatori era di legare in modo più stretto l'ufficio ecclesiastico ai diritti e alle proprietà che ad esso erano connessi. Si era perciò creato un caso di scontro esplicito.

Nel volgere di pochi decenni, la chiesa romana si emancipò dal privilegio imperiale dell'elezione del pontefice, cosa sancita durante il sinodo del 1059. I principali esponenti della riforma esprimevano però idee diverse sul rapporto tra potere temporale e potere spirituale: se Pier Damiani sosteneva ancora un ideale di collaborazione, Umberto di Silva Candida sottolineava invece come all'interno di questo rapporto il clero mantenesse una maggiore dignità e indicasse i modi in cui gli uomini dovevano agire tra loro.

Nel riprendere tutte queste istanze, Gregorio VII (eletto per altro in modo difforme da quanto richiesto dalle norme del 1059) volle difendere la libertà della chiesa. Ma la *libertas ecclesiae*, intesa come indipendenza della chiesa dal potere politico e difesa delle sue proprietà e delle sue prerogative, divenne rapidamente l'affermazione di un primato dell'autorità papale sull'imperatore, sbilanciando a favore del papa quell'unità di *regnum* e *sacerdotium* che riuniva in sé i due poteri in un ideale di collaborazione.

Gregorio cercò di imporre il primato della chiesa romana alle chiese locali e dichiarò illegittime le investiture di cariche pubbliche a ecclesiastici. In questo modo minava le basi stesse del potere del sovrano. Gregorio rispose al disinteresse di Enrico IV, che continuava a nominare vescovi persone di sua fiducia, scomunicando il sovrano. Nel 1076, richiamandosi al suo potere di sciogliere e legare, affrancò i sudditi di Enrico IV dall'obbligo di lealtà e proibì al sovrano il governo dei regni di Germania e Italia. Gli anni che seguirono furono drammatici: Enrico si recò a Canossa a chiedere il perdono del papa, che ottenne, ma dopo aver battuto i suoi avversari in patria ridiscese in Italia e fece eleggere papa un uomo di sua fiducia, Guilberto di Ravenna (già candidato alla carica quando Gregorio era stato eletto a furor di popolo). Gregorio reagì con forza sul piano ideologico, ma nulla poté di fronte all'occupazione di Roma da parte dei soldati imperiali e scese in Sud Italia insieme ai normanni, che erano sopraggiunti ad aiutarlo (ma che avevano saccheggiato la città).

L'insuccesso politico di Gregorio fu inversamente proporzionale alla pretesa delle sue posizioni dottrinali. Le tesi gregoriane affermavano che il potere secolare derivava da quello ecclesiastico, in quanto il papa era il rappresentante di Dio in terra. Gli oppositori secolari sostenevano invece l'origine divina e distinta dei due poteri. Gregorio intendeva riformare la chiesa e sopprimere le tendenze simoniache, ma anche rivendicare al pontefice il controllo sulla gerarchia ecclesiastica, che non poteva essere alle dipendenze né tantomeno nominata dall'imperatore. Egli sfruttava le tante indicazioni presenti nella trattatistica e nella storia per rovesciare il rapporto tra papa e imperatore a favore del primo, in nome di un primato morale e di una vicinanza a Dio che andavano tradotti in termini politici.

Nel suo *Dictatus papae*, l'opera che esponeva in forma icastica le nuove idee politiche del papato, affermava che solo il papa poteva essere chiamato universale e portare le insegne imperiali. Inoltre Gregorio sosteneva di avere piena giurisdizione sui vescovi e di poter deporre gli imperatori e sciogliere i fedeli dai vincoli di fedeltà contratti con i malvagi. In questo modo il pontefice si poneva come sola autorità universale che, superando le distinzioni di competenza, limitava il potere imperiale. Anzi, il papa si appropriava delle prerogative spirituali e imperiali che fino ad allora erano appartenute a re e imperatori (Cantarella-Polonio-Rusconi 2001). Per gli autori di parte papale, il pontefice poteva rivendicare un'*auctoritas* all'interno della chiesa, mentre per i suoi avversari il papa violava un'altra *auctoritas*, quella della tradizione. Per Gregorio VII la regalità aveva significato solo all'interno della chiesa e in quanto la serviva. Il signore temporale, un giudice che con la sua spada difende i buoni e punisce i cattivi, si sarebbe trovato dunque decisamente sottoposto al papa.

Sul piano della storia politica, la questione delle investiture venne risolta anni dopo, in successive tappe e al termine di una serie di complicate vicende: con il trattato di Worms (1122), sottoscritto da Enrico V e da papa Callisto II, si stabilì che l'imperatore avrebbe rispettato le elezioni dei vescovi, ma che in Germania avrebbe conferito i benefici temporali prima della consacrazione, mentre nelle altre parti dell'impero l'investitura avrebbe avuto luogo dopo la consacrazione a vescovo. In tal modo l'autorità papale acquistava un maggior controllo delle nomine vescovili. Inoltre, restava l'affermazione del primato pontificio che negli anni a seguire sarebbe stato ribadito.

La crescita del potere spirituale: da Urbano II a Innocenzo IV

Con il risveglio del diritto, i canonisti, gli studiosi del diritto canonico, cioè delle leggi della chiesa, iniziarono a riflettere sull'estensione del potere del pontefice. La chiesa dei secoli XII e XIII era impegnata in un processo di consolidamento della propria autorità rispetto alle chiese locali e ai fenomeni religiosi spontanei, e in una lotta per la riconquista di una serie di autonomie rispetto al potere temporale, in primo luogo dell'imperatore. Nel pensiero del diritto canonico vennero maturando due linee: una che insisteva sulla *potestas indirecta* (potere indiretto) del papa di deporre l'imperatore, una, più radicale, sulla *potestas directa* (potere diretto).

Entrambe potevano fare riferimento a Gregorio VII, ma la differenza tra le due era evidente: nel primo caso si trattava non tanto di deporre l'imperatore, quanto di sciogliere i vassalli dal vincolo di fedeltà. Gregorio VII aveva agito in questo modo nel 1076. Anche il testo fondamentale del diritto canonico, il *Decretum* del giurista bolognese Graziano, si atteneva a questa posizione: la deposizione del principe era una conseguenza della scomunica e dell'anatema che rendevano il principe stesso indegno della fedeltà.

Urbano II (1088-1099) aveva esercitato una *potestas indirecta* e così pure Alessandro III (1159-1181), che scomunicò Federico Barbarossa e sciolse i suoi vassalli dall'obbligo di fedeltà. Un giurista della seconda metà del XII secolo sostenitore di questo potere, Uguccione da Pisa, scrisse che l'impero precedeva il papato in ordine temporale. Perciò era in disaccordo con la deposizione *directa*. La procedura corretta di deposizione del sovrano consisteva invece in un'azione concomitante dei principi e del papa.

Nel caso non ci fosse stato un giudice competente, i principi avrebbero dovuto fare ricorso a Roma, che avrebbe sciolto i giuramenti di fedeltà se il signore in questione non si fosse mostrato pronto a ritrattare. L'ideale di un accordo e di una collaborazione tra il potere spirituale e il potere temporale, fondato su un reciproco sostegno, non era insomma del tutto venuto meno dopo le drammatiche esperienze della lotta per le investiture, anche se veniva scavalcata l'autorità imperiale ed era il sostegno della nobiltà ad essere invocato.

L'ordine politico non restava più nelle mani delle sole autorità laiche, coadiuvate e ammonite dai sacerdoti, ma veniva sorvegliato, se non addirittura guidato dal vertice della chiesa.

Per quanto riguarda la *potestas directa*, cioè il potere di deposizione diretto del sovrano da parte del papa, esso fu inizialmente solo una posizione giuridica e non un principio politico. Tale *potestas* trovava fondamento nel *Dictatus papae* di Gregorio VII ed era stata successivamente sostenuta da alcuni giuristi durante il XII secolo. La tesi, in ogni caso, si fondava sul principio del conferimento del potere temporale all'imperatore da parte del papa. Essa però non sarebbe diventata un principio di azione politica se non dopo diversi decenni.

Lo snodo storico-concettuale fondamentale fu forse l'elaborazione della legislazione antiereticale. Il III concilio Lateranense (1179) affermò lo scioglimento della fedeltà nei confronti di quei signori che avevano al loro servizio «Brabanzoni, Baschi, Aragonesi e Navarrini». Le bolle *Ad abolendam* del 1184 e la *Vergentis in Senium* del 1199 disposero la perdita del loro *status* per tutti coloro che danneggiassero la chiesa proteggendo gli eretici.

Innocenzo III (1198-1216), che aveva promulgato la *Vergentis*, cercava gli strumenti per tradurre in politica una concezione che era stata formulata da san Bernando di Clairvaux. Secondo Bernardo i due poteri, che egli indicava con la metafora evangelica delle due spade, spirituale e temporale, appartenevano entrambi al pontefice che però delegava l'esercizio della spada del potere temporale (meno nobile) ai re terreni. Innocenzo si preoccupava di predisporre dei meccanismi di punizione e di controllo nei confronti dei principi cristiani. Il IV concilio Lateranense (1215) stabilì la procedura contro i principi che non combattevano l'eresia: innanzitutto si procedeva con la scomunica; se dopo un anno non vi era ravvedimento, il papa poteva sciogliere i vassalli dalla fedeltà e offrire la terra alla conquista dei signori cattolici che avrebbero bonificato la regione dagli eretici. Era un'arma potente che poteva essere rivolta contro tutti i principi che avevano una controversia con la chiesa.

La chiesa agiva contro un principe *ratione peccati*, a causa dei suoi peccati. È chiaro però che in tal modo la *libertas ecclesiae* poteva essere difesa usando lo strumento dell'accusa di eresia, ma restava un principio di fondo nei rapporti tra papato e potere temporale, secondo il quale il potere spirituale agiva solo indirettamente su quello temporale. Scomunicare e sciogliere i giuramenti erano atti che riguardavano la dimensione spirituale, quali che fossero le loro conseguenze sul piano temporale.

Nella dottrina canonistica il tema dell'intervento *ratione peccati* si saldò con l'idea della concessione del potere ai re da parte del papa. Nel corso della prima metà del XIII secolo, vari giuristi (Alano Anglico, Tancredi, Bernardo Parmense) elaborarono delle dottrine che in vario modo rendevano il potere secolare subordinato e dipendente dalla legittimazione da parte della chiesa, ma solo nello scontro tra Innocenzo IV (1243-1254) e Federico II essa divenne un principio di azione politica.

Il pontefice cercava modi di azione più efficaci di quelli adottati da Gregorio IX (1227-1241). Fondandosi sulla dottrina della scomunica per eresia e del conseguente scioglimento del vincolo di fedeltà contratto dai vassalli nei confronti del sovrano, papa Gregorio aveva cercato di mettere in difficoltà lo Svevo, senza però riuscirci. Ora Innocenzo IV tentava di battere un'altra e più radicale strada che lo sviluppo della giurisprudenza (ed egli stesso era stato allievo a Bologna di maestri che sostenevano la subordinazione del *regnum* al *sacerdotium*) gli consentiva. Egli perciò depose Federico direttamente a causa di quei suoi peccati che lo avevano reso indegno di ogni carica. In questo modo diventava un principio operativo l'idea del primato dell'autorità ecclesiastica anche nella dimensione politica e della stretta dipendenza del potere secolare da quello spirituale. Nel volgere di quattrocento anni si passò perciò da un ruolo di tutela (e di ingerenza) del potere imperiale nei confronti della chiesa a un rovesciamento dei termini del rapporto.

Bonifacio VIII e la disfatta politica della chiesa

Lo scontro tra papato e impero, e più in generale tra papato e potere temporale, non si chiuse certo all'epoca di Federico. La storia medievale conobbe ancora momenti di aspro e drammatico scontro, assai fertili per lo sviluppo del pensiero politico. In particolare, vi furono ancora due accesi contrasti che vanno raccontati. Il primo si svolse a cavallo tra la fine del Duecento e l'inizio del Trecento ed ebbe come protagonisti il re di Francia, Filippo IV il Bello (che governò dal 1285 al 1314), e uno dei papi più decisi e forti del medioevo, Bonifacio VIII (1294-1303).

La tensione tra Filippo e il pontefice si sviluppò per ragioni economiche. Impegnato nella guerra contro l'Inghilterra, il re francese aveva bisogno di denaro. Perché non sottoporre a tassazione i cospicui beni della chiesa francese? Ma la reazione del papato non si fece mancare e con la bolla *Clericos laicos* (1296) negò al re tale diritto. Filippo a sua volta vietò l'esportazione di oro e di argento. Ma già l'anno successivo le parti trovarono un accordo, che consentiva ai francesi di chiedere aiuti economici al clero.

Lo scontro si spostò sul piano politico nel 1301, quando re Filippo fece incarcerare il vescovo di Pamiers e Bonifacio protestò rivendicando l'autonomia giurisdizionale del clero. La situazione si aggravò rapidamente perché a più riprese il pontefice accusò Filippo di perseguitare il clero francese e ribadì la propria posizione di giudice supremo dei cristiani. A tale scontro politico si accompagnò una ricchissima produzione di *pamphlets* da una parte e dall'altra. Il punto più alto della polemica fu raggiunto dalla stesura della bolla papale *Unam sanctam* (1302). Questo importante documento della Curia pontificia esprime pienamente l'ideale di potere supremo e indiscutibile del papato che a partire da Gregorio VII era venuto maturando. Si tratta quindi di un documento politico in cui il papato medievale, paradossalmente a qualche momento di distanza dalla sua maggior perdita di prestigio, concentrò la propria ideologia sul rapporto tra i poteri. Affermava la bolla che:

Il Signore, agli apostoli che, parlando, dicevano: «ecco due spade», riferendosi alla chiesa, non rispose: «sono troppe», ma «bastano». E chi dice che la spada temporale non è in potere di Pietro non presta bene attenzione alle parole del Signore: «Rinfodera la tua spada». Perciò entrambe appartengono al potere della chiesa, la spada spirituale e la spada materiale. Ma la seconda è a vantaggio della chiesa, mentre la prima viene esercitata dalla chiesa. Quest'ultima è nella mano del sacerdote, l'altra è in mano ai re e ai soldati, ma obbedisce all'assenso e alla saggezza del sacerdote. Una spada deve dunque essere soggetta all'altra e l'autorità temporale deve essere sottomessa al potere spirituale...

Bonifacio dunque non negava l'esistenza dei due poteri, che Gelasio aveva distinto, ma subordinava strettamente il potere temporale a quello spirituale. Principi, re e chierici di ogni sorta dovevano seguire le direttive degli uomini di chiesa e sottomettersi alla volontà del papa, che non avrebbe avuto alcun giudice in terra. Il papato trasformava l'autorevolezza del proprio ministero e il proprio ruolo etico e spirituale in un potere politico vero e proprio.

Se il potere terreno verrà meno al suo compito, sarà giudicato dal potere spirituale; se devierà dai suoi compiti il potere spirituale minore, sarà giudicato dal potere spirituale superiore; ma il potere spirituale superiore potrà essere giudicato non da un uomo, ma solo da Dio, come testimonia l'Apostolo: «L'uomo spirituale giudica tutte le cose, ma nessuno giudicherà lui» (I *Cor.* II, 15). E se una simile autorità viene data a un uomo ed è esercitata da un uomo, non è umana, ma divina. Attraverso le parole del Signore è stata conferita a Pietro e confermata in lui, riconosciuto come pietra [della chiesa], ai suoi successori, quando il Signore disse allo stesso Pietro: «A te darò le chiavi del regno dei cieli. Tutto ciò che legherai in terra sarà legato anche in cielo e tutto ciò che scioglierai in terra sarà sciolto anche in cielo» (*Mt.* XVI, 19).

A Pietro, sosteneva papa Bonifacio, era stata dunque affidata un'autorità divina e non umana, che lo poneva al di sopra di tutti gli uomini, come giudice supremo delle vicende terrene. Tale potere, passato ai papi in quanto successori di Pietro, avrebbe vincolato i fedeli a un'indiscussa obbedienza. Giovava a questa posizione soprattutto l'idea della fondamentale unità del mondo cristiano, che avrebbe dovuto riconoscersi (e sottomettersi) nell'autorità del papa, vicario di Cristo. L'autonomia del potere politico non veniva negata, ma sempre sottoposta al controllo da parte dell'autorità spirituale. Il dualismo «difensivo» di Gelasio, in conclusione, aveva ceduto definitivamente il passo ad un dualismo «aggressivo» e gerarchico.

Perciò dichiariamo, diciamo e stabiliamo che ogni uomo deve essere sottomesso al Pontefice romano e affermiamo che è assolutamente necessario per la salvezza.

Non è possibile qui rendere conto dell'ampiezza della riflessione sull'argomento e della varietà di posizioni espresse. Alcuni autori ecclesiastici sottolineavano come l'autorità del papa fosse suprema anche nel campo degli affari temporali. Quest'idea venne indicata in particolare con l'espressione *plenitudo potestatis*, pienezza di potere, una formula che in altri tempi era stata riferita solo al potere del papa all'interno della chiesa. Un autore come Agostino Trionfo, ad esempio, negava la possibilità che qualcuno fosse esentato dal controllo dell'autorità papale nella dimensione temporale (McCready 1973).

Occorre però sottolineare che gli intellettuali francesi non mancarono di rispondere elaborando tesi contrarie. Nell'ampio ventaglio di scritti che videro la luce in questo periodo (per non parlare di false bolle e lettere papali fittizie usate strumentalmente), si distinsero posizioni diverse. L'anonima *Quaestio in Utramque partem* sosteneva la distinzione di ambiti e accordava alla chiesa una possibilità di intervento solo in alcuni tipi di cause giuridiche. Fondamentalmente, però, bisognava tenere conto della profonda alterità tra papato e potere secolare: «Infatti tanto distano l'Oriente dall'Occidente, il corpo dall'anima, le cose corporali da quelle spirituali, quelle terrene da quelle celesti, quanto l'autorità del sommo pontefice dal vertice dell'impero o dalla dignità regia». La tesi dualistica veniva in questo caso proposta per difendere la corona regia e non il papato. Ben più radicale era la *Disputatio inter clericum et militem* che non solo limitava il potere del papa a quello esercitato da Cristo, cioè relativo alla dimensione spirituale, ma andava ben oltre, affermando la subordinazione della chiesa all'autorità civile.

Un autore ben noto, Giovanni da Parigi (1240 ca.-1306), fondava l'origine della comunità politica nella natura umana (come aveva insegnato Aristotele, alla cui opera politica gli studiosi del medioevo poterono però accedere solo a partire dalla seconda metà del XIII secolo) e le assegnava il fine di garantire la virtù naturale, mentre alla chiesa, di origine divina, spettava di occuparsi della salvezza eterna. In tal modo egli spezzava l'idea di una discendenza divina dei due poteri, che il papato poteva avocare entrambi a sé in virtù del vicariato di Cristo.

Tornando alle vicende storiche, Filippo e i suoi consiglieri deliberarono che in casi eccezionali le autorità laiche dovevano difendere la chiesa e i suoi fedeli e che Bonifacio rappresentava una minaccia per la cristianità. Si decise di portare il papa di fronte a un concilio generale. Così nel settembre del 1303 Guglielmo di Nogaret e Sciarra Colonna catturarono Bonifacio nel suo palazzo di Anagni. Bonifacio non resistette agli eventi e, benché liberato dagli abitanti del luogo, morì. Nel 1309 papa Clemente V trasferì la sede del papato ad Avignone, una città che era sì un possedimento papale, ma inglobato nei territori del re di Francia.

La confutazione del potere temporale del papa

Il papato avignonese, in buoni rapporti con il re di Francia, continuò però lo scontro con l'imperatore, il nemico più tradizionale della Curia romana. Ma qua le cose si fanno più complicate. La chiesa era infatti travagliata al suo interno da una serie di discussioni sul tema del possesso dei beni che era stata innescata dall'esempio di povertà offerto dai francescani. Ben presto la contestazione del potere papale e la critica della ricchezza della chiesa si combinarono insieme in uno sforzo di ridisegnare il profilo della chiesa e del papato.

I francescani avevano insistito per vedersi riconosciuta la povertà e il semplice uso dei beni, lasciandone il possesso alla chiesa, un risultato che era stato ottenuto con la bolla di Niccolò III (1277-1280) *Exiit qui seminat* (1279). Ma il dibattito proseguì, incentrandosi in particolare sulla povertà di Cristo e degli apostoli e Giovanni XXII (1316-1334) con una serie di bolle, tra il 1322 e il 1324, revocò i provvedimenti di Niccolò III (che aveva fatto della chiesa la garante dei beni usati dai francescani), negò la povertà di Cristo e degli apostoli e criticò aspramente i suoi oppositori.

Questa linea d'azione si sviluppò contemporaneamente allo scontro con Ludovico il Bavaro, che rivestì la carica imperiale dal 1328 al 1347. Giovanni infatti teneva fermi i principi di priorità del papato sull'impero che i pontefici del secolo precedente avevano messo a punto e riteneva Ludovico un imperatore illegittimo proprio perché la sua elezione avrebbe richiesto l'approvazione da parte della Santa Sede.

È in questo contesto che operarono due tra i più grandi filosofi del medioevo, Marsilio da Padova (ca. 1280 -1342/43) e Guglielmo di Ockham (ca. 1285- ca. 1349). Entrambi presero di mira la pretesa pienezza di potere del papato e la criticarono da punti di vista diversi.

Nel *Difensore della pace* Marsilio, contestando le tesi ierocratiche, partiva dall'idea che la comunità politica nascesse, come aveva insegnato Aristotele, in modo naturale per consentire agli uomini di ottenere una *vita sufficiens*, una vita degna di essere vissuta; alla vita politica dovevano partecipare il numero maggiore possibile di cittadini, coinvolti nell'importantissima attività di elaborazione e di approvazione delle leggi. Il clero risultava perciò privo di ogni potere coercitivo e la sua funzione si rivelava puramente spirituale.

Le pretese di potere della chiesa romana erano anzi per l'autore del *Difensore* all'origine delle discordie e della mancanza di pace. Il papa poi, che Marsilio nella sua opera chiamò quasi sempre «vescovo di Roma», avrebbe dovuto svolgere una funzione di coordinamento, assai distante dalle prerogative che dispoticamente avocava a sé. Marsilio sviluppava anche un'analisi attenta dei testi sacri, dei documenti storici e delle autorità della chiesa a sostegno delle proprie tesi, per conferire loro una duplice fondazione, filosofica e teologica.

Ockham, l'altro grande filosofo antiierocratico, contestava in molte opere le tesi del papato perché esse avrebbero conferito al pontefice un potere dispotico e assurdo, contrario allo spirito di libertà della legge evangelica: egli avrebbe potuto, argomentava paradossalmente Ockham, sottrarre il regno ai legittimi sovrani per incoronare delle persone indegne. Le tesi pontificie inoltre si fondavano su letture fuorvianti e persino eretiche delle Scritture. A differenza di Marsilio, Ockham ammetteva però una possibilità di intervento del papa nelle vicende secolari, ma solo in casi di estrema necessità, qualora nessuno avesse preso provvedimenti contro un sovrano tirannico. Inoltre, da sincero francescano contestava le tesi di Giovanni XXII in merito alla povertà, sia distinguendo tra l'uso e la proprietà della cosa, sia invocando l'esempio della povertà di Cristo. Il filosofo inglese non aveva remore nel definire eretiche le posizioni del papa avignonese.

Marsilio, dopo la compilazione della sua opera, si rifugiò presso Ludovico il Bavaro. Ockham vi arrivò qualche anno dopo, fuggendo da Avignone insieme ad altri francescani. Fu anzi solo da quel momento che rinunciò alla logica, alla filosofia naturale e alla teologia per dedicarsi alla riflessione politica. Le condanne papali però li inseguirono. Quando Ludovico cercò di rappacificarsi col papato nel 1334, gli si chiese conto della presenza al suo servizio di Marsilio.

L'imperatore restò a lungo in Italia nel tentativo di consolidare la propria posizione politica. Ludovico il Bavaro si sforzò anche di modificare le procedure dell'investitura imperiale, per fare passare il principio che la designazione a re di Germania accordasse immediatamente il titolo imperiale, escludendo l'intervento da parte del papa. Ormai da secoli l'incoronazione conferiva al pontefice un grosso potere d'intervento, ma Ludovico non riuscì nel suo intento e anzi ottenne solo, nel 1343, la scomunica da parte di Clemente VI.

Gli sviluppi concettuali che abbiamo fin qui seguito potrebbero avere una ben più lunga trattazione che però ci porterebbe lontanissimi dall'età di Federico. All'inizio del Quattrocento si aprì una stagione conciliare per stabilire il ruolo del papa e dei cardinali all'interno della chiesa, ma alla fine del secolo la Riforma avrebbe sconvolto il mondo cristiano. Per quanto riguarda il potere del papa sui governanti, sarà solo con il cardinale Roberto Bellarmino (1542-1621) che la chiesa opterà per una posizione ben precisa, quella del potere indiretto d'intervento nella dimensione temporale e del diritto di scomunicare un governante eretico e vietarne l'obbedienza ai sudditi. Ma questo avvenne alla fine del Cinquecento.

Il rapporto tra stato e chiesa è infatti un problema che appartiene tanto al medioevo quanto al mondo moderno, e che è andato assumendo varie forme, intrecciandosi progressivamente con questioni che vanno dalla tolleranza religiosa alla laicità dello stato. Resta un nucleo costante però: il rapporto tra il potere politico e i rappresentanti di una verità trascendente, che vuole insegnare agli uomini che cosa è giusto e che cosa non lo è, quali sono i fini dell'uomo e quali non lo sono. Una tensione vitale per una società, la cui presenza è anche garanzia di libertà di pensiero e di parola.

Per approfondire

Briguglia, G. - Simonetta, S.
2002 *Filippo il Bello e Bonifacio VIII: gli scritti di una disputa*, Bergamo.

Camastra, F.
1991 *Libido dominandi. La teoria politica da Gregorio Magno a Gregorio VII*, Milano.

Cantarella, G.M. - Polonio, V. - Rusconi, R.
2001 *Chiesa, chiese, movimenti religiosi*, Roma-Bari.

Di Bello, A.
1998 *I concetti di auctoritas e di potestas nella libellistica della lotta per le investiture*, in «Il Pensiero politico», 1, pp. 131-148.

Dolcini, C.
1999 *I due poteri universali. Il sorgere della riflessione politica in Occidente tra Alto medioevo e Medioevo centrale*, in *Il pensiero politico. Idee, teorie, dottrine*, vol. I, *Età antica e medioevo*, a cura di C. Dolcini, Torino, pp. 99-119.

Fumagalli Beonio Brocchieri, Mt.
2000 *Il pensiero politico medievale*, Roma-Bari.

Ghisalberti, A.
1972 *Guglielmo di Ockham*, Milano.

Hagender, O.
1983 *Il diritto papale di deposizione del principe: i suoi fondamenti canonistici (1150-1250)*, in C. Dolcini (a cura di), *Il pensiero politico del Basso medioevo*, Bologna, pp. 193-238.

McCready, W.D.
1973 *Papal plenitudo potestatis and the source of temporal authority in Late Medieval papal hierocratic theory*, in «Speculum», 48/4, pp. 654-674.

Preterossi, G.
2002 *Autorità*, Bologna.

Quaglioni, D.
1989 *Civilis sapientia: dottrine giuridiche e dottrine politiche fra Medioevo ed Età moderna. Saggi per la storia del pensiero giuridico moderno*, Rimini.

IL TIRANNO

Nell'uso corrente il termine «tiranno» possiede un forte potere evocativo e suscita l'idea di un governo sanguinario e violento, ma possiede anche un sapore antico e sembra riferirsi ad angherie e soprusi che non dovrebbero più appartenere al nostro mondo, non solo perché ingiusti, ma perché legati a modelli politici distanti da quelli di cui abbiamo esperienza. In un mondo che ha assunto come ideale di governo la democrazia e non la monarchia, per indicare la degenerazione del vertice del governo si usa più spesso l'espressione «dittatore».

Nella letteratura medievale l'accusa di tirannia è invece frequente e attesta un uso polemico del termine, finalizzato a criticare un nemico politico e ad indicare la malvagità del governante al potere. Ma questo suggerisce che esisteva anche un significato più preciso del termine, che non si limitava ad indicare l'uso della violenza, ma alludeva ad un abuso del potere. Nel corso del XIII secolo la Curia romana di fronte alle riforme del *regnum* messe in atto da Federico II non esitò a definire tirannia il governo dell'imperatore svevo. È chiaro però che in questo caso, dal momento che quella in atto era una radicale riforma del sistema dei poteri vigenti e tradizionali, l'accusa non poteva riguardare il modo violento di esercitare il potere, ma indicava qualcosa di più. Per capire meglio l'idea di tirannia corrente all'epoca dello scontro tra Federico II e la chiesa romana, è utile rivolgere l'attenzione ad alcuni autori precedenti e contemporanei alle vicende di questo conflitto, che avevano meditato a lungo sull'essenza della regalità e sul suo contrario.

La riflessione dei filosofi

Fondamentale per identificare il tiranno è il rapporto del sovrano con la giustizia. A questo proposito Isidoro, vescovo di Siviglia del VII secolo, scriveva nelle sue *Etymologiae* (redatte per conservare la cultura in un'epoca di crisi e di barbarie) che il nome «re» trae origine dall'attività che il sovrano svolge, cioè «governare» (*regere*): ma governare significa correggere (*corrigere*), premiare i buoni e punire i cattivi. I re sono modesti o moderati nel loro agire; i tiranni, al contrario, sono malvagi ed esercitano crudelmente il loro potere. La figura del tiranno è dunque il doppio negativo del principe e si riconosce perché ha di mira solamente il proprio interesse personale e non il bene dello stato.

Un autore del XII secolo, l'inglese Giovanni di Salisbury, aveva espresso questa visione in termini molto vivaci e incisivi nel suo *Policraticus*: se il principe è immagine di Dio, il tiranno è al contrario un'immagine del demonio e la sua presenza genera la rovina dello stato, che diventa simile a un corpo malato, dove tutte le membra agiscono per se stesse:

> Anche lo stato degli empi possiede un capo e delle membra e cerca di conformarsi allo stato legittimo. Perciò la sua testa è il tiranno, immagine del diavolo; l'anima sono i sacerdoti eretici, scismatici e sacrileghi e, per dirla con Plutarco, quei prefetti della religione che ostacolano la legge di Dio; il cuore è rappresentato dai consiglieri empi, che costituiscono una specie di iniquo senato; gli occhi, le orecchie, la lingua, la mano disarmata sono rappresentati dai giudici, dalle leggi e dagli ufficiali ingiusti; la mano armata sono invece i soldati violenti, quelli che Cicerone chiama briganti; i piedi sono coloro che contrastano nelle loro umili occupazioni i precetti di Dio e le legittime istituzioni.

Era facile trovare una spiegazione alla diffusione e alla frequenza della tirannia e del malcostume politico. Papa Gregorio Magno, che aveva assistito alla discesa dei longobardi in Italia, scriveva nei *Moralia in Iob* che si potevano scoprire tiranni a ogni livello della società: al vertice dello stato, a capo di una provincia o di una città. Chiunque agisse contro il diritto era un tiranno. Anzi, tiranno era anche chi tramava nell'ombra, rimuginando malvagi pensieri noti solo agli occhi di Dio. Giovanni di Salisbury aveva esasperato questa posizione, sostenendo che era quasi impossibile trovare uomini privi di tendenze tiranniche. Ogni uomo è intento ad accrescere la propria libertà – diceva – perché questa è il bene più prezioso che vi sia, ma raramente è capace di frenarsi e finisce per calpestare la libertà di chi gli sta attorno: perciò non esistono tiranni solo al vertice dello stato, ma possono esservene ai livelli inferiori della nobiltà, all'interno della chiesa e persino nella famiglia.

L'immagine complessiva del tiranno che ne emerge è piuttosto vivida: il tiranno è crudele, demoniaco ed egoista; privo di rispetto per il bene comune, egli danneggia e calpesta i diritti delle parti della comunità politica (le *libertates*). Pur cercando di porsi al di sopra dei suoi simili, resta assolutamente umano. Anzi, è schiavo dei propri desideri, incapace di porre ad essi un freno. Il tiranno, dice Giovanni, è travolto dalle sue stesse pulsioni, e perciò, a dispetto del potere che acquista in misura sempre maggiore, è in realtà servo di se stesso, della sua parte più bestiale e deteriore. Lo aveva scritto in versi secoli prima Boezio, nel *De consolatione philosophiae*:

> Quando un re, come vedi, tanti tiranni ha dentro
> Non fa quel che vuole, schiacciato da iniqui padroni.

Anche nei rapporti con gli altri uomini, persino con quelli a lui più prossimi, il tiranno crea una realtà distorta e grottesca. Egli si trova in una condizione paradossale perché inghiottendo potere, bene comune, ricchezze, resta solo, privo di vere amicizie, circondato da adulatori e falsi cortigiani, che solleticano il suo ego per ottenere favori personali, ma lo allontanano sempre più dal senso della realtà e dalla comprensione di se stesso e dei suoi limiti.

Il tiranno è dunque un uomo immerso nella solitudine, circondato da falsità e ipocrisia. Scriverà Tommaso d'Aquino un secolo dopo, nel suo *De regno*, che i tiranni sono simili ad animali selvaggi e suscitano timore ed odio nel popolo. La loro è una vita amara e nelle difficoltà non troveranno appoggio in alcuna persona, perché la predilezione per l'adulazione e l'ingiustizia ha allontanato i veri amici e le persone virtuose.

Per tutto il medioevo – occorre almeno ricordarlo – sopravvive, in modo parallelo, anche un'altra concezione della tirannide, che individua nel tiranno uno strumento di punizione della provvidenza, un'espressione della giustizia divina contro i popoli peccatori. Dio, dicevano in molti sulla scorta di sant'Agostino e di Gregorio Magno, può inviare una pestilenza o una carestia per castigare chi gli ha voltato le spalle, ma, come insegna l'Antico Testamento, alle volte lascia che un popolo peccatore sia punito da un uomo malvagio, da un tiranno. Ancora Tommaso ripeterà che occorre eliminare il peccato perché abbia fine il supplizio inflitto dai tiranni.

Una stirpe di tiranni

Passando dalla riflessione filosofica agli esempi storici di tiranni medievali, o supposti tali, è interessante costatare che le accuse rivolte a Federico accomunavano l'imperatore svevo ai suoi avi. Circa un secolo prima era capitato al normanno Ruggero II, nonno di Federico e re di Sicilia. Ruggero, infatti, aveva preso le parti dell'antipapa Anacleto II e si era schierato contro l'altro contendente al soglio pontificio, Innocenzo II, costretto a fuggire da Roma. La reazione di Innocenzo e della chiesa non si fece attendere. Secondo l'abate Bernardo di Clairvaux, Ruggero avrebbe usurpato i diritti dell'imperatore e della chiesa. La Sicilia – diceva Bernardo – è un territorio dell'impero di cui Ruggero si è appropriato senza diritto. Nelle accuse del prelato, Ruggero era però doppiamente tiranno perché aveva violato anche un ordine politico che aveva nella chiesa il suo cardine: secondo la teoria delle «due spade» (elaborata a partire da una metafora del Vangelo di Luca, 22. 38) tanto il potere temporale quanto quello spirituale appartenevano al papa, rappresentante di Dio in terra. All'imperatore veniva delegata la spada temporale, ma egli doveva attenersi alle indicazioni della chiesa (Wieruszowski 1967).

Nonostante le critiche e le durissime accuse rivolte al re di Sicilia, le vicende storiche, le sconfitte di papa Innocenzo II (lo scisma era stato ricomposto nel 1139) e degli avversari locali di Ruggero, costrinsero in seguito il pontefice (fatto prigioniero) alla resa e all'accordo con il normanno, che venne riconosciuto sovrano dell'Italia meridionale.

Ruggero era dunque un tiranno in quanto usurpatore dei diritti imperiali e causa della rottura di un ideale ordine politico, fondato sul duplice universalismo della chiesa e dell'impero. Alcuni storici dell'epoca, avversi a Ruggero, denunciavano però anche la crudeltà del sovrano, le vendette che egli portava a termine senza rispetto per la legge, la sua sete di denaro: tutti fattori che contribuivano a tratteggiarlo come un tiranno perfetto. Altri invece descrivevano Ruggero come un sovrano prudente, violento solo quando era necessario per conservare il proprio dominio e contrastare i traditori, e legittimavano perciò le sue azioni alla luce di motivazioni più alte.

Giovanni di Salisbury era tra i critici del sovrano normanno e sosteneva che Ruggero in Sicilia aveva ridotto la chiesa in servitù «secondo il costume di altri tiranni». Forse Giovanni alludeva in questo modo a Enrico II re di Inghilterra (che cercava di limitare i privilegi del clero), forse però il suo era un riferimento alla Sicilia come «terra di tiranni», un luogo comune di tutto il medioevo, che si ritrova in tanti autori diversi. Già Orosio, allievo di Agostino vissuto nel V secolo, aveva attribuito questa triste connotazione alla Sicilia e all'epoca di Ruggero veniva ribadita ancora da Ottone di Frisinga in polemica con il re normanno (Kantorowicz 1988).

Anche il nonno paterno di Federico II, l'imperatore Federico Barbarossa, era stato accusato di tirannia. La lunga controversia contro i comuni dell'Italia Centro-settentrionale e con il papa aveva spinto la cancelleria pontificia all'uso di tutto l'armamentario ideologico disponibile. Federico I si opponeva a papa Alessandro III sostenendo il suo avversario, Vittore IV. In una lettera diretta all'amico Gerardo La Pucelle, scritta nel 1166, Giovanni di Salisbury non esitò ad adottare l'appellativo di tiranno nei confronti dell'imperatore: «Chi infatti era simile a Federico tra i figli degli uomini, prima che da principe diventasse tiranno, e da imperatore cattolico diventasse scismatico ed eretico?». Eresia e tirannia facevano dunque tutt'uno nelle accuse rivolte ad un nemico della chiesa.

All'epoca di Federico II l'accusa di tirannia non era dunque rara nelle vicende politiche e si legava all'idea di una violazione della legge (divina o umana, espressa nel diritto positivo dei principi o nelle consuetudini vigenti da tempo), ma anche di un ordine politico-sacrale del mondo. Ecco perché la costruzione di un nuovo modello di stato come quella messa in atto dall'imperatore svevo, che passava attraverso una ridiscussione delle prerogative, dei diritti, dei privilegi di cui avevano goduto i diversi corpi sociali, poteva essere denunciata come espressione di un'attitudine tirannica.

Per approfondire

Fiocchi, C.
2004 *Mala potestas: la tirannia nel pensiero politico medievale*, Bergamo.

Garfagnini, G.C.
1977 *Legittima potestas e tirannia nel Policraticus di Giovanni di Salisbury*, in «Critica storica», 4/14, pp. 7-44.

Kantorowicz, E.
1988 *Federico II, imperatore*, Milano (ed. orig. 1927).

Turchetti, M.
2001 *Tyrannie et Tyrannicide. De l'antiquité à nos jours*, Paris.

Wieruszowski, H.
1967 *Roger II of Sicily. Rex-Tyrannus in Twelfth-Century Political Thought*, in «Speculum», 1/38, pp. 46-78.

NOTA BIBLIOGRAFICA

a cura di Claudio Fiocchi

Abbreviazioni

MGH *Monumenta Germaniae historica inde ab anno Christi quingentesimo usque ad annum millesimum quingentesimum*, Hannover-Berlin 1826 sgg.

PL *Patrologiae cursus completus. Series latina*, a cura di J.P. Migne, Paris 1841-1864.

RIS *Rerum Italicarum Scriptores ab anno aerae christianae quingentesimo ad millesimum quingentesimum*, a cura di L.A. Muratori, Milano 1723-1751 (sec. ed. Città di Castello 1905-1908).

Fonti

L'eccezionalità della figura di Federico II, l'esistenza di una cancelleria imperiale e di una Curia pontificia assai prolifiche, fanno sì che le fonti consultabili nella ricostruzione della vita e dell'opera dell'imperatore svevo siano estremamente numerose. In questa sede si è scelto di indicare al lettore le fonti ritenute più significative e prese in considerazione nella stesura dell'opera, nonché una serie di testi medievali importanti per comprendere molte delle idee diffuse all'epoca di Federico II sul senso della storia e del potere. Oltre che nelle opere di Kantorowicz e di Abulafia, un'eccellente rassegna delle fonti, ma anche degli studi su Federico, è ancora il volume di Thomas Curtis van Cleve, *The Emperor Frederick II of Hohenstaufen, Immutator Mundi*, Oxford 1972.

Abelardo, Pietro
Dialogo tra un filosofo, un giudeo e un cristiano, intr. di Mt. Fumagalli Beonio Brocchieri, trad. it. di C. Trovò, Milano 1992.
Etica, a cura di M. Parodi e M. Rossini, trad. it. di M. Dal Pra, Milano 1995.

Agostino di Ippona
Epistolae, in PL 33.
La città di Dio, trad. it. di G. Borgogno, Roma 1979.

L'istituzione cristiana, a cura di M. Simonetti, Fondazione Valla, Milano 1994.

Alessandro nel Medioevo Occidentale, a cura di P. Boitani, Fondazione Valla, Milano 1997.

Annales Parmenses Maiores, in MGH, *Scriptores*, XVIII.

Annales Placentini Gibellini, in MGH, *Scriptores*, XVIII.

Annales Placentini Guelfi, in MGH, *Scriptores*, XVIII.

Anonimo pugliese
Città e monarchia nel regno svevo di Sicilia: l'itinerario di Federico II, a cura di F. Delle Donne, Salerno 1998.

Anonimo Vaticano
Historia Sicula, in RIS, VIII.

Anonymus Regiensis
Memoriale Potestatum Regensium, in RIS, VIII.

Averroè
L'incoerenza dell'incoerenza dei filosofi, a cura di M. Campanini, Torino 1997.

Bernardo di Clairvaux
De laude novae militiae, in PL 182.

Bernardo Silvestre
Cosmographia, in *Il divino e il megacosmo. Testi filosofici e scientifici della scuola di Chartres (Teodorico di Chartres, Guglielmo di Conches, Bernardo Silvestre)*, a cura di E. Maccagnolo, Milano 1980.

Boezio, Severino
La consolazione della filosofia, intr., trad. it. e note a cura di L. Obertello, Milano 1986.

Carmina triumphalia de Victoria urbe eversa, a cura di Ph. Jaffé, in MGH, SS, XVIII.

Chronicon parmense, in RIS, sec. ed., IX/9.

Clemente Alessandrino, *Il Protrettico. Il Pedagogo*, a cura di M.G. Bianco, Torino 1971.

Constitutiones et Acta publica imperatorum et regum, in MGH, *Legum sectio* IV.

Constitutiones Regni Siciliae. Ristampa anastatica dell'edizione di Napoli del 1786 curata da Gaetano Carcani, a cura di A. Romano, Monumenta Iuridica Siciliensia, Messina 1992.

Constitutionum Regni Siciliorum libri III cum commentariis veterum jurisconsultorum, Napoli 1773.

Corpus iuris canonici, a cura di A. Friedberg, Graz 1959, voll. I-II (ed. orig. Leipzig 1879).

Dante Alighieri
De vulgari eloquentia, trad. it. e saggi di C. Marazzini e C. Del Popolo, Milano 1990.
La Divina Commedia, Inferno, intr. e note di A.M. Chiavacci Leonardi, Milano 1991.

Epistola a Diogneto, intr., trad. it. e note di S. Zincone, Roma 1977.

Federico II di Svevia
De arte venandi cum avibus. L'arte di cacciare con gli uccelli, a cura di A.L. Trombetti Budriesi, Roma-Bari 2000.

Filippo da Novara
La guerra di Federico II in Oriente, intr., testo critico, trad. it. e note di A. Melani, Napoli 1994.

Gesta Innocentii III, in MGH, *Constitutiones* I e PL 214.

Giacomo di Vitry
Lettres de Jacques de Vitry, a cura di R.B.C. Huygens, Leiden 1960.

Gilberto Crispin
Disputatio Iudei et Christiani, a cura di B. Blumenkranz, Utrecht-Anversa 1956.

Giovanni di Salisbury
Ioannis Saresberiensis episcopi carnotensis policratici sive de nugis curialium et vestigiis philosophorum libri VIII, edizione critica a cura di C.C.I. Webb, Oxford 1909, tt. I-II.

Gregorio VII
Dictatus papae, in *Register*, in MGH, *Epistolae selectae*.

Guglielmo il Bretone
Gesta Philippi Augusti, Philippides, 2 voll., Paris 1882-1885.

Guglielmo di Conches
Filosofia del mondo, in *Il divino e il megacosmo. Testi filosofici e scientifici della scuola di Chartres (Teodorico di Chartres, Guglielmo di Conches, Bernardo Silvestre)*, a cura di E. Maccagnolo, Milano 1980.

Dialogo di filosofia, in *Il divino e il megacosmo. Testi filosofici e scientifici della scuola di Chartres (Teodorico di Chartres, Guglielmo di Conches, Bernardo Silvestre)*, a cura di E. Maccagnolo, Milano 1980.

Guglielmo di Rubruc
Viaggio nell'impero dei mongoli, intr. di G.L. Potestà, trad. it. e note di L. Dalledonne, Genova-Milano 2002.

Huillard-Bréholles, J.L.A.
Historia diplomatica Friderici II, 6 voll., Paris 1852-1861 (rist. Torino 1963).
Vie et Correspondance de Pierre de la Vigne, Paris 1865 (rist. Reinheim 1966).

Die Konstitutionen Friedrichs II für das Königreich Sizilien, a cura di W. Stürner, Hannover 1996.

Ibn Sab'īn al-Haqq
Le questioni siciliane. Federico II e l'universo filosofico, a cura di P. Spallino, Palermo 2002.

Innocenzo III
De contemptu mundi sive de miseria conditionis humanae Libri Tres, in PL 217.

Johannis Codagnelli Annales Placentini, in MGH, *Scriptores*, XXIII.

Lucio Cecilio Firmiano Lattanzio
Divinae institutiones; De opificio dei; De ira dei, a cura di U. Boella, Firenze 1973.

Marco Polo
Il Milione, Meridiani, Milano 1982.

Marcovaldo di Ried
in MGH, *Scriptores*, IX.

Matteo da Parigi
Ex Cronicis Maioribus, in MGH, SS, XXVIII.

Michele Scoto
Proemio (Liber Introductorius), in G.M. Edwards, *The Liber Introductorius of Michael Scot*, Ph. D. Diss., University of Southern California, 1979.

Nicolai de Jansilla
Historia de rebus gestis Frederici II imperatoris ejusque filiorum Conradi

et Manfredi Apuliae et Siciliae regum, in G. Del Re, *Cronisti e scrittori sincroni napoletani editi e inediti*, Napoli 1868.

Il Novellino: le ciento novelle antike, intr. di G. Manganelli, Milano 1975.

Origene
I principi. Contra Celsum e altri scritti critici, scelta, intr., trad. it. e note a cura di M. Simonetti, Firenze 1975.

Pier Damiani
De brevitate vitae pontificorum, in PL 145.

Pietro da Eboli
Liber ad honorem, in G. Del Re, *Cronisti e scrittori sincroni napoletani editi e inediti*, Napoli 1868.

Rolandino da Padova
Cronica in factis et circa facta Marchie Trivixiane, a cura di A. Boardi, in RIS, sec. ed., VIII/1.
Vita e morte di Ezzelino da Romano, a cura di F. Fiorese, Fondazione Valla, Milano 2004.

Salimbene da Parma
Cronica, a cura di G. Scalia, Bari 1966.

Ugo di San Vittore
Didascalicon; I doni della promessa divina; L'essenza dell'amore; Discorso in lode del divino amore, intr., trad. it. e note di V. Liccaro, Milano 1987.

Villani, Giovanni
Cronica, con le continuazioni di Matteo e Filippo, scelta, intr. e note di G. Aquilecchia, Torino 1979.

Studi

La bibliografia su Federico II è ormai assai ampia e di difficile gestione. Il lettore non troverà nelle pagine che seguono una rassegna esaustiva, ma un'indicazione delle opere dell'ultimo cinquantennio (con alcune naturali eccezioni) usate nel presente volume o utili per un approfondimento dei temi proposti. Per una rassegna bibliografica degli studi su Federico antecedenti il 1970 si rimanda all'opera di van Cleve citata in precedenza.

AA.VV.
1952 *Atti del convegno internazionale di studi federiciani (10-18 dicembre 1950)*, Palermo.

1963 *La Bibbia nell'Alto Medioevo* (Settimane di studio del Centro Italiano di Studi sull'Alto Medioevo), X, Spoleto.
1969 *Arts libéraux et philosophie au Moyen Age. Actes du IV Congrès International de Philosophie médiévale*, Montreal-Paris.
1976 *Atti del Convegno di studi su Federico II*, Jesi 28-29 maggio 1966, Jesi.
1981 *Castel del Monte*, a cura di G. Saponaro, Bari.
1983 *Potere società e popolo tra età normanna ed età sveva (1189-1210). Atti delle quinte giornate normanno-sveve*, Bari-Conversano, 26-28 ottobre, Bari.
1985 *Potere, società e popolo tra età normanna ed età sveva (1210-1266). Atti delle seste giornate normanno-sveve*, Bari-Castel del Monte-Melfi, 17-20 ottobre, Bari.
1989 *Nel segno di Federico II: unità politica e pluralità culturale del Mezzogiorno: atti del IV Convegno internazionale di studi della Fondazione Napoli novantanove*, Napoli, 30 settembre-1° ottobre 1988, prefazione di M. Del Treppo, Napoli.
1992 *Enciclopedia dell'arte medievale*, vol. III, Istituto della Enciclopedia Italiana Treccani, Roma.
1994a *Federico II e il mondo mediterraneo*, a cura di P. Toubert e A. Paravicini Bagliani, Palermo.
1994b *Federico II e le città italiane*, a cura di P. Toubert e A. Paravicini Bagliani, Palermo.
1994c *Federico II e le scienze*, a cura di P. Toubert e A. Paravicini Bagliani, Palermo.
1994d *Le scienze alla corte di Federico II*, direz. di A. Paravicini Bagliani, Turnhout.
1994e *Federico II di Svevia: stupor mundi*, a cura di F. Cardini, Roma.
1995a *Federico II e le nuove culture, Atti del XXXI Convegno storico internazionale*, Todi, 9-12 ottobre 1994, a cura di E. Menestò, Todi.
1995b *Federico II e l'Italia. Percorsi, luoghi, segni e strumenti*, Roma.
1995c *Federico II immagine e potere*, a cura di M.S. Calò Mariani e R. Cassano, Venezia.
2000a *La poesia di Giacomo da Lentini. Scienza e filosofia nel XIII secolo in Sicilia e nel Mediterraneo occidentale*, a cura di R. Arqués, Atti del Convegno tenutosi all'Università Autonoma di Barcellona, 16-18, 23-24 ottobre 1997, Palermo.
2000b *Federico II e le Marche. Atti del convegno di studi*, Jesi 2-4 dicembre 1994, a cura di C. Damiano Fonseca, Roma.

Abulafia, D.
1992 *Federico II. Un imperatore medievale*, Torino.

Agrimi, J.
2002 *Ingeniosa scientia nature. Studi sulla fisiognomica medievale*, Firenze.

Alphandéry, P. - Dupront, A.
1974 *La cristianità e l'idea di crociata*, Bologna (ed. orig. 1954-1959).

Amari, M.
1870 *Questions philosophiques adressées aux savants musulmans par l'empereur Frédéric II*, in «Journal Asiatique», 5/1, pp. 240-274.
1889 *Biblioteca arabo-sicula*, versione italiana, 2 voll., Torino-Roma (prima ed. 1857).
2002 *Storia dei Musulmani di Sicilia*, vol. III, part. I-II, Firenze (ed. orig. 1854-1872).

Amman, E. - Vignaux, P.
1947 *Guerre*, in *Dictionnaire de Théologie catholique*, t. 16/2, Paris, pp. 1899-1962.

Andaloro, M.
1994 *Strutture, tecniche, materiali negli «ateliers» della Palermo normanna*, in AA.VV. 1994c, pp. 290-308.

Anderson, P. *et alii*
1993-1996 (direzione), *Storia d'Europa*, voll. I-V, Torino.

Antonelli, R.
1987 *Storia e geografia, tempo e spazio nell'indagine letteraria*, in Asor Rosa 1987, pp. 5-26.
1994 *La scuola poetica alla corte di Federico II*, in AA.VV. 1994c, pp. 309-323.

Arnaldi, G.
1963 *Studi sui cronisti della Marca trevigiana nell'età di Ezzelino da Romano*, Roma.
1994 (a cura di), *Le origini dell'università*, Bologna.

Artifoni, E.
1994 *Sull'eloquenza politica nel Duecento italiano*, in AA.VV. 1994b, pp. 144-160.

Ascheri, M.
1989 *Tribunali, giuristi e istituzioni dal medioevo all'età moderna*, Bologna.
2000 *I diritti del medioevo italiano, secc. XI-XV*, Roma.

Asor Rosa, A.
1983 (direzione), *Letteratura italiana. Produzione e consumo*, vol. II, Torino.
1987 (direzione), *Letteratura italiana. Storia e geografia. L'età medievale*, Torino.

Bainton, R.H.
1968 *Il cristiano, la guerra, la pace*, Torino.

Balard, M.
2003-2004 *Bisanzio vista dall'Occidente*, in Le Goff-Schmitt 2003-2004, vol. I, pp. 109-118.

Balard, M. - Ducellier, A.
2003-2004 *Bisanzio e l'Occidente medievale*, in Le Goff-Schmitt 2003-2004, vol. I, pp. 99-108.

Baltrusaitis, J.
1977 *Il medioevo fantastico: antichità ed esotismi nell'arte gotica*, Milano (ed. orig. 1955).

Barbero, A.
2000 *Carlo Magno: un padre dell'Europa*, Roma-Bari.

Barone, G.
1994 *La propaganda antiimperiale nell'Italia federiciana: l'azione degli Ordini Mendicanti*, in AA.VV. 1994b, pp. 278-289.

Bellomo, M.
1990 *Società e istituzioni in Italia dal medioevo all'età moderna*, Catania.
1993 *L'Europa del diritto comune*, Roma.

Bernard, J.
1979 *Il medioevo*, vol. I, in Cipolla 1979-1980.

Bertelli, S.
1990 *Il corpo del re. Sacralità del potere nell'Europa medievale e moderna*, Firenze.

Bianchi, L.
1997 (a cura di), *La filosofia nelle università*, Firenze.

Biederman, H.
1991 *Enciclopedia dei simboli*, Milano.

Bigalli, D.
1971 *I Tartari e l'Apocalisse. Ricerche sull'escatologia in Adamo Marsh e Ruggero Bacone*, Firenze.

Black, A.
1997 *Islamic View of International Order*, in «Rivista di storia della filosofia», 1, pp. 129-140.

Bloch, M.
1962 *La società feudale*, Torino (ed. orig. 1939-1940).

Boitani, P. - Mancini, M. - Varvaro, A.
1999 (direzione), *Lo spazio letterario del medioevo*, 2, *Il medioevo volgare*, vol. I, *La produzione del testo*, t. I, Roma.

Boll, F. - Bezold, C. - Gundel, W.
1997 *Storia dell'astrologia*, Roma-Bari.

Bonelli, R. - Bozzoni, C. - Franchetti Pardo, V.
1997 *Storia dell'architettura medievale*, Roma-Bari.

Bonfil, R.
1996 *Tra due mondi. Cultura ebraica e cultura cristiana nel Medioevo*, Napoli.

Bortolami, S.
1992 *Honor civitatis. Società comunale ed esperienze di governo signorile nella Padova ezzeliniana*, in Cracco 1992a, pp. 161-239.

Brandalise, A.
2002 *Sovranità e regalità*, in Donà-Zambon 2002, pp. 233-240.

Braudel, F.
1987 *Il Mediterraneo: lo spazio e la storia, gli uomini e la tradizione*, Milano (ed. orig. 1985).

Bremond, C. - Le Goff, J. - Schmitt, J.C.
1982 *L'exemplum*, Turnhout.

Bresc, H. - Nef, A.
1998 *Les Mozarabes de Sicile (1100-1300)*, in Cuozzo-Martin 1998, pp. 134-156.

Brezzi, P.
1986 *La personalità di Federico II nella storiografia del suo tempo*, in Gensini 1986, pp. 11-37.

Briguglia, G.
1999 *Est respublica quoddam corpus. Una metafora politica nel Medioevo*, in «Rivista di storia della filosofia», 4, pp. 549-571.

Brühl, C.
1994 *Federico II: la personalità di un sovrano*, in AA.VV. 1994a, pp. 17-30.

Burnett, C.
1994 *Michael Scot and the Transmission of Scientific Culture from Toledo to Bologna via the Court of Frederick II Hohenstaufen*, in AA.VV. 1994d, pp. 101-126.

Burns, J.H.
1988 (a cura di), *The Cambridge History of Medieval Political Thought (c. 350-c. 1450)*, Cambridge-New York.

Buyken, T.
1973 *Über das Proemium der Constitutionen von Melfi*, in «Revista Portuguesa de História», 14, pp. 161-176.

Cadei, A.
1989 *Architettura federiciana. La questione delle componenti islamiche*, in AA.VV. 1989, pp. 143-158.
1992 *Castel del Monte*, in AA.VV. 1992, pp. 377-392.
1994 *I castelli federiciani: concezione architettonica e realizzazione tecnica*, in AA.VV. 1994c, pp. 253-271.

Calasso, F.
1945 *I glossatori e la teoria della sovranità*, Firenze.
1952 *Rileggendo il Liber augustalis*, in AA.VV. 1952.
1954 *Medioevo del diritto*, Milano.

Calò Mariani, M.S. - Cassano, R.
1995 (a cura di), *Federico II. Immagine e potere*, Venezia.

Camastra, F.
1991 *Libido dominandi. La teoria politica da Gregorio Magno a Gregorio VII*, Milano.

Campanini, M.
2004 *Introduzione alla filosofia islamica*, Roma-Bari.

Canning, J.
1996 *A History of Medieval Political Thought, 300-1450*, London-New York.

Cantarella, G.M.
1988 *La Sicilia e i Normanni. Le fonti del mito*, Bologna.
1997 *Principi e corti. L'Europa del XII secolo*, Milano.

Capitani, O.
1977 (a cura di), *Medioevo ereticale*, Bologna.
2004 *Storia dell'Italia medievale. 410-1216*, Roma-Bari (ed. orig. 1986).

Capitani, O. - Miethke, J.
1990 (a cura di) *L'attesa della fine dei tempi nel Medioevo*, Bologna.

Caravale, M.
1966 *Il regno normanno di Sicilia*, Milano.
1998 *Giustizia regia nel secolo XII in Inghilterra e Sicilia*, in Cuozzo-Martin 1998, pp. 363-400.
1994 *Ordinamenti giuridici dell'Europa medievale*, Bologna.

Caravita, R.
2002 *Nuovi documenti sull'ordine del Tempio dall'Archivio Arcivescovile di Ravenna*, in «Sacra Militia. Rivista di storia degli Ordini Militari», III, pp. 225-278.

Cardini, F.
1982 *Quell'antica festa crudele: guerra e cultura della guerra dall'età feudale alla grande Rivoluzione*, Firenze.
1984 *Il banchetto del falcone ovvero l'amante mangiato*, in «Quaderni medievali», 17, pp. 45-71.
1986 *Federico II e il 'De arte venandi cum avibus'*, in Gensini 1986, pp. 213-232.
1987a *Minima medievalia*, Firenze.
1987b *I viaggi di religione, d'ambasceria e di mercatura tra XIII e XV secolo*, in Cardini 1987, pp. 235-292.
1991 *Gerusalemme d'oro, di rame, di luce: pellegrini, crociati, sognatori d'Oriente fra XI e XV secolo*, Milano.
1995 *Federico II, la memoria e il mito*, in AA.VV. 1995c, pp. 453-456.
2000 *Castel del Monte*, Bologna.
2002 *In Terrasanta: pellegrini italiani tra Medioevo e prima età moderna*, Bologna.

Carlyle, R.W. - Carlyle A.J.
1956-1968 *Il pensiero politico medievale*, 4 voll., Bari (ed. orig. 1909-1936).

Carocci, S. - Vendittelli, M.
2001 *Società ed economia*, in Vauchez 2001a.

Caroti, S.
1994 *L'astrologia*, in AA.VV. 1994c, pp. 138-151.

Carrai, S.
1997 *La lirica toscana del Duecento: cortesi, guittoniani, stilnovisti*, Roma-Bari.

Casagrande, C. - Vecchio, S.
2000 *I sette vizi capitali. Storia dei vizi capitali nel Medioevo*, Torino.

Castelnuovo, E. - Sergi, G.
2004 *Arti e storia nel medioevo*, vol. III, Torino.

Cavallo, G. - Leonardi, C. - Menestò, E.
1992 (direzione), *Lo spazio letterario del medioevo*, 1, *Il medioevo latino*, vol. I, *La produzione del testo*, t. II, Roma.

Cavallo, G.
1989 (a cura di), *Libri e lettori nel Medioevo. Guida storica e critica*, Roma- Bari.
1992 (a cura di), *L'uomo bizantino*, Roma-Bari.
1994 *Mezzogiorno svevo e cultura greca*, in AA.VV. 1994c, pp. 236-250.

Cecchi, E. - Sapegno, N.
1987 (direzione), *Storia della letteratura italiana*, vol. I, Milano.

Chalmeta, P.
1994 *Il controllo dello Stato nella vita economica del mondo musulmano*, in AA.VV. 1994a, pp. 286-301.

Chenu, M.-D.
1971 *La teologia del XII secolo*, Milano (ed. orig. 1957).

Chiavacci Leonardi, A.M.
1977 *La «Monarchia» di Dante alla luce della «Commedia»*, in «Studi medievali», III serie, 18, pp. 147-183.

Cipolla, C.M.
1979-1980 *Storia economica dell'Europa*, voll. I-VI, Torino (ed. orig. 1973-1976).
1980 *Storia dell'economia dell'Europa preindustriale*, Bologna (ed. orig. 1974).

Colish, M.L.
2002 *La cultura nel Medioevo*, Bologna (ed. orig. 1997).

Colliva, P.
1964 *Ricerche sul principio di legalità nell'amministrazione del regno di Sicilia al tempo di Federico II*, Milano.
1966-1967 *Lo stato di Federico II. Opera di arte e opera di necessità*, in «Annali di storia del diritto», X-XI, pp. 377-404.

Contamine, P.
1986 *La guerra nel medioevo*, Bologna (ed. orig. 1980).

Contini, G.
1960 *Poeti del Duecento*, Milano-Napoli.

Cortese, E.
1966 *Il problema della sovranità nel pensiero giuridico medievale*, Roma.

Cracco, G.
1992a (a cura di), *Nuovi studi ezzeliniani. Atti del convegno internazionale «I da Romano e la marca gioiosa», Romano d'Ezzelino, 27-30 Settembre 1989*, Roma.
1992b *Introduzione*, in Id. (a cura di), *Nuovi studi ezzeliniani. Atti del convegno internazionale «I da Romano e la marca gioiosa», Romano d'Ezzelino, 27-30 Settembre 1989*, Roma, pp. XI-XX.
1994 *Chiese locali e partito imperiale nell'Italia dei Comuni (1236-1254)*, in AA.VV. 1994b, pp. 403-419.

Cruz Hernández, M.
1996 *Storia del pensiero nel mondo islamico*, vol. I, Brescia (ed. orig. 1985).

Cuozzo, E. - Martin, J.M.
1998 (a cura di), *Cavalieri alla conquista del Sud. Studi sull'Italia normanna in memoria di Léon-Robert Ménager*, Roma.

Dahan, G.
1993 *La disputa antigiudaica nel medioevo cristiano*, Genova (ed. orig. 1991).

D'Alessandro, V.
1998 *Metodo comparativo e relativismo storiografico. Il regno normanno di Sicilia*, in Cuozzo-Martin 1998, pp. 422-446.

Dal Pra, M.
1951 *Giovanni di Salisbury*, Milano.
1973-1976 (a cura di), *Storia della Filosofia*, voll. V-VI, Milano.

Daston, L. - Park, K.
2000 *Le Meraviglie del Mondo. Mostri, prodigi e fatti strani dal Medioevo all'Illuminismo*, Roma (ed. orig. 1988).

David, M.
1954 *La souveraineté et les limites juridiques du pouvoir monarchique du IXe au XVe siècle*, Paris.

De Libera, A.
1991 *La filosofia medievale*, Bologna (ed. orig. 1989).
1995 *La storia della filosofia medievale*, Milano (ed. orig. 1993).

Delle Donne, F.
2001 *Politica e letteratura nel Mezzogiorno medievale: la cronachistica dei secoli XII-XV*, Salerno.

Delort, R.
1987 *L'uomo e gli animali dall'età della pietra a oggi*, Roma-Bari (ed. orig. 1984).

Del Vecchio, A.
1984 *La legislazione di Federico II*, Sala Bolognese (prima ed. 1874).

de Stefano, A.
1952 *L'idea imperiale di Federico II*, Bologna.

Dolcini, C.
1999 (a cura di), *Il pensiero politico. Idee, teorie, dottrine*, vol. I, *Età antica e medioevo*, Torino.

Donà, C. - Zambon, F.
2002 (a cura di), *La regalità*, Roma.

Dronke, P.
1974 *Fabula: explorations into the uses of myth in medieval platonism*, Leiden-Köln.
1992 *A History of Twelfth Century Western Philosophy*, Cambridge.
1994 *La poesia*, in AA.VV. 1994c, pp. 43-66.

Duby, G.
1977a *L'arte e la società medievale*, Roma-Bari (ed. orig. 1977).
1977b *La battaglia di Bouvines: 27 luglio 1214*, Torino (ed. orig. 1973).

Eco, U.
1992 *La ricerca della lingua perfetta nella cultura europea*, Bologna.

Edwards, G.M.
1985 *The two redactions of Michele Scoto's Liber Introductorius*, in «Traditio», 41, pp. 329-346.

Falco, G.
1988 *La polemica sul medioevo*, Napoli (prima ed. 1933).

Fatwier, R.
1952 *Saint Louis et Fréderic*, in AA.VV. 1952, pp. 97-101.

Fioravanti, G.
1997 *La Politica aristotelica nel Medioevo: linee di una ricezione*, in «Rivista di storia della filosofia», 1, pp. 17-29.

Firpo, L.
1975 (direzione), *Storia delle idee politiche, economiche e sociali*, Torino, voll. I-V.

Flash, K.
2002 *Introduzione alla filosofia medievale*, Torino (ed. orig. 1987).

Fleckenstein, J.
1974 (a cura di), *Probleme um Friedrich II*, Sigmaringen.

Flori, J.
1999 *Cavalieri e cavalleria*, Torino (ed. orig. 1998).
2002 *Riccardo Cuor di Leone: il re cavaliere*, Torino (ed. orig. 1999).

Fodale, S.
1993 *Palermo «sedes Regni» e città di Federico II*, in AA.VV. 1994b, pp. 212-221.

Folena, G.
1987 *Cultura e poesia dei siciliani*, in Cecchi-Sapegno 1987.

Fontaine, J.
1977 *La letteratura latina cristiana: profilo storico*, Bologna (ed. orig. 1970).

Fossier, R.
1987 *Infanzia dell'Europa*, Bologna (ed. orig. 1982).

Frale, B.
2004 *I Templari*, Bologna.

Fumagalli Beonio Brocchieri, Mt.
1987 *Le bugie di Isotta. Immagini della mente medioevale*, Roma-Bari.
1992 *In un'aria diversa: la sapienza di Ildegarda di Bingen*, Milano.
1997 *Premessa. Venti generazioni fa*, in «Rivista di storia della filosofia», 1, pp. 7-15.
1998 *Le due chiese: progetti di riforma politico-religiosa nei secoli XII-XV*, Milano.
2000a *Tre storie gotiche. Idee e uomini del medioevo*, Bologna.
2000b *Il pensiero politico medievale*, Roma-Bari 2000.

Fumagalli Beonio Brocchieri, Mt. - Parodi, M.
1989 *Storia della filosofia medievale*, Roma-Bari.

Gabrieli, F.
1963 *Storici arabi delle crociate*, Torino.

Gardenal, G.
1993 *Poesia Latina Medievale*, Milano.

Garfagnini, G.C.
1979 *Aristotelismo e scolastica*, Torino.

Gasparri, S.
1994 *Tradizioni imperiali e cavalleria. La ricezione nell'ambiente cittadino*, in AA.VV. 1994b, pp. 304-318.

Gaulin, J.-L.
1994 *Giordano Ruffo e l'arte veterinaria*, in AA.VV. 1994c, pp. 424-438.

Gensini, S.
1986 (a cura di), *Politica e cultura nell'Italia di Federico II*, Pisa.
1992 (a cura di), *Europa e Mediterraneo tra Medioevo e prima età moderna: l'osservatorio italiano*, Pisa.

Gigante, M.
1979 *Poeti bizantini di Terra d'Otranto nel secolo XIII*, Napoli.

Grant, E.
2001 *Le origini medievali della scienza moderna. Il contesto religioso, istituzionale e intellettuale*, Torino (ed. orig. 1971).

Greci, R.
1996 *Eserciti cittadini e guerra nell'età di Federico II*, in AA.VV. 1994b, pp. 344-363.

Gregory, T.
1955 *Anima mundi: la filosofia di Guglielmo di Conches e la scuola di Chartres*, Firenze.

Grossi, P.
1997 *L'ordine giuridico medievale*, Roma-Bari.

Grundmann, H.
1974 *Movimenti religiosi nel medioevo*, Bologna (ed. orig. 1970).
1997 *Gioacchino da Fiore. Vita e opere*, a cura di G. Potestà, Roma.

Guénée, B.
2003 *Corte*, in Le Goff-Schmitt 2003-2004, vol. I, pp. 268-282.

Guerrau, A.
2003 *Caccia*, in Le Goff-Schmitt 2003-2004, vol. I, pp. 119-131.

Guichard, P.
1994 *La riconquista spagnola e le nuove monarchie nazionali*, in AA.VV. 1994a, pp. 248-269.

Gurevic, A.J.
1983 *Le categorie della cultura medievale*, Torino (ed. orig. 1972).

Guzzo, C.
2003 *Templari in Sicilia*, Genova.

Heers, J.
1997 *L'esilio, la vita politica e la società nel medioevo*, Napoli (ed. orig. 1995).

Horst, E.
1994 *Federico II di Svevia. L'imperatore filosofo e poeta*, Milano (ed. orig. 1977).

Hubert, E.
2001 *L'organizzazione territoriale e l'urbanizzazione*, in Vauchez 2001a, pp. 159-179.

Humphreys, R.S.
1994 *Gli avversari musulmani dell'imperatore: gli eserciti della confederazione ayyubita*, in AA.VV. 1994a, pp. 302-319.

Jacquart, D.
1994 *La fisionomia: il trattato di Michele Scoto*, in AA.VV. 1994c, pp. 338-353.

Jolivet, J.
1969 *La philosophie médiévale en Occident*, in Id., *Histoire de la philosophie*, Paris.
2001 *La teologia degli arabi*, Milano.

Kably, M.
1994 *Potere universale e poteri provinciali nel Maghreb*, in AA.VV. 1994a, pp. 270-283.

Kantorowicz, E.H.
1988 *Federico II imperatore*, Milano (ed. orig. 1927).
1989 *I due corpi del re: l'idea di regalità nella teologia politica medievale*, Torino (ed. orig. 1957).

Kölzer, T.
1994 *Un regno in fase di transizione: la Sicilia durante la minorità di Federico II*, in AA.VV. 1994b, pp. 196-211.

Lambertini, R. - Tabarroni, A.
1989 *Dopo Francesco: l'eredità difficile*, Torino.

Landau, P.
1994 *Federico II e la sacralità del potere sovrano*, in AA.VV. 1994a, pp. 31-47.

Leaman, O.
1991 *La filosofia islamica medievale*, Bologna (ed. orig. 1985).
1997 *Is there a Concept of Liberty in Medieval Jewish Philosophy?*, in «Rivista di storia della filosofia medievale», 1, pp. 141-151.

Le Goff, J.
1965 *Il basso Medioevo*, Milano.
1983 *La civiltà dell'Occidente medievale*, Torino (ed. orig. 1964).
1987 (a cura di), *L'uomo medievale*, Roma-Bari.
1996 *San Luigi*, Torino (ed. orig. 1996).
2000 *San Francesco d'Assisi*, Roma (ed. orig. 1999).

Le Goff, J. - Schmitt, J.C.
2003-2004 (a cura di), *Dizionario dell'Occidente medievale*, vol. I, Torino (ed. orig. 1999).

Licinio, R.
2001 (a cura di), *Castel del Monte e il sistema castellare nella Puglia di Federico II*, Modugno.

Macconi, M.
1994 *Federico II: sacralità e potere*, Genova.

Maier, A.
1984 *Scienza e filosofia nel Medioevo. Saggi sui secoli XIII e XIV*, Milano (ed. orig. 1952-1966).

Maire Vigueur, J.C.
2001 *Il comune romano*, in Vauchez 2001a, pp. 117-141.

Makdisi, G.
1994 *L'organizzazione degli studi nell'Islam classico*, in AA.VV. 1994c, pp. 222-235.

Maleczek, W.
1994 *La propaganda antiimperiale nell'Italia federiciana: l'attività dei legati papali*, in AA.VV. 1994b, pp. 290-303.

Mancinelli, L.
1993 *Gli occhi dell'imperatore*, Torino.

Mancini, M.
1993 *Metafora feudale: per una storia dei trovatori*, Bologna.

Manselli, D.
1974 (a cura di), *Eretici e ribelli del XIII e XIV secolo*, Pistoia.

Marazzi, F.
2001 *Aristocrazia e società*, in Vauchez 2001a, pp. 41-69.

Marocco Stuardi, D.
1999 *Alcuino di York nella tradizione degli «specula principis»*, Milano.

Marrou, H.I.
1983 *I trovatori*, Milano (ed. orig. 1971).

Martin, P.
1967 *Armes et armures de Charlemagne à Luis XIV*, Fribourg.

Martino, F.
1988 *Federico II: il legislatore e gli interpreti*, Milano.

Masson, G.
1980 *Federico II di Svevia*, Milano (ed. orig. 1957).

Mazzarese Fardella, E.
1966 *Aspetti dell'organizzazione amministrativa dello stato normanno-svevo*, Milano.

Melloni, A.
1990 *Innocenzo IV. La concezione e l'esperienza della cristianità come «regimen unius personae»*, Bologna.

Merlo, G.G.
1989 *Eretici ed eresie medievali*, Bologna.

Mertens, D.
1999 *Il pensiero politico medievale*, Bologna (ed. orig. 1996).

Miethke, J.
2001 *Le teorie politiche nel Medioevo*, Genova (ed. orig. 1992).

Miglio, M.
2001 *Tradizioni popolari e coscienza politica*, in Vauchez 2001a, pp. 317-337.

Miquel, A.
1994 *I problemi della cultura nel mondo musulmano*, in AA.VV. 1994c, pp. 198-203.

Morelli, M. - Tangheroni, M.
1994 *Leonardo Fibonacci, il tempo, le opere, l'eredità scientifica*, Pisa.

Morpurgo, P.
1994 *La scuola di Salerno: filosofia della natura e politica scolastica della corte sveva*, in AA.VV. 1994c, pp. 410-423.
2000 *L'armonia della natura e l'ordine dei governi (secoli XII-XIV)*, Turnhout.

Murray, A.
1986 *Ragione e società nel Medioevo*, Roma (ed. orig. 1978).

Musca, G.
1996 *Saggezza e follia di Federico II*, in «Quaderni medievali», 41, pp. 89-135.

Muzzarelli, M.G.
1999 *Guardaroba medievale: vesti e società dal XIII al XVI secolo*, Bologna.

Nardella, C.
1996 *Il fascino di Roma nel Medioevo*, Roma.

Oldoni, M.
1995 *Pier delle Vigne e Federico*, in AA.VV. 1995a, pp. 347-362.

Orioli, R.
1994 *Eresia e ghibellinismo*, in AA.VV. 1994b, pp. 420-431.

Ortalli, G.
1992 *Ezzelino: genesi e sviluppo di un mito*, in Cracco 1992a, pp. 609-625.
1994a *Federico II e la cronachistica cittadina: dalla coscienza al mito*, in AA.VV. 1994b, pp. 249-263.
1994b (a cura di), *Il Medioevo: secoli V-XV*, in Anderson 1993-1996, vol. III, Torino.
2004 *Comunicare con le figure*, in Castelnuovo-Sergi 2004, pp. 477-481.

Padoa Schioppa, A.
1995 *Il diritto nella storia d'Europa. Il medioevo*, Padova.

Paravicini Bagliani, A.
1994a *Il corpo del papa*, Torino.
1994b *Federico II e la Curia romana: rapporti culturali e scientifici*, in AA.VV. 1994c, pp. 439-458.
1998 *Le chiavi e la tiara. Immagini e simboli del papato medievale*, Roma.

Parisse, M.
2003-2004 *Impero*, in Le Goff-Schmitt 2003-2004, vol. I, pp. 533-545.

Parodi, M.
1981 *Tempo e spazio nel Medioevo*, Torino.

Pastore Stocchi, M.
1992 *Ezzelino e l'astrologia*, in Cracco 1992a, pp. 510-522.

Pepe, G.
1968 *Carlo Magno. Federico II*, Firenze.

Petrucci, A.
1983 *Le biblioteche antiche*, in Asor Rosa 1983, pp. 552 sgg.

Pingree, D.
1994 *Learned Magic in the Time of Frederick II*, in AA.VV. 1994d, pp. 39-56.

Poiron, D.
1988 *Il meraviglioso nella letteratura francese del Medioevo*, Torino.

Polizzi, C.F.
1989 *Ezzelino da Romano: signoria territoriale e comune cittadino*, Romano d'Ezzelino.

Postan, M.M. - Rich, E.E. - Miller, E.
1977 *Storia economica Cambridge*, ed. italiana a cura di U. Castronuovo, vol. III, *La città e la politica economica nel medioevo*, Torino (ed. orig. 1965).

Potestà, G.L.
2004 *Il tempo dell'apocalisse. Vita di Gioacchino da Fiore*, Roma-Bari.

Prodi, P.
1992 *Il sacramento del potere: il giuramento politico nella storia costituzionale dell'Occidente*, Bologna.

Quaglioni, D.
1989 *Civilis sapientia: dottrine giuridiche e dottrine politiche fra Medioevo ed Età moderna. Saggi per la storia del pensiero giuridico moderno*, Rimini.
1995 *Politica e diritto al tempo di Federico II. L'«Oculus pastoralis» (1222) e la sapienza civile*, in AA.VV. 1995a, pp. 1-26.
2004 *La giustizia nel medioevo e nella prima età moderna*, Bologna.

Racine, P.
1988 *Federico II: un monarca medievale alle prese con la storia*, Milano.

Randi, E.
1986 *Il sovrano e l'orologiaio. Due immagini di Dio nel dibattito sulla idea di potentia absoluta fra XIII e XIV secolo*, Firenze.

Rashed, R.
1994 *Fibonacci e la matematica araba*, in AA.VV. 1994c, pp. 324-337.

Richard, J.
1994 *Federico II e san Luigi*, in AA.VV. 1994a, pp. 48-64.

Romagnoli, D.
1991 (a cura di), *La città e la corte: buone e cattive maniere tra Medioevo ed età moderna*, Milano.

Romano, P. - Vivanti, C.
1974 (coordinatori), *Storia d'Italia*, vol. II, *Dalla caduta dell'impero romano al secolo XVII*, Torino.

Roncaglia, A.
1973 *Antologia delle letterature medievali d'oc e d'oïl*, Milano.

Ruiz, J.E.
2002 *Riflessioni sulla regalità nel medioevo*, in Donà-Zambon 2002.

Ruiz, T.F.
1994 *La formazione della monarchia non consacrata: simboli e realtà del potere nella Castiglia medievale*, in AA.VV. 1994a, pp. 230-247.

Runciman, S.
1966 *Storia delle crociate* (ed. orig. 1951-1952).

Sarton, G.
1931 *Introduction to the History of Science*, vol. II, parte II, Baltimore.

Sayers, J.
1997 *Innocenzo III: 1198-1216*, Roma (ed. orig. 1994).

Sbriccoli, M.
1974 *Crimen laesae maiestatis. Il problema del reato politico alle soglie della scienza penalistica moderna*, Milano.

Schaller, H.M.
1969 *Federico II*, Torino (ed. orig. 1964).

Segre, C. - Ossola, C.
1997 *Antologia della poesia italiana*, vol. I, *Duecento-Trecento*, Torino.

Sergi, G.
1998 *L'idea del medioevo. Tra senso comune e pratica storica*, Roma.

Settia, A.
1965 *Comuni in guerra. Armi ed eserciti nell'Italia delle città*, Bologna.
1992 *Uomini e armi negli eserciti ezzeliniani*, in Cracco 1992a, pp. 59-103.
1993 *L'ingegneria militare*, in AA.VV. 1994c, pp. 272-289.
2002 *Rapine, assedi e battaglie: la guerra nel medioevo*, Roma-Bari.

Siberry, J.E.
1994 *Il movimento delle crociate dal 1198 al 1270*, in AA.VV. 1994a, pp. 214-229.

Silorata, M.B.
1993 *Federico II di Svevia. Saggezza di un imperatore*, Firenze.

Simonetta, S.
2003 (a cura di), *Potere sovrano: simboli, limiti, abusi*, Bologna.

Sirat, C.
1990 *La filosofia ebraica medievale*, Brescia.
1994 *La filosofia ebraica alla corte di Federico II*, in AA.VV. 1994c, pp. 185-197.

Skinner, Q.
1989 *Principi del pensiero politico moderno*, Bologna (ed. orig. 1978).

Stürner, W.
1983 *Rerum necessitas und divina provisio. Zur Interpretation des Prooemiums der Konstitutionen von Melfi (1231)*, in «Deutsches Archiv für Erforschung des Mittelalters», 39, pp. 467-554.

Tabacco, G.
1950 *La relazione fra i concetti di potere temporale e potere spirituale nella tradizione cristiana sino al secolo XIV*, Torino.
1974 *Egemonie sociali e strutture del potere nel medioevo italiano*, Torino.
1994 *Ghibellinismo e lotte di partito nella vita comunale italiana*, in AA.VV. 1994b, pp. 335-343.
1999 *Le ideologie politiche del Medioevo*, Torino.

Tabacco, G. - Merlo, G.G.
1991 *Medioevo. La civiltà europea nella storia mondiale*, Bologna.

Taviani-Carozzi, H.
1998 *Le mythe des origines de la conquête normande en Italie*, in Cuozzo-Martin 1998, pp. 57-89.

Todeschini, G.
2002 *I mercanti e il tempio: la società cristiana e il circolo virtuoso della ricchezza fra medioevo ed età moderna*, Bologna.

Tognetti, G.
1994 *Profetismo e tensione religiosa nei centri comunali*, in AA.VV. 1994b, pp. 319-334.

Trombetti Budriesi, A.L.
1987 *Il «Liber augustalis» di Federico II di Svevia nella storiografia*, Bologna.
2002-4 (a cura di), *Vocabularium constitutionum regni Siciliae Friderici secundi imperatoris*, con la collaborazione di A. Pavia, Tomi I (*A-E*) e II (*F-O*), Pratola Serra (poi Milano).

Udovich, A.L.
1994 *I musulmani e gli ebrei nel mondo di Federico II: linee di demarcazione e di comunicazione*, in AA.VV. 1994a, pp. 191-213.

Ullmann, W.
1960 *Some reflections on the opposition of Friederick to the Papacy*, in «Archivio storico pugliese», XIII, pp. 16-39.
1963 *The Bible and Principles of Government in the Middle Ages*, in AA.VV. 1963.
1972 *Principi di governo e politica nel Medio Evo*, Bologna (ed. orig. 1966).
1983 *Individuo e società nel Medioevo*, Roma-Bari (ed. orig. 1967).
1989 *Il pensiero politico nel Medioevo*, Roma-Bari (ed. orig. 1965).

Van den Abeele, B.
1995 *Il 'De arte venandi cum avibus' e i trattati latini di falconeria*, in AA.VV. 1995c, pp. 395-409.

Varanini, G.M.
1992 *Il comune di Verona, la società cittadina ed Ezzelino da Romano*, in Cracco 1992a, pp. 116-160.

Varvaro, A.
1987 *Il regno normanno-svevo*, in Asor Rosa 1987, pp. 79-99.

Vauchez, A.
2001a (a cura di), *Roma medievale*, Roma-Bari.
2001b *Introduzione*, in Id. (a cura di), *Roma medievale*, Roma-Bari, pp. V-XXX.

Vauchez A. - Leonardi, C.
1998 *Dizionario del medioevo*, Roma.

Verger, J.
1982 *Le università nel medioevo*, Bologna (ed. orig. 1973).
1994 *La politica universitaria di Federico II nel contesto europeo*, in AA.VV. 1994b, pp. 129-143.
1996 *Istituzioni e sapere nel XIII secolo*, Milano.
1997 *Il rinascimento del XII secolo*, Milano.
1999 *Gli uomini di cultura nel medioevo*, Bologna (ed. orig. 1997).

Vignaux, P.
1990 *La filosofia nel medioevo*, Roma-Bari (ed. orig. 1958).

Vigueur, J-C. M.
1994 *Gli «iudices» nelle città comunali: identità culturale ed esperienze politiche*, in AA.VV. 1994b, pp. 161-176.

Visacardi, A. - Nardi, B.
1978 *La letteratura latina del secolo XIII*, Classici Ricciardi, Torino.

Vismara, G.
1974 *Impium Foedus: le origini della «respublica christiana»*, Milano.

Voltmer, E.
1992 *I da Romano e l'impero*, in Cracco 1992a, pp. 41-57.

Watt, W.M.
1994 *Cristiani e musulmani*, Bologna (ed. orig. 1991).

Williams, S.J.
1994 *Prima diffusione dello pseudo-aristotelico «Secretum Secretorum» in Occidente: corte papale e corte imperiale*, AA.VV. 1994c, pp. 439-458.

Wolf, G.
1956 *Ein unveröffentlichtes Testament Kaiser Friedrichs II. Versuch einer Edition und Interpretation*, in «Zeitsch. f. Gesch. der Oberreheins», 104, pp. 1-51.

Zarka, Y.C.
1999 (direzione), *Aspects de la pensée médiévale dans la philosophie politique moderne*, Paris.

Zonta, M.
1998 *La filosofia antica nel medioevo ebraico*, Brescia.
2002 *La filosofia ebraica medievale*, Roma-Bari.

Zorzi, A.
1994 *La giustizia imperiale nell'Italia comunale*, in AA.VV. 1994b, pp. 85-103.

Zumthor, P.
1973 *Semiologia e poetica medievale*, Milano (ed. orig. 1972).
1981 *Leggere il Medioevo*, Bologna (ed. orig. 1980).

INDICI

INDICE DEI NOMI

INDICE DELLE CARTINE

INDICE DEL VOLUME

Economica Laterza

ultimi volumi pubblicati

280. Gregotti, V., *Sulle orme di Palladio*
281. Hobsbawm, E.J., *Il trionfo della borghesia. 1848-1875*
282. Givone, S., *Storia del nulla*
283. Rémond, R., *La secolarizzazione*
284. Bobbio, N. - Viroli, M., *Dialogo intorno alla repubblica*
285. Levack, B.P., *La caccia alle streghe in Europa*
286. Cassano, F., *Il pensiero meridiano*
287. Putnam, H., *Il pragmatismo: una questione aperta*
288. Castelfranchi, Y. - Stock, O., *Macchine come noi. La scommessa dell'Intelligenza Artificiale*
289. Ritter, G.A., *Storia dello Stato sociale*
290. Fumagalli, V., *L'uomo e l'ambiente nel Medioevo*
291. Epicuro, *Opere, Frammenti, Testimonianze sulla sua vita*
292. Rousseau, J.-J., *Emilio*
293. Febvre, L., *Martin Lutero*
294. Bruschi, A., *Bramante*
295. Veyne, P., *I misteri del gineceo*
296. Duby, G., *Il cavaliere la donna il prete. Il matrimonio nella Francia feudale*
297. Galimberti, F., *Economia e pazzia. Crisi finanziarie di ieri e di oggi*
298. Petrini, C., *Slow Food. Le ragioni del gusto*
299. Mosse, G.L., *Il razzismo in Europa. Dalle origini all'olocausto*
300. Garnsey, P. - Saller, R., *Storia sociale dell'Impero romano*
301. Gallino, L., *Globalizzazione e disuguaglianze*
302. Cardini, F., *Europa e Islam. Storia di un malinteso*
303. Volpe, G.no, *Medio Evo italiano*
304. Le Goff, J., *La borsa e la vita. Dall'usuraio al banchiere*
305. Dahrendorf, R., *Dopo la democrazia*
306. Balestracci, D., *La festa in armi. Giostre, tornei e giochi del Medioevo*
307. Cardini, F. (a cura di), *La paura e l'arroganza*

308. Doni, E. - Fugenzi, M., *Il secolo delle donne. L'Italia del Novecento al femminile*
309. Villari, R., *Elogio della dissimulazione. La lotta politica nel Seicento*
310. Barbero, A., *Carlo Magno. Un padre dell'Europa*
311. Duby, G., *Le origini dell'economia europea. Guerrieri e contadini nel Medioevo*
312. Sofsky, W., *L'ordine del terrore. Il campo di concentramento*
313. Foa, A., *Ebrei in Europa. Dalla Peste Nera all'emancipazione XIV-XIX secolo*
314. Veneziani, M., *La cultura della destra*
315. Rampoldi, G., *L'innocenza del Male. Dalla Guerra fredda all'Iraq*
316. Onofri, M., *Storia di Sciascia*
317. Cusano, N., *Il Dio nascosto*
318. Keynes, J.M., *Come uscire dalla crisi*
319. Arnaldi, G., *L'Italia e i suoi invasori*
320. Segre, C., *La letteratura italiana del Novecento*
321. Agnoletto, V., *Prima persone. Le nostre ragioni contro questa globalizzazione*
322. Kant, I., *La religione entro i limiti della sola ragione*
323. Schopenhauer, A., *La libertà del volere umano*
324. Lingua, P., *Breve storia dei Genovesi*
325. Cazzullo, A., *I torinesi da Cavour a oggi*
326. Carocci, G., *Destra e sinistra nella storia d'Italia*
327. Conte, T. - Luzzati, E., *Facciamo insieme teatro*
328. Del Toma, E., *Mangiare per correre. Una dieta per lo sport*
329. Violante, L., *Il ciclo mafioso*
330. Evans, D., *Emozioni. La scienza del sentimento*
331. Fagiolo dell'Arco, M., *L'immagine al potere. Vita di Giovan Lorenzo Bernini*
332. Lewontin, R., *Il sogno del genoma umano e altre illusioni della scienza*
333. Schmitt, J.-C., *Medioevo «superstizioso»*
334. Brunetta, G.P., *Cent'anni di cinema italiano, 2. Dal 1945 ai giorni nostri*
335. Fodor, J.A., *La mente non funziona così. La portata e i limiti della psicologia computazionale*
336. Fuhrmann, H., *Guida al Medioevo*
337. Turner, A., *Just Capital. Critica del capitalismo globale*
338. Salvadori, M.L., *Il Novecento. Un'introduzione*
339. Settia, A.A., *Rapine, assedi, battaglie. La guerra nel Medioevo*
340. Hack, M., *Vi racconto l'astronomia*
341. Romeo, R., *Vita di Cavour*
342. Brunt, P.A., *La caduta della Repubblica romana*
343. Savater, F., *Brevissime teorie*

344. Serventi, S. - Sabban, F., *La pasta. Storia e cultura di un cibo universale*
345. Cardini, F., *Astrea e i Titani. Le lobbies americane alla conquista del mondo*
346. Gentile, E., *Fascismo. Storia e interpretazione*
347. Dahrendorf, R., *Libertà attiva. Sei lezioni su un mondo instabile*
348. Bernardini, C. - De Mauro, T., *Contare e raccontare. Dialogo sulle due culture*
349. Sissa, G. - Detienne, M., *La vita quotidiana degli dei greci*
350. Cavallo, G. (a cura di), *L'uomo bizantino*
351. Kant, I., *Critica della ragion pura*
352. Schopenhauer, A., *Il fondamento della morale*
353. Tonucci, F., *La città dei bambini. Un modo nuovo di pensare la città*
354. Le Goff, J., *Alla ricerca del Medioevo*
355. Bauman, Z., *La società sotto assedio*
356. Moretti, D., *Il lavoro editoriale*
357. Savater, F., *Borges*
358. Ciliberto, M., *Giordano Bruno*
359. Habermas, J., *Storia e critica dell'opinione pubblica*
360. Husserl, E., *La filosofia come scienza rigorosa*
361. Canfora, L., *Critica della retorica democratica*
362. Cassano, F., *Il pensiero meridiano*
363. Garin, E., *Medioevo e Rinascimento*
364. Hobsbawm, E.J., *L'Età degli imperi. 1875-1914*
365. Mossé, C., *Alessandro Magno. La realtà e il mito*
366. Crouch, C., *Postdemocrazia*
367. Veneziani, M., *La sconfitta delle idee*
368. Sarti, Ro., *Giuseppe Mazzini. La politica come religione civile*
369. Capatti, A. -Montanari, M., *La cucina italiana. Storia di una cultura*
370. Böll, H., *La memoria, la rabbia, la speranza. Intervista a cura di René Wintzen*
371. Barbero, A., *La battaglia. Storia di Waterloo*
372. Lewis, B., *Il linguaggio politico dell'Islam*
373. Simon, M. - Benoit, A., *Storia del cristianesimo antico. Dalle origini a Costantino il Grande*
374. Bruner, J., *La mente a più dimensioni*
375. Kant, I., *Primi principi metafisici della dottrina del diritto*
376. Canfora, L., *Libro e libertà*
377. Havelock, E.A., *La Musa impara a scrivere. Riflessioni sull'oralità e l'alfabetismo dall'antichità al giorno d'oggi*
378. Trevor-Roper, H.R., *Il Rinascimento*
379. Deaglio, M., *Postglobal*
380. Collotti, E., *Il fascismo e gli ebrei. Le leggi razziali in Italia*
381. Kershaw, I., *Hitler e l'enigma del consenso*

382. Marrone, T., *Meglio non sapere*
383. Melograni, P., *Wam. La vita e il tempo di Wolfgang Amadeus Mozart*
384. Bock, G., *Le donne nella storia europea*
385. Kepel, G., *Fitna. Guerra nel cuore dell'islam*
386. Savater, F., *Il coraggio di scegliere. Riflessioni sulla libertà*
387. Mancia, M., *Sonno & sogno*
388. Bauman, Z., *Amore liquido. Sulla fragilità dei legami affettivi*
389. Casati, R. - Varzi, A.C., *Semplicità insormontabili. 39 storie filosofiche*
390. Montanari, M., *Il cibo come cultura*
391. Sylos Labini, P., *Torniamo ai classici. Produttività del lavoro, progresso tecnico e sviluppo economico*
392. Odifreddi, P., *Penna, pennello e bacchetta. Le tre invidie del matematico*
393. Iacopone da Todi, *Laude*
394. Oliverio Ferraris, A., *Tv per un figlio*
395. Sarti, Ra., *Vita di casa. Abitare, mangiare, vestire nell'Europa moderna*
396. Walzer, M., *Sulla guerra*
397. Veneziani, M., *Comunitari o liberal. La prossima alternativa?*
398. Galimberti, F.zio, *L'economia spiegata a un figlio*
399. Beard M., *Il Partenone*
400. Fusco, G., *Il gusto di vivere*
401. Zolo, D., *Globalizzazione. Una mappa dei problemi*
402. Fumagalli Beonio Brocchieri, Mt., *Federico II. Ragione e fortuna*
403. Bruner, J., *La fabbrica delle storie. Diritto, letteratura, vita*
404. Preterossi, G. (a cura di), *Le ragioni dei laici*
405. Calame, C. (a cura di), *L'amore in Grecia*
406. Feuerbach, L., *Essenza della religione*
407. Canfora, L., *Giulio Cesare. Il dittatore democratico*
408. Boncinelli, E., *Tempo delle cose, tempo della vita, tempo dell'anima*
409. Meijer, F., *Un giorno al Colosseo. Il mondo dei gladiatori*
410. Gallino, L., *Italia in frantumi*
411. Montanari, M. (a cura di), *Il mondo in cucina. Storia, identità, scambi*
412. Savatteri, G., *I siciliani*
413. Mammarella, G., *Storia d'Europa dal 1945 a oggi*
414. Guolo, R., *L'Islam è compatibile con la democrazia?*
415. Garin, E., *Lo zodiaco della vita. La polemica sull'astrologia dal Trecento al Cinquecento*
416. Le Goff, J., *Il corpo nel Medioevo*
417. Habermas, J., *L'Occidente diviso*
418. Pivato, S., *Bella ciao. Canto e politica nella storia d'Italia*

419. Savater, F., *Etica per un figlio*
420. Detienne, M., *Dioniso e la pantera profumata*
421. Bauman, Z., *Vite di scarto*
422. Phelps, E.S., *Premiare il lavoro. Come dare opportunità a chi rischia l'emarginazione*
423. Berio, L., *Intervista sulla musica*
424. Sen, A., *La libertà individuale come impegno sociale*
425. Jones, Ch.W., *San Nicola. Biografia di una leggenda*
426. Gentile, E., *Le religioni della politica. Fra democrazie e totalitarismi*
427. Nuland, S.B., *Davanti alla morte. Medici e pazienti*
428. Del Boca, A., *Il Negus. Vita e morte dell'ultimo re dei re*
430. Rossi, S., *La politica economica italiana. 1968-2007*
431. Borsellino, N., *Ritratto di Dante*
432. Cardini, F., *Europa e Islam. Storia di un malinteso*
433. Tentori, F., *Vita e opere di Le Corbusier*
434. Castronovo, V., *Le rivoluzioni del capitalismo*
435. Filoramo, G. (a cura di), *Ebraismo*
436. Filoramo, G. (a cura di), *Cristianesimo*
437. Filoramo, G. (a cura di), *Islam*
438. Filoramo, G. (a cura di), *Hinduismo*
439. Filoramo, G. (a cura di), *Buddhismo*
440. Maraini, D., *Ho sognato una stazione. Gli affetti, i valori, le passioni*
442. Scirocco, A., *Garibaldi. Battaglie, amori, ideali di un cittadino del mondo*
443. Fumagalli Beonio Brocchieri, Mt., *Cristiani in armi. Da sant'Agostino a papa Wojtyla*
444. Zaouali, L., *L'islam a tavola. Dal Medioevo a oggi*
445. Barbero, A., *9 agosto 378 il giorno dei barbari*
446. Locke, J., *Saggi sulla legge naturale*
447. Le Goff, J., *Il cielo sceso in terra. Le radici medievali dell'Europa*
448. Bianchi, V., *Gengis Khan. Il principe dei nomadi*
449. Michelon, C., *Noi bambini di strada. Storie del Mthunzi Centre*
450. Strauss, B., *La forza e l'astuzia. I Greci, i Persiani, la battaglia di Salamina*
451. Hack, M., *Qualcosa di inaspettato. I miei affetti, i miei valori, le mie passioni*
453. Forcellino, A., *Michelangelo. Una vita inquieta*
454. Dickie, J., *Cosa Nostra. Storia della mafia siciliana*
455. Bauman, Z., *Vita liquida*
456. Bevilacqua, P., *La Terra è finita. Breve storia dell'ambiente*
457. Destro, A. - Pesce, M., *Antropologia delle origini cristiane*
458. Napolitano, G., *Dal Pci al socialismo europeo. Un'autobiografia politica*

502. Bianchi, V., *Marco Polo. Storia del mercante che capì la Cina*
503. Piasere, L., *I rom d'Europa. Una storia moderna*
504. Dickie, J., *Con gusto. Storia degli italiani a tavola*
505. Palazzolo, S. - Prestipino, M., *Il codice Provenzano*
506. Krugman, P., *La coscienza di un liberal*
507. Nigro, R., *Viaggio in Puglia*
508. Graf, F., *La magia nel mondo antico*
509. Collier, P., *L'ultimo miliardo. Perchè i paesi più poveri diventano sempre più poveri e cosa si può fare per aiutarli*
510. Ammaniti, M., *Pensare per due. Nella mente delle madri*
511. Gorni, G., *Dante. Storia di un visionario*
512. Roe, S., *Impressionisti. Biografia di un gruppo*
513. Zagrebelsky, G., *Contro l'etica della verità*